体用论 （外一种）

十力丛书

熊十力 著

上海古籍出版社
上海书店出版社

图书在版编目（CIP）数据

体用论：外一种／熊十力著. —上海：上海古籍
出版社,2019.2(2024.9重印)
（十力丛书）
ISBN 978-7-5325-9094-0

Ⅰ.①体… Ⅱ.①熊… Ⅲ.①哲学理论-中国-现代
Ⅳ.①B261

中国版本图书馆 CIP 数据核字(2019)第 020295 号

体用论（外一种）

熊十力　著

上海古籍出版社出版、发行

（上海市闵行区号景路 159 弄 1–5 号 A 座 5F　邮政编码 201101）

(1) 网址：www. guji. com. cn

(2) E–mail：guji1@guji. com. cn

(3) 易文网网址：www. ewen. co

常熟市文化印刷有限公司印刷

开本 635×965　1/16　印张 18.5　插页 2　字数 192,000

2019 年 2 月第 1 版　2024 年 9 月第 5 次印刷

印数：6,001—6,800

ISBN 978-7-5325-9094-0

B · 1091　定价：56. 00 元

如有质量问题,请与承印公司联系

"十力丛书"出版缘起

大约在 2006 年，我动念想出版熊十力先生的书，遂与熊先生后人联系。其时我不过是初入出版界的资浅编辑，没想到万承厚女士欣然慨允，给予我极大的信任。万女士为此事咨询王元化先生，元化先生又委托时任上海书店出版社社长的王为松先生主持出版事宜，事情很快落实，由当时我所在的世纪文景公司与上海书店出版社联合出版。

熊十力先生的曾孙女熊明心博士参与了丛书的编校工作，现代新儒家的传人罗义俊先生担任丛书的学术顾问。罗先生不顾久病体弱，亲自参与审稿或复校。王元化先生则将旧文中有关熊先生的片段连缀成《读熊十力札记》以代丛书序，并在前面写了一段引言，据说这是王先生亲撰的最后文字。丛书自 2007 年 8 月起陆续出版，历时两年，而王先生于 2008 年 5 月去世，未及见到丛书出齐。

转眼间十多年过去了，万女士也于今年仙逝。今由上海古籍出版社联合上海书店出版社再版"十力丛书"，因记其始末。新版"十力丛书"改正了不少初版未校出的错讹和不当的标点，将初版遗漏的《论六经》与《中国历史讲话》《中国哲学与西洋科学》等合为一册，《熊十力论学书札》增补了若干新发现的书信，"十力丛书"庶几完备焉。

当时为初版所撰"出版说明"，仍录于下：

1947 年门人刘虎生、周通旦等于熊先生家乡谋印先生著作，名

1

之曰"十力丛书"。盖先生亲定名焉。丛书原拟印先生前期主要著作，因赀力不继，仅印出《新唯识论》语体本及《十力语要》各千部。先生晚年自筹付印《与友人论张江陵》《原儒》《体用论》《乾坤衍》诸书，亦以十力丛书为名，显见先生续成之意。然亦止成数百部以便保存而已。今汇集出版先生前后期主要著作，成为一完整系列，仍决定沿用"十力丛书"之名，亦为完成先生夙愿云。

本丛书编辑体例如下：

一、采用简体横排，以广流传。

二、以原始或原校较精之版本为底本，并参考其他版本点校。

三、依熊先生原文之句读，重施标点。通假字保留；异体字酌改为通行字；凡显系手民误植者，径改不出校记。

四、引文约引、节引或文字与出典稍有出入处，一般保持原貌；与出典差异较大者，予以说明。引文或正文少数缺略的内容有必要补出者，补入文字加〔　〕。原版个别无法辨识的文字以□示之。

补记：《新唯识论》立"翕闢成变"之义，系熊十力哲学的重要概念，为尊重故，丛书中与此相关的"闢"字不简化成"辟"，而写作"闢"。另外适当照顾作者的用字习惯，如"执著"之"著"熊先生习惯写成"着"，古印度论师世亲之兄，熊先生也写作"无着"，今亦仍其旧。

刘海滨

2018 年 12 月 5 日

目录

体　用　论

题　记

　　《体用论》于 1956 年秋至 1957 年冬作于上海。1958 年春由龙门联合书局影印出版。全书含《明变》《佛法上》《佛法下》《成物》四章,《明心章》有目无文。是书乃熊先生晚年的代表性著作,集中表达了他的体用不二观。

韩　序

元恺少年游学北庠，请业黄冈熊先生。两年而南归，躬耕南楚资江之野。劳作余暇，惟泉声山色是娱。日月易逝，吾年忽忽逾六十矣。平生寡陋，莫窥大道，惭愧师门。近闻先生衰病，侨居上海。远来随侍，承授尊著《体用论》。反复寻玩，窃有致广大、尽精微之叹。先生之学从佛家大乘入手，大乘双轮，空有两宗譬如车有双轮。其宇宙论皆分别性相。一者，不生不灭法，所谓真如，是为法性。犹云实体。二者，生灭法，亦名因缘法，是为法相。犹云现象。性、相，剖成生灭与不生灭之两界，佛法东来千载，大师宿德莫不奉持惟谨。先生初亦承之，卒复怀疑。乃自由参究，仰观俯察于天地，近取诸身，远取诸物，久之自然会通。忽触悟《变经》，启发益宏，始叹此理圣人发之已久矣。《易经》亦称《变经》。遂乃归本孔子，创明体用不二之宗。自是六通四辟、小大精粗，其运无乎不在。此本论所为作也。元恺尝试思之，实体变成宇

3

宙万象，其内部若无相反之几，何由成变？若无复杂之性，云胡发展？故知哲学上一元唯心论者，猜想宇宙本源唯是单独的精神性；一元唯物论者，猜想宇宙本源唯是单独的物质性。皆非深彻理根之谈也。万有之原、万理之根，曰理根。见郭象《庄》注。然则先生此论岂止救佛氏之失而已乎！是书字字皆道其经历，佛典有以少文而摄无量义者，此其类也。元恺离师年久，不图老钝犹得亲承至论。维时海上阴寒。一春梦雨常飘瓦，尽日灵风不满旗。意趣悠然，敬为斯序。此书由封君用拙誊写，请影印二百部保存。并记。夏历戊戌年甲寅月，公元一九五八年春日，弟子南岳老农韩元恺。

　　附记：恺问："先生此论，以宇宙万象名为功用。何耶？"先生曰："功用者，生生不息、变动不居之谓。宇宙万象元是实体之生生与变动而已。不是实体如母，万象如子，成为各别也。故万象亦名功用。"

赘　语

　　此书之作，专以解决宇宙论中之体用问题。宇宙实体，简称体。实体变动遂成宇宙万象，是为实体之功用，简称用。此中宇宙万象一词，为物质和精神种种现象之通称。体用之义，创发于《变经》。参看《原儒·原内圣》篇。《易经》古称《变经》，以其阐明变化之道故。晚周群儒及诸子，无不继承《大易》，深究体用。《易经》亦称《大易》。大概儒家未甚离孔子本旨。亦未能不离也，此不及详。诸子百家著作当甚宏富，其于体用问题有无专论，今无从考。司马谈言"六艺经传以千万数"。据此而推，诸子皆大学派，其书决不少，而皆亡灭。王船山痛恨秦人毁学。惟道家有老庄残篇可寻。老庄言道，道，即实体之名。犹未有真见。略举其谬。老言混成，归本虚无。其大谬一也。参看《原儒·原内圣》篇。老庄皆以为，道是超越乎万物之上。万物一词，包含天地与人在内。《天下篇》称老与关尹皆主之以太一。太一者，绝对义，即指道而称之也。老虽反对天帝，而以道为绝对、为万物之主，则近于变相的天帝。庄子曰："若有真宰而特不得其朕耳。""若有"二字虽故作疑词，而其实意与老氏不殊。倘真知体用不二,则道即是万物之自身,何至有太一、真宰在万物之上乎?此其大谬二也。明乎体用不二,则一粒沙子的自身便是大道昭著。沙子乃至大无外,而况人乎?庄子叹人之小,良不悟此。道家偏向虚静中去领会道。此与《大易》从刚健与变动的功用上指点、令人于此悟实体者,便极端相反。故老氏以柔弱为用,虽忿嫉统治阶层而不敢为天下先,不肯革命。此其大谬三也。道家之宇宙论,于体用确未彻了。庄子散见之精微语殊不少,而其持论之大体确未妥。庄子才大,于道犹不无少许隔在。

晚周诸子略可考者,惟道家。墨子书虽大半亡失,而由《天志》之论窥之,可知其于宇宙论不相干也。惟惠子书全亡,可惜耳。

有问余者曰:"公之书,以体用不二立宗。然只说实体变动而成功用,却未说明实体是何等性质。"余答之曰:实体变动而成功用,只有就功用上领会实体的性质。汝今应知,功用有精神质力等性质,此即是实体的性质。何以故?实体是功用的自身故。譬如众沤有湿润与流动等性质,此即是大海水的性质,以大海水是众沤的自身故。汝若欲离开功用而别求实体的性质,此种迷误,便如欲离开众沤而别求大海水的性质。将无所得。功用以外,无有实体。向何处求实体的性质?譬如众沤以外,无有大海水。向何处问大海水的性质?不获已,而任想像,则将如般若家说实相寂灭,大有诸师说真如无生、无造、如如不动而已。汝若彻悟体用不二,当信离用便无体可说。倘复狐疑,当给汝三十棒。禅师激发人,辄以棒击之。

此书实依据旧撰《新唯识论》而改作。《新唯识论》简称《新论》。《新论》有两本。一、文言本,写于病中,极简略。二、语体文本,值国难，写于流亡中。此书既成，《新论》两本俱毁弃，无保存之必要。余年将见恶，始向学。（《论语》曰："年四十而见恶焉，其终也已。"）读书与用思，久坐不起以为常。夜少睡眠，遂至神经衰弱过度，遗精病甚厉。四十至五十二岁长期中，每日禁说话。话至十句左右即遗精。后乃屏书册、省思虑。五十三四，遗精之患渐减轻，直至六十五，始全无此患。平生不敢著书。偶有小册皆随便为之。《新论》语体本草于流亡中，太不精检。前所以印存者，则以体用不二之根本义存于其间耳。今得成此小册，故《新论》宜废。余之学宗主《易经》，以体用不二立宗。就用上而言，心主动以开物，此乾坤大义也。与佛氏唯识之论，根本无相近处。《新论》不须存。

此书《佛法》上下两章，衡论大乘学，于空宗尤详。余平生之学，本从大乘入手。清季，义和团事变后，中国文化崩溃之几兆已至。余深有感。少时参加革命，自度非事功才，遂欲专研中国哲学思想。汉学、宋学两途，余皆不契。求之《六经》，则当时弗能辨窜乱，屏传注。竟妄诋六经为拥护帝制之书，余乃趋向佛法一路。直从大乘有宗唯识论入手，未几舍有宗，深研大乘空宗，投契甚深。久之，又不敢以观空之学为归宿。后乃返求诸己，忽有悟于《大易》。而体用之义，上考之《变经》益无疑。余自是知所归矣。归宗孔子。然余之思想确受空有二宗启发之益。倘不由二宗入手，将不知自用思，何从悟入《变经》乎？此书于佛法较详，所以自明来历耳。吾学之所从来与经历，曰来历。

《大般若》观空，《大般若经》，空宗所宗之根本经典也。甚深复甚深，空得彻底。《大易》观有，甚深复甚深，有极其妙。《易》有《观卦》及《大有卦》。《观卦》言观生，生生不竭，所以为大有。空有二种观，乃是人类智慧发展到最高度，能综观、深观宇宙人生，才有空或有之两种认识耳。人生殉没于小己的种种私欲中，如蚕作茧自缚，如蛛造网自锢，欲其认识到宇宙人生本来空，此事谈何容易。世有小知，闻空而谤佛，多见其不知量也。不自知其分量。空，并非由主观幻想。陶诗云："人生本幻化，毕竟归空无。"余相信个别的物，至大如天地终当坏灭耳。就个体上说空，佛氏一毫不妄语。

　　或有问言："承认宇宙人生是实有，此乃世间常识所同然。哲学家之宇宙观亦皆根据常识。然则《大易》观有，固与哲学不异乎？"答曰：否，否，不然。汝若于此不辨，不独侮圣言，正恐断绝慧眼。圣人所观之有，乃宇宙人生天然本有之真际。圣人直亲合于全体大用，全体，谓宇宙实体。大用，谓实体变成大用。万物本来皆与宇宙同体同用，唯圣人能与体用亲合耳。视天地万物为一己，忧患与同，而无小己之迷执。坦荡荡，与大化周流。坦荡荡，见《论语》。哲学所明之有，鲜不为世间颠倒所执之有，可与圣学并论乎？

　　此书自注，似嫌过繁。然与其失之简，宁可失之繁。《姚江学案》中有"即体即用、即用即体"二语。向见聪明人皆自以为易解，吾知其必不解。因诘之曰："体用二名，随处通用。此处说体用，以何名体？以何名用？上语两'即'，下语两'即'，是重叠言之欤？抑上下各有意义欤？"其人哑然不能答。北大昔有一高材生，曾见余谈禅家作用见性，称引禅语甚多。余诘之曰："何谓作用？何谓性？云何于作用见性？"此子惶然。余教学年久，深知学子习气。余承先圣之业而演之，不敢不尽心。世不乏好学深思之士，当不怪老夫好烦琐也。

　　有谓长注宜置正文以外，毋隔断文气。余未采纳者，读书不求义解，只玩文气，则与不读等耳。

书中注文顶正文。用上下括弧。上括用〔,下括用〕。注内有小注者,则上括用「,下括用」。《原儒》中皆如此,而未说明,颇有函问者,今志于此。[1]

夏历丁酉初冬,公元一九五七年十一月二十日熊十力识于申江观海楼。

丙申秋,起草《体用论》一书。旧患血管硬化、心脏病皆触发,又感脑空,中医云血亏之故。友人劝停止写作。余感其意,答以《万物》一首:

万物皆舍故,吾生何久住。志业半不就,天地留亏虚。亏虚复何为,岂不待后人。后顾亦茫茫,嗟尔独自伤。待之以无待,悠悠任天常。噫予犹御风,伊芒我亦芒。

附注： 志业半不就早年有志乎仁为己任,忽忽遂衰。心所欲述作者,皆不获执笔。天地留亏虚古志云:"天不满西北,地不满东南。"按吾国西北多高山蔽天,天失其高明,即亏虚也。东南濒海,患卑湿,是地之亏虚也。天常天者,自然义。常,谓理则。噫予犹御风庄子称列子御风而行,言其待风,即未能无待也。庄子云:"人之生也,固若是芒乎?"芒,惑也。予衰矣,未能演《易》,期待来贤。如列子之御风,是伊芒而我亦芒也。人生固有不容己于芒者乎?

---

[1] 编者按：本书重排后,以上括弧均已删去。自注与正文的区别在于字号和字体不同,注中之注前后加圆括弧。

9

第一章　明　变

　　古代印度佛家,把一切心的现象和物的现象都称名曰行。行字含义有二:一、迁流义。二、相状义。彼以为心和物的现象是时时刻刻在迁变与流行的长途中,故者方灭,新者即起,谓之迁变。故灭新生,相续无绝,因说流行。不是凝然坚住的东西,所以说迁流义。然而心和物虽是迁流不住,而亦有相状诈现。譬如电光一闪一闪诈现赤色相,所以说相状义。物的相状,是可感知。心的相状,不可以感官接,而可内自觉察。因为心和物具有上述两义,故都名为行。这个命名甚谛,我亦采用之。

　　佛家对于一切行的看法,盖本诸其超生的人生态度。超生谓超脱生死,犹云出世。见《慈恩传》。彼乃于一切行而观无常。观者,明照精察等义。无者,无有。常者,恒常。观一切行,皆无有恒常。申言之,于一切物行,观是无常;于一切心行,观是无常。故说诸行无常。唯作此种观法,方于一切行无所染着,得超脱生死海。此佛氏本旨也。佛氏说世间是一个生死大海,人生沦溺于其

10

中, 可悲也。所以佛家说无常, 即对于诸行, 有呵毁的意思。本论谈变, 明示一切行都无自体。此与佛说诸行无常旨趣似相通, 而实有天渊悬隔在。佛说一切行无常, 意存呵毁。本论则以一切行, 只在刹那刹那生灭灭生, 活活跃跃绵绵不断的变化中。绵绵者, 相续貌。刹那刹那皆前灭后生, 不中断故。依据此种宇宙观, 人生只有精进向上, 其于诸行无可呵毁、亦无所染着。此其根柢与出世法全不相似也。生灭灭生者, 言一切行, 都是于每一刹那方生即灭, 方灭即生也。

　　如上所说, 心物诸行都无自体, 宇宙唯是变化密移, 变化二字, 以后省言变。新新而起, 故故不留, 岂不奇哉! 今有两大问题待解答者: 一、有能变否? 二、如何成功此变? 先谈第一问题。余以为宇宙实体不妨假说为能变。云何知有实体? 以万变不是从无中生有故。犹如众沤非无大海水可得起故。众沤, 以比喻万变。大海水, 以比喻实体。无能生有, 理定不成故。吃紧。且世间计无, 约分二种: 曰别计无, 曰总计无。总计无者, 如计太虚, 空空洞洞, 是谓之无。为此计者, 乃大迷妄, 不足据也。太虚含容万有, 故有相不异于虚, 虚相不异于有。元无二相可分。相者, 相状。二相, 谓虚与有。而世俗妄计有一大空无之境, 字以太虚。非甚迷妄, 孰信之哉? 故总计无, 全无是处。别计无者, 谓于一一事理, 或时计为无。如我避寇入川, 平日所有的书, 现在一本也未带着。我每欲看某书却不可得, 此时便说某书是无。又如古今学者所说许多道理, 吾人对于某种道理自加思考却信不及, 便谓某种道理是无。凡此等计, 都属于别计无。颇有人说, 别计无并不是果无。如某书不在手边犹不能谓之无, 此书或在另一地方是有。又如某种道理某甲信不及便说是无，或由某甲智力短浅不见此理。然而此理确不是无。这种说法，我认为是偏见。如某书纵在他处是有，而克就我手边说确实是无。又如以道理论，固有许多人因不明道理，而妄计为无。却也有许多道理竟是古今愚妄之瞽说，而实际确无此理。如昔者贫民以服事剥削者为当然，在今日则公认为无是理。此种例子正不胜举。所以别计无，是有其所谓无，未可斥以无据。唯总计无，即以为有所谓太虚，本来空洞无物。而从无生有之幻想每原于此，是乃妄情虚构不得无辨。从来持虚无论者约分两派：曰极端派，曰非极端派。非极端派者，一方面依据常识不否认宇宙万象为实有，但未能透悟本体而妄计有生于无。魏晋玄学之徒多属于此派，其说盖自老子启之也。张横渠以太虚名天，气化依之起，亦有生于无之论。极端派者，不独违反正理，亦且大胆去违反常识。其不承认宇宙万象是实有，即违反常识；更不承认有本体，即违反正理。此派之说，无体即无用。其见地虽迷谬，而持论很一贯。此等思想，中国一向无人倡导。在印度古时有主张一切都空的空见外道，佛家经籍力斥破之，不稍宽纵。甚至说宁可怀我见，如须弥山大，不可持空见而自高慢。人皆知佛氏千言万语都是破除我见，而对空见外道却如此说法，可见佛氏以空见为邪迷至极，故嫉之严也。总之宇宙全是真实弥满，恒久不息。学者不可堕虚无而兴戏论。

还有许多哲学家承认宇宙万象是客观存在，但不肯承认有实体，甚至厌闻本体论。实体与本体二名，虽有一字不同，而其义则一也。本者，言其本来有故，亦即是万物的自身。实者，言其真真实实。此与印度古代无因论者，同为浅见。余以为宇宙自有真源，万有非忽然而

12

起。譬如临大海岸谛观众沤,故故不留,新新而起。应知一一沤相,各各皆以大海水为其真源。尼父川上之叹,睹逝水而识真常。神悟天启,非上圣其能若是哉!如只承认宇宙万象为实在而不承认有本体,便如孩儿临海岸,只认众沤为实有而不知由大海水变作一一沤。此在孩儿固不足怪,成年人而持此见,非愚痴之极乎?智者穷神知化,取譬斯近;凡愚长迷不悟,可悲也已。

有问:"本体具何等义?"答曰:略说四义。一,本体是万理之原,万德之端,万化之始。始,犹本也。二,本体即无对即有对,即有对即无对。三,本体是无始无终。四,本体显为无穷无尽的大用,应说是变易的。然大用流行毕竟不曾改易其本体固有生生、健动,乃至种种德性,应说是不变易的。上来略举四义,学者虚怀默究,不患无脱然超悟时也。本体显为之显字,是显现义。

复次。前文已云,不妨假说本体为能变,还要补充一段话。此能变一词的能字,只是形容词,并不谓有所变与之为对。如果说由能变造起所变,必将以能变为超脱乎所变之上而独在。不惟同于宗教拟人之神,更有能所对峙不得圆融之大过。须知,实体是完完全全的变成万有不齐的大用,即大用流行之外无有实体。譬如大海水全成为众沤,即众沤外无大海水。体用不二亦犹是。夫实体浑然无象,而其成为用也即繁然万殊。故从其成用而赞为能。实体所以名能变者,其义在此。

已说实体为能变。当知实体非常非断,断者,断绝。故又名之以恒转。恒字,是非断的意思。转字,是非常的意思。非常非断、刹那刹那生灭灭生,故名恒转。此乃即用显体,以立斯名。此中显者,谓以言说明示之也。与显现义异。显现者如大海水变现为众沤,则

13

是显现义也。显字宜随文取义。

以上略答第一问题。次入第二问题，即如何成功此变？要解答这个问题，自当于万变无穷中寻出其最普遍的法则。余以为不外相反相成的一大法则。因为说到变化，必是有对。易言之，即由宇宙实体内部含有两端相反之几，乃得以成变而遂其发展。变化决不是单纯的事情，单者，单独而无对。纯者，纯一而无矛盾。单纯，那得有变化？然若两端对峙，惟互相反而无和同，即令此伸彼屈，而此之独伸，亦成乎亢穷，则造化将熄矣。所以说变，决定要率循相反相成的法则。

中国最古的哲学典册，莫如《大易》。太初羲皇画卦爻，以明宇宙变化的理法。其书为六十四卦，每卦皆以两卦合成。然分观之，则皆以三爻成卦。爻字涵义深广，略言之，只表示变动。从来解《易》的人，罕有注意及此。我常求其义于《老子》书中。《老子》说"一生二，二生三"，这种说法就是申述《大易》三爻成卦之旨，用以表示相反相成的法则。因为有了一，便有二，这二便与一相反。同时又有个三，此三却是根据一三本不即是一，只是根据于一。而与二反，却能转化乎二以归于和。《易》云"保合太和"是也。惟有两相反而成乎和，所以完成其全体之发展。若惟单纯固无变化，若惟矛盾而不相融和则摧伤必多。即胜之一方，亦将处亢而穷。大化流行，何至于是？

上来已说变化的法则。今次当谈翕辟和生灭，便可甄明此一公则是一切变化所共由之以成。变化二字，亦省言变。且先翕辟。前面已经说过，本体是要成为万殊的用。因此假说本体是能变，亦名为恒转。夫恒转，至无而善动。无者，无形，非是空无。善者,赞词。其动也,相续不已。相续者,谓前一动方灭,后一动即生,如电光之一闪一闪无有断绝,是名相续。非以前动延至后时名相续也。不已者,恒相续故,说为不已。便其有已,便成断灭。有是理乎? 此种不已之动,自不是单纯的势用。单纯二字,见前。每一动,恒有摄聚之一方面。摄者,收敛。聚者,凝聚。若无摄聚,便浮游无据,莽荡无物。所以动的势用方起,即有一种摄聚。摄聚之威势猛极,乃不期而成为无量数的微细质点,《中庸》说为"小莫能破",惠子谓之"小一",每一质点可以说是组成大物的一小单位,故曰小一。是为物质宇宙所由始。至此则恒转殆将成为质碍之物,失其自性。故翕势可以说是一种反作用。

然而当翕势方起,却有别一方面的势用反乎翕,而与翕同时俱起。二势非异体,更无先后次第,故说同时俱起。惟此种势用本是恒转自性显发,毕竟不即是恒转。譬如,说冰自水成,而冰却不即是水。此一方面的势用是刚健自胜而不肯物化,正与翕相反。不物化者,不变为质碍的物也。后凡言物化者仿此。申言之,即此不肯物化的势用是能运于翕之中而自为主宰,因以显其至健,卒能转化翕终使翕随己俱升。己者,设为闢之自谓。升者,向上义。《易》云"保合太和,乃利贞"是也。此种刚健而不物化的势用,即名之为闢。

如上所说,恒转动而成翕。才有翕,便有闢。唯其有对,所以成变。恒转是一,其显为翕也几于不守自性,此便是二,所谓一生二是也。

然而恒转毕竟常如其性,决不会物化。故翕势方起,即有闢势同时俱起。此闢便是三,所谓二生三是也。

上来已说变化只是率循相反相成的一大法则,于此已可见。

综上所说,翕势摄聚而成物。即依翕故,假说物行。行字,见前。物即是行,故名物行。下言心行者仿此。阐势运行于翕之中,而能转翕从己。己者,设为阐之自谓。即依阐故,假说心行。翕阐是大用流行的两方面,本不可破析,故心物非两体。

从来吾国《易》家多有把物说为向下,把心说为向上。如汉儒云:"阳动而进,阴动而退。"若辈以阴为物,以阳为心。其所谓进,即向上的意思;所谓退,即向下的意思。因此有许多人以为吾所谓翕,便是向下的;吾所谓阐,便是向上的。此等比附,不无错误。说阐具向上性,不失吾意;说翕是向下,却于理有未尽。当知翕只是摄聚的势用,而不定向下。但从翕势的迹象言,迹象者,言其成为物也。颇似向下,物则有沉坠之势故。然翕毕竟从阐,即与阐俱向上。非可妄计翕阐恒以一上一下相反对也。

本体流行,方成乎翕,已有阐在。所以者何? 翕将成物似趋于下坠,可谓之反。然本体毕竟不改易其自性,故翕势方成,已有阐势俱起。此阐复反乎翕之坠势而挟以俱升,升者,向上义。能显发其本体固有刚健、清净诸德。阐之殊特在是也。无从悉举,故言诸德。

阐是称体起用。称者,谓阐不失其本体之德性,譬如冰从水现,而冰毕竟不失水之湿性。是即用即体,故言称也。翕虽成物,亦无固定的物。世所见为质碍物,是乃翕势之迹象,所谓化迹是也。

或有问言:"如公之论,本体流行以翕阐成变,即依阐而说为心,依翕而说为物。持论虽美,然实事求是则心灵现象始见于动物。而动物发育固在物质宇宙凝成之后,是物为先在,心属后起,确尔无疑。若如公说,翕阘成变,即心物体同用异,无先后可分。然则公之论,殆未免玄而无据矣。"答曰:子恶玄乎! 穷理到极处,如何不玄? 万化之原,万物之本,万理之所会归,谓之极。玄者,《易》所谓"冒天下之道,如是而已者也"。冒者,包含义,言其无所不包含也。夫摄用归体,夐然无对,心物两不可名。摄者,摄入。譬如睹冰而不存冰相,直会入水,即唯是水而已。今在宇宙论中说摄用归体,即是观心物诸行而直会入其本体,夫克就本体而言,即无形相,无作意,故心物两不可名也。原体显用,原者,推原其理也。推原体显为用,当如下所云也。用则一翕一阘,以其相反而成变化。故翕阘恒俱转,无有一先一后之次第也。用不孤行,必有一翕一阘俱转,反而成和,是故名用。翕即凝敛而成物,故于翕直名为物。阘恒开发而不失其本体之健,故于阘直名以心。夫心辨物而不蔽,通物而无碍,宰物而其功不息,如《易》云"裁成天地","辅相万物",即宰物之功。而其不溺于物欲,尤见主宰力胜。正是健以开发之势,故知心即阘也。异名同实,方言即。如云孔丘即仲尼。心物同体,无先后可分。理实如是,何用狐疑? 子以为宇宙本际,唯有物而无心,本际,犹言初际,借用佛籍语。此肤见也。如本无心,而后忽发现心灵,是从无生有,断无是理。世俗共计,宇宙泰初洪濛一气,渐分凝而成无量诸天或器界。诸天体或物质宇宙,佛氏谓之器界。经过岁时悠远而后地球渐有生物。又自动物以至人类,始出现心灵。其以前确无心灵现象可征也。世俗所见只及此。殊不知地球当未有生物时,动物知觉与人类高等精神作用虽未曾发现,而宇宙之大心所谓阘势,要自周流六虚,无定在而无所不在。上下与四方曰六虚,犹云太虚。但其时物质宇宙之发展尚未形成生机体,或生机体才见端绪如植物。而其组

17

织太笨。是时阖之势用,虽潜运于物界,毕竟不得彰显发露而疑于无心。《易》之《坎卦》,阳陷阴中而不得出,即此象也。阳表心,阴表物。阳陷阴中,即心被锢于物之象。夫本体流行,唯是阳明、刚健、开发无息之阖而已。其翕而成物者,所以为阖作工具也。阖待翕以成化乃理势自然,非有意为是,造化本无意也。造化,谓本体之流行。无意者,本体无形无象,非如吾人有意想造作故。夫阖无定在而无不在,其势无所集中,未免浮散。翕则分化,而凝成众物。物成,即有组织而非散漫。故阖得翕,乃有工具,因以显发其势用也。物界演进约分二层:一、质碍层。质即是碍,曰质碍。自洪濛肇启,无量诸天体乃至一切尘,都是质碍相。尘字,本佛籍,犹云物质。质碍相者,生活机能未发现故。昔人说物为重浊或沉坠者以此。即由如是相故,通名质碍层。二、生机体层。此依质碍层而创进,即由其组织殊特而形成为有生活机能之各个体,故名生机体层。此层复分为四:曰植物机体层,生机体,省云机体。下仿此。曰低等动物机体层,曰高等动物机体层,曰人类机体层。凡后层皆依据前层,而后层究是突创,与前层异类,此其大较也。古今浅于测化者,只从物界着眼。遂以物为本原、为先在,而不悟物者本体流行之翕势所为也。本体流行,元是阳明、刚健、开发无息之阖势。《大易》言乾之德:一曰阳明,非迷暗故。二曰刚健,进进无息,恒不改其本性故。此二德者,万德之本也。余所谓阖,犹《易》之乾。其翕而成物者,盖以阖不可无集中其力用之工具,前已言之矣。翕为物始,必渐趋凝固,此质碍层所由成。阖者宇宙大心,亦名宇宙大生命。本论生命一词,与世俗习用者异旨。其潜驱默运乎质碍层,固至健无息也。《易》言"乾元统天",即此义。乾元谓本体。天者,谓无量诸天体。韩康

18

伯演王辅嗣学言"诸天体为物之大者,而皆为乾元之所统御"云云。按诸天体即质碍物,而乾元实潜驱歇运之,故言统御。此与郑注有别。**然质碍物,已成重浊之势。**昔人说物为重浊,正就质碍层而言。重浊即有锢闭与退坠等义,与阖之开发性及向上性正相反。学者倘于生命无体认,即难与语此。**阖之力用固难骤展于质碍层而破其锢闭,要其潜之深、积之久,终当一决而出。譬如伏流冥渺,其终横溢为沼泽江河。是故,物界由质碍层而忽有生机体层出现,此决非偶然之事。实由阖之潜势,阴帅乎质碍层中。卒使物界之组织由粗大而益趋分化,**质碍层中如诸天体,佛家名之为大,以其相状粗大故。后来生机体出,即是各个小物。如人类机体不过七尺之躯,是分化益细。**由简单而益趋复杂,**质碍层如推析至元子、电子之小宇宙,亦可见其有组织而非游散。否则不能形成诸天体与地球诸大物。然而诸大物之组织,毕竟简单。后来生机体出,始见其组织复杂异常。**由重浊而益趋微妙。**生机体组织极精微奇妙,故阖之力用得藉以发挥。若质碍层重浊,阖势便隐而不显。**生机体层之组织所以迥异乎质碍层者,盖阳明、刚健之大力幹运不竭所致。**大力,谓阖也。运者,运行义及运转义。幹,则有主领义。**深于观化者,当悟斯趣也。**趣者,理趣。**夫阖之运乎物,自质碍层迄生机体层,逐渐转物以自显其胜用。盖从微至著,从隐至显,其势沛然莫御。及至人类机体层,则阖势发扬盛大,殆乎造极。人类之资地与权能,号为官天地府万物而莫与匹者,正以吾人机体是阖势高度发展之所在。**今人对生机体之研究尚浅。**是故,从宇宙全体之发展而观,阳明、刚健之阖,一步一步破物质之闭锢而复其炤明主动之贞常性,明明不是偶然。物先心后之论,自未免肤见,无足深辨。**

综前所说,恒转成为大用,即无有离用而独存之体。譬如大海水成为众沤，无有离众沤而独存之大海水。

用不孤行，必有一翕一辟。翕势收凝，现起物质宇宙，万象森然。辟势开发，浑全无畛，辟是浑全而不可分，故无畛域。至健不坠，辟势恒向上而不退坠。是乃无定在而无所不在。包乎翕或一切物之外，彻乎翕或一切物之中，能使翕随己转，保合太和。己者，设为辟之自谓。辟势不改其实体之德，德具二义：曰德性，曰德用。故可于此而识本体。余尝云即用明体者，其义在斯。

有问："辟本至一，一者，浑全义，非算数之一。是名宇宙大心。若乃人类与万物各有心，此与宇宙大心为一、为不一耶？"答曰：孟子不云乎，"夫道，一而已矣"。宇宙大心即是遍在一切人或一切物之无量心，所谓一为无量是也。一切人或一切物之无量心，即是宇宙大心，所谓无量为一是也。老云"玄之又玄"，义在斯乎！

复有问言："恒转之动而翕遂成物，然则实体固含有物质性乎？"恒转，即是本体之名，已见前。答曰：精神物质二性，皆实体所固具也。本来有之，曰固具。不直言物质而言翕者，从功用立名耳。动而翕者是乃本体之功用，实则翕即质也。质非固定的物事，元是实体流行，而现似凝敛之一方面。

不直言精神而言辟者，亦从功用立名。动而辟者，正是实体之功用。实则辟即精神，亦名为心。所谓阳明、刚健、向上、开发，而不肯化成物之一方面。

神质二性，是为实体内含相反之两端。相反所以相成，实体以是变成大用也。

上来阐明翕辟成变。惟翕与辟都不守故常，今次应谈生灭。

20

在谈生灭前,不得不先说刹那义。印度佛家小乘分析时间至极小量,方名刹那。如《大毗婆沙论》卷一百三十六说:"壮士弹指顷,经六十四刹那。"其云六十四,不知如何计算? 古代无计时之具,即现代钟表犹不能定刹那量。如何说壮士弹指经六十四刹那? 或谓壮士弹指迅疾,犹经过六十四刹那,以此形容刹那量极小,不可数计耳。窥基《唯识述记》卷十八云:"念者,刹那之异名。"据此,则以吾心中一念乍动之顷,名为刹那。吾人反观一念乍起,即便谢灭。此念既是刹那异名,故知刹那不可说是时间,唯依自心念念生灭不暂停故,而假说刹那耳。余颇赞同基师说。世俗所谓时间,只是空间之变相。空间有分段,如东西等方是也;时间亦有分段,如过去现在未来是也。总之,时空都是实物存在的形式。吾人若夹杂世俗时间观念来说刹那,是乃以不测之变作实物推观也。庄生曰:"迹者履之所出,守其迹者未可以观履也。物者变之所形,泥于形者讵可以窥变哉?"本论所说刹那虽未尝不以为至小至促不可更析之时分,要是为言说方便计而假设之云尔。学者须超脱世俗时间观念,以理会变化之妙,庶几不以词害意。

已说刹那,应谈生灭。凡法,本来无有,而今突起,便名为生。法者,万有之公名。今说翕和阚或心和物,通名为法。下皆仿此。凡法生已,绝不留住,还复成无,名之为灭。生和灭本是世间所共知的事情,应无疑问。然而世间都以为一切法,生起必住,久后方灭。申言之,一切事物生起,必有长期留住或暂时留住,决非于一刹那顷突起即便坏灭。虽复坏灭迅速,而灭与生断不同一刹那。世间的见解都如此,问题却在此发生。考诸佛说,一切物都是刹那灭。刹那灭者，谓凡法于此一刹那顷才生，即于此一刹那顷便灭，决不会有一忽儿留住。一忽儿，形容时分极促，等于无时分可言。生灭同在一刹那顷，如秤两头，低昂时等。佛说此譬妙极。盖自释迦迄于后来小乘大乘之徒，都无异论。然而佛家以外之学者犹于此义不能信解，攻难颇不少，大乘著述中犹可考见。直到现在，吾侪向人谈刹那灭义，还时时遇着非难。大概古今哲学家深于察变者，虽谈宇宙万象时时舍故趋新，要是宽泛的说法，只以很生动很警切的语句，来形容事物之不守故常而已。罕有十分明白肯定，直说刹那灭。因为依据刹那灭的说法，则一切法方才生起，即时坏灭，中间没有一忽儿暂住。如此说来，便堕入空见，根本无物存在。甚至自己的身心都不许存在。所以闻者拒而不受。昔曾遇一激烈抗议者云：“如你所说，一切法都是刹那灭。现前有一块石头，此石头如刹那灭即本不存在。吾将拾此石头打上你的头脑，你果不觉疼否？”余笑而不言。若辈只从大化流行的迹象上去着眼，而不能理会大化之微妙。易言之，即只看到事物，而不能了解事物之内蕴。佛说刹那灭，实烛理入微。兹据大乘义并参己意，对于世间疑难一一解答如下：

一，汝计一切法不是刹那才生即灭者。果如汝所计，则宇宙万象应该都是常住。然而万物有成必有毁。成，谓一切物之凝成。毁，谓坏灭。有生必有死，有盈必有虚，盈者，物方充盛，曰盈满。虚者，物渐耗败，曰亏虚。有聚必有散。凡物由多数分子互相爱合而成，曰聚。凡物破坏为散。诸行无常的公理，分明昭著，不可否认。诸行，犹言万物。行字，详章首。汝为甚么怕闻“灭”之一字？

二，如汝说：“并非不信诸行起已当灭，只不信诸行才起即灭。诸行虽不常住,至少有暂时住,后乃坏灭。"汝意如此。吾今问汝:若诸行方生得暂住者,将是诸行自力能住、抑或待他力而后住耶?如此二计,皆将成过。何以故?如谓诸行自力能住,则彼应常住不坏。何故只暂时住,不常住耶?如许诸行因他力得住,宇宙本无造物主。何有他力令诸行住?汝之二计,俱不得成。故知诸行是才生即灭,无暂时住。

三,如汝说,"诸行已生,不遇毁坏的因,即诸行得住;毁坏的因,后省云坏因。遇坏因时,诸行方灭。如黑铁,由有火为坏因,便灭;炽热赤铁,方乃新生。若坏因尚未至时,黑铁得暂住"云云。坏因,谓火。汝持此说,只是不究理实。当知凡物不能无因而生,即以物的本身自有力用现起,假说为因。凡物之灭,却不待有坏因而始灭,只是法尔自灭,法尔,犹言自然。不可说灭亦待因也。大用流行,至刚至健,至奇至怪。每一刹那顷都是顿起顿灭,无有一毫故物滞积在,总是新新突起。所以说凡物之灭,原不待因。世俗以为黑铁之灭,由有火为坏因。殊不知当黑铁与火合,即是黑铁灭时,亦即是赤铁生时。一刹那顷,黑铁灭即此刹那赤铁生。生灭时间紧相接故,非异时也。据实而谈,火的功力只为赤铁作牵引因,令彼得起。彼者,谓赤铁。牵引因者,谓火不能创生赤铁,而赤铁之起实由其本身自有生力,唯遇火为牵引因,乃得起耳。倘无火为牵引因,赤铁亦不起。不可说火是黑铁之坏因也。黑铁之灭是法尔自灭,原不待因,易言之,即不由火坏灭之也。唯火之起也,则赤铁与火俱起。若无有火,赤铁必不起。由此应说,火有牵起赤铁之功力。世俗不知此火为赤铁牵引因,而误计火为黑铁坏因,此是倒见。或复难言:"世人共见黑铁未与火合时,便住而不灭;及遇火合,黑铁方灭。可证黑铁之灭，由火为坏因。"答曰：汝信黑铁不遇火时，果不灭乎？实则黑铁刹那灭尽，汝不觉知。如前一刹那黑铁灭已，后一刹那黑铁确是新起。但新起之黑铁与前之黑铁极相似故，汝先后所见不异，便谓前黑铁犹住至后耳。或复问云："现见黑铁与火合时，但赤铁生，黑铁遂不复起。可见此火仍是黑铁的坏因。"答曰：前黑铁灭时，赤铁即遇火而顿起，黑铁遂不复起。宇宙万变，时有创出一新类型，而舍其旧类型，此突变之奇诡也。汝何滞碍不通至是乎？总之，凡物之灭，皆不待因。这个道理须深切体认，而后觉义味深远。大化流行，刹那刹那革故创新。所以凡物之灭，都是法尔自灭，非待因而后灭。唯灭不待因，故刹那灭义得成。若必待因而始灭，则坏因未至时，物当坚住，而刹那灭义不得立。

四，如汝说："一切物容暂住终当有灭。"今应问汝：若法灭已，得续起否？若云灭已，不续起者，汝便堕断见；若云才灭，即续起者，汝则不应说一切物可容暂住。所以者何？当物暂住时，即是大化革故创新之机已经中断，云何得有新物续起？应知，凡物才生即灭。刹那刹那，前前灭尽，后后新生，化机无一息之停。故万物恒相续起，不断绝也。汝复须知，佛家说刹那灭义，只显无常。本论阐明化机不息，活泼泼地。此是余与佛家根本不同处。

五，汝以为，"凡说一切物才生即灭者，即是偏从灭的一方面看去，未免蹈空"云云。殊不知，蹈空之过，汝可以加诸佛之徒，无可加诸我。如我所说，刹那刹那灭灭不住，即是刹那刹那生生不息。生和灭本互相涵，说生已有灭在，说灭已有生在。前面说过，变化是循相反相成的法则，仍用一二三来表示之。如前一刹那新生,便是一;而新生法即此刹那顷顿灭,此灭便是二;二固与一相反,一是生,二是灭,故相反。然后刹紧续前刹又新生,便是三。刹那,亦省称刹。他处言刹者,仿此。此三望前为终,望后为始,所谓终则有始也。凡物刹那刹那、生灭灭生,始终循一二三之则,常创新而不守其故,《易》所谓至赜而不可乱也。

六,汝以为,"若一切物皆刹刹灭故生新者,云何一般人皆见为旧物"云云。刹那刹那,简称刹刹。后皆仿此。应知,凡物刹刹方灭方生,若不遇异缘,则后刹续生者恒与过去相似。例如黑铁前刹方灭,如无火为异缘,则后刹续生者仍与前黑铁极相似,是名相似随转。转者,起义。似前而起,名相似随转。以转字训为起,此据中译佛书。由相似随转故,吾人于现前新物,乃见为犹是前物。其实凡物皆前前灭尽、后后新生。惟新物似前,故视之若旧耳。或复问言:"若一切物皆刹刹生灭者,云何不可觉知?"答曰:刹刹生灭灭生,密密迁流,云何觉察。汝若以不可觉察,即不信刹那生灭义。吾且问汝,如汝身体息息新陈代谢,犹自视为故吾。汝将以不可觉知,便否认新陈代谢否?

七,汝以为:"凡物决非初起即变异者,此实错误。"果如汝所计,计者犹云猜想。他处用计字皆仿此。一切物初起,便住而不灭,是物已守其定形则无可变易。然世共见一切物,常由一状态转为另一状态。此言转者,是变易义。如由乳可至酪,是乳显然无定形。乳无定形者,以初起即变异故。当知由乳至酪,中间经过无量刹那生灭相似随转。但其相似处,必逐渐减少。大概后刹继前刹而生之乳,因所遇温度等等缘不一致,渐渐与前乳不甚相似,至于成酪便是另一状态矣。汝今妄计,乳初起无变异,必经多时成酪方是变异。何其暗于观物，终不悟欤！

八，汝难我云："若一切物才生即灭，便是刹那顿变，不由渐变。其实，凡物皆由积渐方至盛大。宇宙泰始，元气未分。若乃无量诸天凝成之年代，殊难推算。岂可以顿变为说？又如生物官品、民群结构，莫不造始简单，终趋复杂。足见一切物皆由渐变得来也。"今答汝曰：审汝之论，适足证成我义。一切物若初起便住，固守定形，何从渐渐至盛大乎？夫唯刹那刹那都是顿变，则后刹物承前而新起，必大盛乎前。譬如河流，前流方灭，后流续前而起，益见浩大。随处可悟斯理，汝何苦自障碍乎？顿变渐变，相需而成。就每一刹那说，皆是顿变；通无数刹那生灭灭生，一直相续流下而说，便应说是渐变。朱子云："天地山川，非积小以高大也。"见《中庸章句》。朱子此语是否由信仰神力而出？吾不能知。然吾以刹那顿变义通之，则此语妙符真理，有至味也。庄子善言变，曰"运而无所积"，大化流行，曰运。刹刹顿变，无有故物滞留，曰无所积。此即刹那顿变义也。刹那顿变，是谓每一刹那莫非顿变也。他处未及注者，可准知。万物皆刹那顿变不暂住，不守定形，是故渐至盛大。若物初起便住而不灭，则恒守其既成之状态，何由渐盛乎？有问："前一刹那方生方灭，不曾延到后一刹那，如何成渐？"答曰：若前刹物能延到后刹，则物便不灭，那有新生？事实上，前灭后生之间，是紧紧接续。后起承前，自然加盛。故渐变义成。

九，汝等于诸物，时或起常见，时或起断见。断者，断绝。如于一木，今昔恒见，则计为常，是起常见。忽焉睹其烬灭，遂又计为断绝，是起断见。维此二见，都有过失。若执诸物初起便常住

26

者,应无后物复生;若执诸物方灭便断绝者,亦无后物复生。应知一切物刹那刹那故故灭尽,说一切物无有恒常。故,犹旧也。故故者返诸过去逐层上推,即已往诸物都无留至于后者,是为故故灭尽。他处未注者准知。刹那刹那皆灭故生新,说一切物无有断绝。

十,汝难我云:"佛说一切物,通有轨持二义,故名为法。持,谓任持,不舍自体。自体,犹云自身。如写字的笔即是一物,此笔能任持自身而不舍失,故得成为笔。假若笔的自身顷刻百变,他自己不能任持即不成为笔。举笔为例,他物可知。轨,谓轨范,可生物解。物,犹言人。轨范,犹云法则。此言一切物皆具有法则,可令人起解也。而轨范义复重要。《诗经》云:'有物有则。'一切物都具有法则,非是混乱无理,故吾人能对物起解也。佛氏以轨持二义释物,与《诗经》暗合。吾人的知识所以可能,与科学所由成立,实以万物皆具轨持二义故。今云一切物才生即灭都不暂住,是则一切物从来不曾任持自体。易言之,本无物存在。物既不存在,自无轨范可求。诚如此,知识将不可能,科学亦无安足处。此说何可通乎?"今答汝曰:汝兴此难,颇有意义,惜未观其通也。佛说凡物皆刹那灭,而又以轨持二义释物,岂自相矛盾哉?夫释物以轨持二义者,谓前刹物方灭,后刹有新物生,与前物相似相续,不断绝故。因此,假定一切物为实有,乃可进而寻求物则。物所具有之法则或规律,曰物则。此依俗谛,肯定世间法,不悖于真理也。

附识:佛家有二谛义:曰真谛,曰俗谛。如物理世界世俗共许为有,佛亦随顺世间而说,是为俗谛。若乃超越世俗知见,进而求真,是为真谛。

十一，汝问："凡物刹刹顿变，似太飘忽无根据。"答曰：否，否。变化非凭空忽然而起，定有真源，已如前说。真源者，实体之形容词。真源含藏万有，无穷无尽。《中庸》以"渊泉时出"，形容其妙，可谓善譬。渊泉，无穷尽者也，以比喻真源。时出者，言实体变成大用，生生无尽，如渊泉时时流出无已止也。此以比喻大用。唯本性具足，实体是大用的本性，譬如大海水是众沤的本性。本性则一切无亏缺。故万变常新也。

上来谈刹那生灭，明一切物都无暂住，以见一翕一辟之势用，常创而不竭，常新而不守其故。易言之，本体流行无有穷尽、无有停滞而已。《易》所谓"妙万物而为言者"，此也。

凡物才生即灭，理不容疑。《易》家姚配中云，一切事物只有暂时的存在。见姚氏《易传·乾卦》篇，今本其意而易其词。姚说犹嫌未透。《易·系辞传》有言："不疾而速，不行而至。"此则明示刹那灭义，何物暂住？夫大变之力刹刹才生即灭，才灭即生，其舍故创新之迅速如此，并非猛疾作势而然，故曰"不疾而速"。又刹那灭故，前物不曾往于后；然由刹刹相似随转，宛似前物至后。故说"不行而至"。相似随转，义见前。宣圣微言，意与释迦异地遥合，岂不奇哉！庄子善发挥《易》义。《大宗师》云：有人怕舟失去，便把舟潜藏在险固的幽壑里；怕山失去，便把山潜藏在渊深的大泽里。此亦可谓藏之甚固。然而夜半喻冥冥中也。居然有大力的怪物，喻变化。将那藏在幽壑里的舟、与藏在深泽里的山，并负之而疾趋，杳然不可索其踪迹。喻变化神速，不可得其端倪。舟和山竟都不知所在。用语体文翻之。此段话，宏阔深远。郭子玄注曰："夫无力之力，莫大于变化者也。故乃揭天地以趋新，负山岳以舍

28

故。故不暂停,忽已涉新,则天地万物无时而不移也。世皆新矣,而目以为故;舟日易矣,而视之若旧;山日更矣,而视之若前。今交一臂而失之,皆在冥中去矣。故向者之我,非复今我也。我与今俱往,岂尝守故哉!而世莫之觉,谓今之所遇,可系而在,岂不昧哉!"子玄斯解,直由蒙庄以探《大易》,至可玩也。

凡物刹那灭,佛氏与吾儒《大易》都见此理。老、庄深达《易》旨,然余独宗《易》,究与二氏殊趣。老、庄同为道家,与佛家并称二氏。夫刹那刹那灭,实即刹那刹那舍故生新。儒者以此,明人道与群治当体现天行之健,常去故取新自强而不息也。儒者至此为句。《乾卦》取象于天行健,以明本体之流行其德至健也。《说卦》曰:"革去故,鼎取新。"[1]自强不息,亦《乾》象。佛氏以刹那灭即是无常而作空观,卒流于反人生。老、庄虽见到刹那生灭而卒归本自然,遂至守静任化老庄修己与理群之道皆以守静为本。因任自然之化,曰任化。而废人能。老庄皆无裁成天地辅相万物之功,是不悟《大易》圣人成能之旨。二氏毕竟偏而失正,兹不及深论。

大哉变也,微妙难言。略彰五义:一,幻有义。翕阖成变,刹刹突跃。譬如云峰幻似,率尔移形,顿灭顿起。万有皆是一翕一阖之变耳,虽有而不固定,故谓之幻有。率尔,乍起貌。譬如风轮乍转,排山荡海,有大威势。万变之诡谲亦犹是,故云幻有。幻有者,繁然大有,无固定相,相者,相状。《易·大有》之卦,宜玩。故状之以幻。此中幻字是形容词,不含劣义。二,真实义。万变皆是真实流行。真实,谓本体。一华一法界,一叶一如来,法界,谓实体。如来者,无所从来

---

[1] 整理者按:"革,去故也。鼎,取新也",见《杂卦传》。

故名。今用为实体之代词。讵可离幻相而觅实相。谁有智者，怀宝而迷？宝，以喻真实。言人不当自迷其真也。三，圆满义。大化周流，无往而不圆满。试以文字为喻，如一"人"字必含一切人，简一切非人。否则此字不立。故一"人"字已包通万有而无遗。人字如是，自余无量字皆然。庄生言："泰山非大，秋毫非小。"此非故作奇谈。从万有不齐言，便分大小；从万物并生言，无有孤立，一味平等，何小大之分乎？人亦有言："摄亿劫于刹那，涵无量于微点。"亿万年虽长远，而摄入一刹那顷；无量世界虽广大，而涵在一微点。大化周流，千形万状，互相含摄，一切处无亏欠。其妙难思。四，交遍义。万变繁兴，故说世界无量。诸无量界，世界，省言界。同所各遍。无量世界同一所在，各各遍满。非犹多马，一处不容；如室东隅置一马，倘于该处层累多马而置之，乃决不可能者。就此等事而言，则交遍之义不得成，故句首云非犹。乃若众灯，交光相网。张千灯于一室，每一个灯光都遍满于此室内。易言之，千灯在一室中层复一层，交相网覆，各各不相障碍，故云交光相网。无量世界，同处各遍，理亦犹是。如吾与多人同在北京，俗以为北京是一。其实北京有多少人，便有多少北京。如张人在北京，其生活与北京交感而日化，确有与李人不同。化，犹变异。下仿此。李人在北京，其生活与北京交感而日化，亦有与张人不同。故张李二人各有一北京也。世俗以为北京非不一，而张李所摄受于北京者各有不同，遂疑北京不一耳。殊不知张李所摄受于北京之不同，正由北京本不一。如北京是一，张李所摄受者焉得成异？俗论倒果为因，未可据也。总之北京极复杂，不得言一。然多数北京在一个处所，各各遍满，如千灯在一室光光相网，岂不奇哉！光光者，以其多故，连言之。五，无尽义。太极是无穷

30

无尽大宝藏，<small>太极者，实体之名。</small>故其流行自无穷尽。<small>流行便是用。旧稿有云，即于本体之流行而名为用。</small>万流澎湃，过去已灭，现在不住，未来将新新而起，刹刹故灭新生。《易》家所以赞"万物富有"，《中庸》叹"至诚无息"也。如上以五义明变，虽复难穷其蕴，亦颇近之矣。

余少时好探穷者，即为宇宙论。会世变亟，参加革命而失学。其后理旧业，深苦一己之智力有限，思博征载籍。而晚周故籍沦亡，间有汉人保存一二单辞碎义，堪资玩索。譬如爝火，何可启大明乎？汉以后文集，求有助于余之所究者更不可得矣。无可如何，旁求佛法。曾咨唯识之论于宜黄大师。未几，厌其为悬空之辨析，复上寻龙树学。余于佛法所专力者，即在大乘空、有二宗。然余于佛家心物之争，并不甚注意。<small>此当别谈。</small>余所强探力索者，独在其性相之论。<small>佛氏谈性相，犹余云体用。</small>余之宇宙论主体用不二，盖由不敢苟同于佛法，乃返而远取诸物、近取诸身，积渐启悟，遂归宗乎《大易》也。今将论及佛法，实即综括大乘空、有二宗性相旨趣，而平章之已尔。

第二章　佛法上

　　余欲绳正大乘空、有二宗性相之论，须先将本论体用二词与大乘法性、法相二词，分别略释。

　　先释体用。体用二字，从来学人用得很泛滥。本论在宇宙论中谈体用，其意义殊特，读者须依本论之体系而索解。体者，宇宙本体之省称。本体，亦云实体。用者，则是实体变成功用。实体是变动不居，生生不竭，即从其变动与生生，而说为实体之功用。功用则有翕阗两方面，变化无穷，而恒率循相反相成之法则，是名功用。亦省称用。

　　伟哉，宇宙万象。幽深莫妙于精神，著明莫盛于物质。至精运物，而为动始。精者，精神之省称。至，赞词也。始者，主动义，非先时而动之谓。运物者，精神斡运乎一切物质中而为主动以导物也。至物含神，而承化。物者，物质之省称。至字，同上。承化者，物质之动顺承乎精神，而与之俱进，不退坠也。此与上句宜参看《原儒》下卷第三段总论《大易》处。神质互含、交动，其变化万有不齐，是为本体之大用。大者，赞词。

　　本论以体用不二立宗。学者不可向大用流行之外，别求实

32

体。余自信此为定案未堪摇夺。平生历尽辛苦而后有获,非敢妄言也。

问:"云何说体用不二?"答:实体自起变动而成为大用,汝道体用是二否?譬如大海水自起变动而成为众沤,众沤,以比喻用。大海水,以比喻体。汝道大海水、众沤是二否?

已说体用,次释法性、法相二词。

法字,为佛学中最普遍之公名。万有,通名曰法。

相字,读为辅相之相。佛书中有两种释:一、相,谓相状。凡法各有一种相状。如物有质碍,可目见。心无质碍,虽不可目见,而心可内自觉知,是有无相之相、无状之状也。二、相,犹体也。此以相字训为体字,便与相状义不同。

性字之义亦不一。佛书中有训为德性之性者,如善、不善等性是也。有训为体字者,即与相字训体者同。

法相一名,是心物诸行之总称。心物诸行非恒常故,谓心物诸行,非是永恒不变的东西。不固定故,准上可知。其变化密移而有相状诈现,诈者,虽现相状而不是固定的,故云诈现。所以名之曰法相。法相,犹俗云现象。

法性,谓万法实体,是名真如。法性之性字,当作体字释,已见前注。万法,谓心物诸行。心物诸行之实体名曰真如。真者,真实。如者,不变。详唐人《百法疏》。

大乘法性一名,与本论实体一名相当。大乘法相一名,与本论功用一名相当。然佛家性相之谈,法性省称性,法相省称相,见基师《识论述记》等。确与本论体用不二义旨极端相反,无可融和。大乘之学,分为空、有两轮。大乘空有二宗,譬如车之两轮也。空宗立真俗二谛。谛者,实也。世俗公认为实有之事理,随顺说故,遂立俗谛。真理实有,非俗谛所可摄故,遂立真谛。其在俗谛中不破法相,至开演真谛则极力破相以显性。显,犹明示也。言破除法相,所以明示法性令人悟也。但其结论,则法相、法性都不立。易言之,是体用皆空。自此以下用性相二名时,或径以体用二名代之。有宗起而矫其失,用意极美。独惜支离破碎,未达本原。玄奘为有宗大师,其弘扬无着、世亲之学,可谓至矣。千余年来知识之伦,有尊崇而无怀疑。余始发见世亲一派之谬误,尝欲别为详论,但恐精力不支;详论之,则文字太繁也。今当衡正二宗。且先龙树学。空宗以龙树为大祖,故称龙树学。

云何说空宗破相显性?此以《般若心经》举证,则可无疑矣。《般若心经》者,从《大般若经》中甄综精微,纂提纲要之小册也。《大般若经》后或简称《大经》。是空宗根本大典,号为群经之王,诸佛之母。《心经》开宗明义曰"照见五蕴皆空"。此一语,网罗《大经》全部义旨无遗。五蕴者,法相之别称。析一切法相,而各别以聚,则说为蕴。蕴者,聚义。综计蕴数,则说有五。五蕴者:首,色蕴,通摄一切物。佛书中,色字有广狭二义:狭义,谓青黄赤白等色。广义,谓一切物质。此中,色是广义。自吾人身躯以至天地诸大物,总摄于色蕴。次,受、想、行、识四蕴,则举一切心法而通析为此四。受蕴者,谓于境而有苦乐等领纳故名为受。受者,领纳义。此以情的作用而立受蕴。想蕴者,谓于境取像,故名为想。如缘青色时,计此是青、非赤白等,是为取像。缘字,含攀援与思虑等义。由此,发展为辨物析理的知识。此以知的作用而立想蕴。行蕴者,谓于所缘境而起造作,故名为行。行者,造作义,如见花好而思折其枝,此即造作。推之一切行动,甚至发为极大事业者,皆造作也。此以意的作

34

用而立行蕴。又复当知，受想行三蕴，通名心所法。心所法者，犹云心上所有之诸作用。不即是心而属于心，故名心所。唯行蕴中，不止一个行心所。更有多数心所，皆不别立蕴而悉摄于行蕴，学者宜知。已说心所三蕴。最后识蕴则通摄八个识。按《成论》云："凡言识者，亦摄各心所。"今此五蕴，心所既别开。故识蕴只是心，而不摄心所。向见读佛书者每以心心所之分为难解。余曰，佛家喜用剖析法，将心剖作段段片片，汝只照他的理论去了解。小乘初说六识，曰眼识、耳识、鼻识、舌识、身识、意识。大乘有宗始加第七末那识、第八阿赖耶识。然小乘虽无七八之名，却已有其义，详在诸论。总之，色蕴专言物，后四蕴皆言心。故五蕴总分心物两方面。

上来已说五蕴名义，今释经旨。云何五蕴皆空？空者，空无。谓一切法相都无实自性故，应说皆空。中译佛籍，性字有时训为体。已如前说。此中自性，犹云自体。他处仿此。读者须切记。无实者，世俗以为一切物都是有实自体的，今言无实，所以破其惑也。如以色蕴言，色法无有实自体，即色法本来是空。佛家将物质分析至极微，以明物质无实自体，故说为空。如以受蕴言，受心所法，无有实自体，即受心所法本来是空。乃至以识蕴言诸心法皆无有实自体，即诸心法本来是空。言乃至者，中间略而不举，可类推故。佛家以缘生之义，说明一切心法都无实自体，故皆空。《大般若经》卷五百五十六有云"如说我等，毕竟不生。但有假名，都无自性。凡人皆执有我，殊不知所谓我者，只是依色、受等五蕴而妄计为自我耳。若离五蕴，我果何在？故知我是假名，本无自性。诸法亦尔，但有假名，都无自性。何等是色，既不可取，色法无实自体，何可取得。亦不可生。色法无实自体，本来无生。何等是受想行识，既不可取，亦不可生"云云。《大般若》全部，此类语句不可胜引。《心经》总括其要义。

《心经》复云:"色不异空,空不异色。色即是空,空即是色。受想行识,亦复如是。"按世俗说色,便与空异,以色是实有,非空无故。世俗说空,便与色异,以空是无所有,色法是有,不可同故。今依真谛道理,解析色法而至极微,更析至邻虚,极微更析之,便无有物,名曰邻虚。色法毕竟空无。由色空故,即色与空互不相异。经故说言:"色不异空,空不异色。"

既色与空互不异,经又申之曰:"色即是空,空即是色。"此中两即字,明示色与空是一非二,因色法无实自性故。

"受想行识亦复如是"者。此四蕴法,与空互不异,互相即。与上说色处同,可省文也。此四蕴法,无实自性,须考《缘生论》。今恐文繁,不及引。

经复说言:"是诸法空相,不生不灭,不垢不净,不增不减。是故空中无色,无受想行识。"此承上文而申之也。诸法者,通色法、心法而言之也。空者,空无。空相者,言空,则不同于有,故假说空相。相者,相状。空相只是无相之相。凡法先无今有,名生。生已坏尽,名灭。空相本无生,故云不生。无生即无灭,故云不灭。惑染名垢,反此名净。空相无染污,故云不垢。既本无垢,即净名亦不立,故云不净。物或患不足而益之,曰增。物过盛而损之,曰减。空相洞然无物,将何所益,故云不增。无增即无减,故言不减。如上略明诸法空相,远离生灭、垢净、增减等差别相。

"空中无色,无受想行识。"据此,则五蕴法皆空,法相破尽矣。余昔曾遇人言,《心经》是一切都空之论。余戒之曰,汝何言之易乎?精于琴者,善聆弦外之音。通于道者,能得圣人言外之意。汝开口便以一切都空四字断定《心经》,汝果真解《心经》与《大经》乎? 玄奘临终诵《心经》,窥基作《幽赞》,汝可轻议《心经》乎? 夫《心经》说五蕴皆空,诚破尽一切法相,然其破相乃所以显性也。显,犹示也。以为世人迷执法相,便不能透悟法性。譬如痴人睹云雾弥天,便为云雾所障,竟不悟太阳常在。故欲向人指示法性,必先破除法相也。上引经文,是"诸法空相"至"是故空中无色无受想行识"一段,义旨渊广。渊者,渊深。广者,广大。不悟者从表面看去,法相破尽,唯是空相,岂非一切都空? 善悟者深心玩索,乃由诸法空相,不生不灭、不垢不净、不增不减之启示,而即时空诸所有,脱然悟到诸法实相。此中相字,训为体,犹云实体。此乃能得圣人言外之意者也。经文至此处微露神机,神,犹妙也。从来痴人不会,大可惜耳。般若宗之大机大用,唯在破相显性。空宗以《大般若经》为宗主,亦称般若宗。《大智度论》云:"大乘经但有一法印,谓诸法实相,名了义经。若无实相印,即是魔说。"法印之法字,谓佛氏教义或学理。印者,如官府公文用印,凭此以证明无伪。大乘经以阐明实相为主,故实相是大乘学之法印。有实相印便是了义经,否则魔说耳。了义者,穷源彻底名为了义。实相之相字,训为体。诸法实相,即法性之别名,俗称宇宙实体。《莲华经》云:"我以相严身,经说佛身有三十二种德相,极庄严也。光明照世间。无量众所尊,为说实相印。"佛为无量众生所尊信,故为众生说实相印。据此,可见大乘破相,是以遮诠之术,密显法性。密者,用意深微。遮诠者,佛氏说法,用遮诠、表诠两种方术。表诠者,如为贫民未见金器者,直说此是金器,是为表诠。遮诠者,如迷信鬼者入大暗室,望几而不能明见,便疑是鬼,于是以种种事理说明此不是鬼,但不直说是几,而卒令迷人悟知是几,是为遮诠。显,犹明也,使人明识法性。大乘群经,实相一印,莫不印定,何止《心经》？破相所以显性，谁云一切都空？衡论古学，须先认清本源，而后审其流变，未可以轻心诬古哲也。余以破相显性一言，抉空宗之渊奥。由《心经》以上通《大般若》，下征四论，得其一贯。四论者，《大智度论》《中论》《百论》《十二门论》。学者倘疑吾言，则请深求之经、论可耳。

附识：《新唯识论》初稿释《心经》此段文，自觉有乖正诂。壬辰删本，亦未及改，今兹始改定。训释文句固异旧稿，而破相显性之义旨，则无易也。

如上所说，大空学派开山诸哲，实以破相显性为其学说之中枢。大乘空宗简称大空，以下仿此。大空之学以《大般若经》为根本，此经卷帙繁重，内容复杂至极，盖采集前后众师之说而成。吾国人向来推龙树为大空之祖，吾意龙树以前，谈空者当不少，唯至龙树而始大，故后学祖之耳。中枢者，譬如一国有主政的机关，号为中枢。凡大学派其义旨宏富，然虽千条万绪亦必有其主旨，为众义所依。可以中枢譬之。破相，所以显性，法性本不可空，群经皆有实相印在，如何道他一切都空？此中群经，谓大乘的经典。此是大空学之本源，当还他真相，毋令古哲受冤。然复须知，由破相显性之主张，一直往前推演，则相空而性复何存？此则大空诸师自己返攻自己，而终不自觉也。问："大空诸师何至如此？"答：汝疑吾言乎？汝未悟体用不二耳。夫佛氏所云法性，犹余云实体。佛氏所云法相，犹余云功用。前已言之矣。相者，即是性之生生、流动、诈现相状，余故说为功用。譬犹大海水变成众沤。众沤，比喻法相。大海水，比喻法性。后仿此。性者，即是万法的自身。万法,乃法相之别一名称。譬如大海水即是众沤的自身。余故说体用不二。汝若了悟此义,此义,即上云体用不二。当知相破尽,则性亦无存。所以者何? 性是相的自身,相若破尽则相之自身何存? 是性已毁也。注意。相,即是性之生生流动。生生、流动,故以功用名之。相若破尽则性为无生、不动、湛然寂灭之性,此亦何异于空无乎? 注意。是故大空诸师本旨在破相以显性,终归于相空而性与之俱空。易言之,用空,而体亦空。余谓诸师自己返攻自己,非苛论也。其学术诚不无病在。人言《心经》一切都空,余不许之者,以其未尝实求经义,但睹经文有五蕴皆空云云,遂肆口批评,余故痛戒之。佛法毕竟深远,余虽谓其不无病,然其穷高入微,尽有真是处。余终身不轻议也。

有问:"空宗在俗谛中不破法相,公以相空而性亦空责之,毋乃太过。"答曰:龙树《中论》有云:世俗谛者,一切法性空。此中一切法即五蕴诸法,亦通称法相。性,作体字释。言一切法无实自体,本是空。而世间颠倒故,生虚妄法,于世间是实。生,犹起也。言法相本空而世间颠倒,自心造起虚妄法,乃共以虚妄法为实有。参考《中论·观四谛品》。细玩此文,明明以法相为世间颠倒所造起之虚妄法,但世间以为实有耳。佛法中未尝许为实有,其开端便说一切法无自体,即谓法相本空也。若夫俗谛不空法相之云,只是随顺世间云尔。世间说地是实、说水是实、说粟是实、说布是实,佛亦随顺而已。其可执佛法以破之乎? 汝不通俗谛之旨,难与析义已。

或有问曰:"空宗之性相论,公执体用不二之义以弹正之,可谓精严矣。然有可疑者,佛法中法性一名,犹云宇宙实体;法性一名是简称,如从详称之,当曰万法实性。性字,作体字释。首见于罗什主译之诸籍，玄奘犹承用。佛法中法相一名，即心物万象之通称。公则以心物万象皆是生生不已、变动不居，遂名之以功用，而不曰法相。二名虽异，其实一也。二名者，谓法相与功用也。但公之学弘阐体用不二，而大空之论，则性是不生不灭、无为法，佛家说万法实性是不生不灭法，亦名无为法。无为者，以其无有造作，故名无为。相是生灭、有为法。佛家说心物万象，都是刹那刹那才生即灭、才灭即生，生灭相续而不断绝。故以心物通名为生灭法。但佛氏特注意观灭，故佛经常说刹那灭。经论皆有明文，宜注意。有为，是造作义。心有造作，此不待说；物亦有造作，如风动、云飞、水流、花放，皆造作也。况物之大者乎？据此而论，性相二方，隔以鸿沟，截然两重世界。不生不灭、无为，是一重世界；生灭、有为，另是一重世界。二方无可会通。而仍说法性是法相之实体，岂非怪论？我不知大乘之宇宙论，其性相二方有若何关系？下怀蓄此疑团，苦不得解，愿公明以教我。"答曰：善哉斯问。若据体用不二义，以核定佛家性、相，便应说法性即是万法的自身。此中万法，谓法相。不当有若何关系之疑。然佛家将性、相割裂为二，则汝之疑问自不能无。余考《佛地经论》云"清净法界者，中译佛书界字略有三义：一、类义，二、因义，三、体义。此中界字当作体字释。法界犹云万法实体，即法性之别名，清净者言实体无有杂染。譬如虚空虽遍诸色种种相中，而不可说有种种相，体惟一味"云云。诸色，犹言一切形形色色。相，犹现象也。言虚空至大无外，普遍通彻于一切形形色色、种种现象里。易言之，虚空普遍含容种种现象。然虽如此，而不可说虚空有种种现象。所以者何？虚空自体始终是虚空，未曾变为如是种种现象。以虚空不生不灭无有造作故。故曰体惟一味。据此所云，种种现象只是虚空之所包通、含容，决不可说虚空自身变成如是种种现象。法性亦如虚空，包通万法而不可说法性自身变成万法也。万法，谓法相。佛家说性相之关系，从上引《佛地经论》数语细玩之，当可豁然。或问："佛家殆以虚空为法性乎？"答：不可如此妄说。经论明言譬如虚空，何曾以虚空为法性。虚空不生不灭、无有造作、无有变动，此与空宗所说法性有相似处。故空宗取以为譬耳。

佛家所以割裂性相为二，盖非无故。佛法本是反人生之出世法，此中两法字，谓佛氏之教义或学说。盖将遏逆宇宙大生、广生之洪流。"大生""广生"，见《易大传》。平沉大地，粉碎虚空，绝无所系恋。此佛氏所以有大悲大觉大雄无畏之称也。佛典出世一词，犹言超脱生死海。释迦为此而发心修道。后来小乘、大乘诸学派虽发展甚盛，要皆不改出世本旨。后之学佛者，于出世意义不求正解。甚至以在世不染为出世，则佛法真相不可明，混乱至极。佛家所趣向者，自是不生不灭、如如不动、寂灭无为之法性。如如者，形容法性不变之谓。唐以前所译佛典，即以如如为法性之别一名称。唐贤则改译为真如。寂灭之灭字，谓诸惑灭尽，非谓法性灭绝。无为者，无有生化、无有造作，所以譬如虚空。其以法相为世间颠倒所起，非由真如变成。覆玩前引《中论》俗谛文。自是夹杂感情逻辑。荀卿论《解蔽》之难。从来哲人、智弥高者，蔽或亦弥怪。其学有独阐创获方面，亦有曲见横通方面。张横渠所以有穷大失居之戒也。失居，失所据也。穷理极乎至广至大，必以实事求是为基础，否则失据。

余通玩空宗经论。空宗可以说真如即是万法之实性，实性，犹云实体，真如即实体之别名。万法，谓心物诸法，亦通称法相。而决不许说真如变成万法。此二种语势不同，其关系极重大。兹以二语并列于下：

（甲）真如即是万法之实性。

（乙）真如变成万法。

甲乙二语所表示之意义，一经对比，显然不同。由甲语玩之，便见万法都无实自体，应说为空。所以者何？万法之实体即是真如，非离真如别有独立的自体故。非字，一气贯下。故知万法但有假名，而实空无。

由乙语玩之，诸法虽无独立的自体，而非无法相可说。法相者，即是真如变成种种相，所谓宇宙万象。是故乙语肯定法相，甲语便完全否定法相。亦复当知，乙语表示即相即性，非相外有性故。古德云："信手所扪，莫非真如。"可谓证解。证解者，解悟真理，非虚妄猜度故，曰证解。真如是法性之名，今者吾伸手扪当前的一一物，实则都是扪着真如。此明相即是性也。

空宗于一切法相，惟作空观。《大般若经》第一会说二十空，空者，空无。下仿此。谓内空、外空等等。如心法，念念起灭，非实在故，是内空。身躯如浮沤不实故，亦是内空。外空者，如自然界诸物皆变动不居，应说为空。二十空，名义殊繁。总略言之，只是于一切物行、一切心行，行字，见《明变章》。一一谛观，皆刹那灭，无有暂住，都是空无。谛者，实义。观察事理，皆得其实，是名谛观。乃至最后，返观意想，犹取空相。意中犹作一切都空之想，即是有空相存，故云取空相。取者，执也。即此空相，复应遣除，是名空空。夫空相亦空，更何所有。此自有说理以来，空诸所有，荡然无执，未有如般若宗也。般若，系译音，其义为智慧。不译义者，以通常习用此词，不求深解。今此智慧一词，义极深远，故译音，而欲人之慎思也。且空宗不惟空除法相，空除，犹云去尽。虽复涅槃法性至真至实，涅槃一词，具有真常寂灭等义，乃法性之别名。今以二名合用为复词。而犹虑人于此起执，则说无为空。无为，亦法性之别名。法性之名字甚多，犹不止真如、涅槃、无为等名也。执者，俗云执著，盖有一种粘滞的意义。但此意义极深微，难以语言文字表达。吾人开眼见物时，心中即以为是实在的物，便成粘滞而不自觉。思维某种道理时，肯定道理是如此。这一肯定下来，同时便粘滞，更不自觉。思想之不同，易起斗争，由执故也。向来读佛书者对于执字不求解，惟蔡子民先生确有甚深体会。《大般若》卷五百五十六云："时诸天子问善现言，岂可涅槃亦复如幻？善现答言，设更有法胜涅槃者，亦复如幻，何况涅槃。"善现，佛号也。是其密意。盖以为法相虽不可执，若复于法性起执者，虽性亦相。言若执著法性，亦与执法相不异。故应俱遣，一切皆空。深解二十空义，《大般若经》全部在是。然不读《般若》全部，则于二十空只从名词上粗玩过去，毕竟无所悟。空宗扫相终归破性，用空而体亦俱空。则因其破执手段太厉，有如猛将冲锋不顾一切，纵其所之而已尔。诸大菩萨犹言大觉者。意在破执，卒不悟其一往破尽，破便成执也。卒不二字至此为句。惜乎，余不得起诸菩萨而质之。孔子曰："予欲无言。"得忘言之意者，如禹之行水，行所无事。夫何执乎？

或有问曰："《大般若经》卷五百六十二说，'一切法皆会入法性，不见一事出法性外'云云。一切法，谓心物诸行，亦通称法相。据此，可知空法相者，正是以一切法相会入法性，其本意不是空法性也。"答曰：相已空尽，如何会入法性？譬如说一一沤皆是大海水，如此说者方是以沤会入水。若其人横说沤相空无，便谈不到以沤会入水也。

大乘以三法印，印定佛法。法印一词，解见前。三法印者，一曰诸行无常印，二曰一切法无我印，三曰涅槃寂静印。大乘之学出于小乘各派之后，小乘不承认大乘经是佛所说。大乘乃以三法印,印定群经。合乎此三法印者皆佛说,否则非佛说。大乘经则皆不违三法印也,小乘无可诤。其第三印曰涅槃寂静,涅槃,即法性之别名。可见佛家各宗派都是以寂静言性体。性体二字,合用为复词。后仿此。其言亦本于正见,固未容轻议。然复须知,至寂即是神化,变化难测,故形容之曰神,非谓天神。化而不造,故说为寂。未可以不化言寂也。有意造作则不寂。万化之实体无有意想,故无造作,而万化皆寂也。至静即是谲变。谲者,奇诡不测。变而不乱,故说为静,未可以不变言静也。万变之实体,动而有天然之则,故不乱,乃即动即静也。世俗见物动则不静,此变不尔。夫至静而变,则其静非废然之静,而有健德以居静也。王船山责理学之静,为废然之静。佛法则更甚。至寂而化,则其寂非旷然之寂,而有仁德以运寂也。旷然,犹废然也。健,生德也;仁,亦生德也。生生之德,曰生德。曰健曰仁,异名同实。

　　生生之盛大不容已,曰健;生生之和畅无郁滞,曰仁。是故健为静君,仁为寂主。君,犹主也。健德为静之主,故静非沉滞。仁德为寂之主,故寂非枯槁。"大生"、"广生",万物发育。人生以是而继天德、立人极,天者,实体之名。天德者,实体之德。人禀天德而生,能实现之而不失,故曰继。极者,至高之轨则。亦即以是而尽人能弘大天性。尽,犹发展也。天性,谓实体,佛云法性是也。佛氏说众生惑障,故不见性,必去惑而后见性。儒学则以人生当发展人能,天性必待人能而后弘大。(人能,见《易大传》。人禀天德而生,既为人矣,则自成其殊胜之能,故曰人能。)万物皆禀天性而未能弘大之,惟人乃足以弘大其天性也。人生当弘性,岂曰见性而已乎? 此儒佛之大辨也。天人不二,儒学其至矣。佛氏以为性体只是寂静,将导群生以同归于寂灭之乡。此犹是人间世否? 余不得而知之矣。《中论·观涅槃》等品说涅槃与世间互不异,其旨在变世间为寂灭耳。读者不求甚解,好望文生义,以为即世间即出世间,可谓混乱至极。实则寂灭一词之含义,甚深复甚深。灭之一字,谓诸惑灭尽。殊不知有众生身,便无可断惑。(断者,断灭。)菩萨将成佛,诸惑垂尽,(尽,犹灭也。)而以发愿度众生故,犹留惑润生。(众生之生活须有惑以滋润之,如苗之生活须有水以滋润之。此义深远至极,今不及详。菩萨已将尽惑,而故意留惑以润其生。仍现众生身,与众生为缘也。)由此可知诸惑灭尽,即已无众生身也。世间变为寂灭,尚是人间世乎?

附识: 古德有云:"月到上方诸品静。"诸品,犹言万类。月到上方,乃极澄静之象。万类俱静,寂然不动也。此有窥于性体寂静的方面。陶诗云:"日暮天无云,春风扇微和。"以此形容性体,差得其实,而无偏于滞寂之病。"日暮天无云",是寂静也。"春风扇微和",生生真机也,健德仁德浑然流行也。

空宗于性体寂静方面领会极深,惜未免滞寂溺静,直将生生不息、变化不竭之真机,遏绝无余。有宗诋以恶取空,并非苛论。空者,空无。取,谓执著。恶者,毁责词。迷执不悟,故呵以恶取。空宗说涅槃亦复如幻,见前。又说胜义空、义最殊胜名为胜义,此指法性而言。胜义空,即谓法性亦空无也。无为空。无为,见前。夫胜义、无为,皆性体之名。涅槃,亦性体之名。此可说为空、可说为如幻乎? 说空、说幻,毕竟毁尽生生种子。此以种子比喻性体生生之德。清辩菩萨空宗后出之大师。作《掌珍论》,便立量云:量者,三支论式。三支,谓宗、因、喻,详在因明。

无为，无有实。宗

不起故。因

似空华。喻

此量，直以无为性体说为空华，无为性体，合用作复辞。极为有宗所不满，如护法及我国窥基皆抨击清辩甚力。详基师《成唯识论述记》。平情论之，清辩谈空固未免恶取，然其见地实本之《大般若经》。《般若》已空法相，更空法性，明文具在。于清辩何责焉？理见到真处，必不为激宕之词。理实如此，便称实而谈，何等平易。若说理稍涉激宕，必其见有所偏，非应真之谈也。印度佛家毕竟反人生，故于性体生生真机不深领会，乃但见为空寂而已。

《论语》孔子曰："天何言哉？四时行焉，百物生焉。天何言哉？"孔子所言天者，乃性体之名，非谓有天帝。无言者，形容其寂寂也。寂寂而四时行百物生，四时行百物生而复寂寂。谈无为空者，何可悟斯理哉？《中庸》，孔氏之遗言也。其赞性德云："诗曰'德辀如毛'，毛犹有伦。'上天之载，无声无臭'，至矣！"辀者，微义。毛，轻微之物也。伦，迹也。上者，绝对义。上天，亦谓性体。载者，藏义，言其含藏万有也。此引诗言，以明性体冲微无形。若拟其轻微如毛乎？毛则犹有伦迹，无可相拟也。性体直是声臭俱泯，亦空寂极矣。然虽无形可睹而含藏万有，真真实实，故赞之曰至矣。涅槃如幻之云，岂不谬哉！

空宗唯恐人于性体上起执著，此意本未可厚非。从来谈本体者，大概向天地万物之外去找宇宙本原。如众盲摸象，无可证真。证，犹知也，但此知字之义甚深，兹不及详。此辈倘闻般若，何至横持妄见，果于自信。余诚不敢菲薄空宗，然终不肯苟同者，空宗不仅破知见,乃将涅槃性体直说为空、为如幻。如此横破,则破亦成执。不止差毫厘,谬千里也。昔梅子禅师从马祖闻即心即佛之说,佛者,正觉义。正觉即是本心,不须向外求佛。又复须知,心离正觉,即是妄念,便非本心。马祖指示甚亲切。后别马祖,居闽之梅岭十余年。马祖门下有参访至其地者,梅子因问马大师近来有何言教?参者曰:"大师初说即心即佛,近来却说非心非佛。"恐人闻其初说,而将心与佛当做神物来执著,故说双非。梅子呵云:"这老汉又误煞天下人。尽管他非心非佛,吾唯知即心即佛。"马祖闻之曰:"梅子熟了也。"这个公案,极可玩味。学人勿误解空宗,以为性体只是寂静。正须识得寂寂即是生生,静静即是流行。真见本原,直起承当。人生有圆满之发展,不陷歧途,是余不得不辨之微意也。

　　或有难言:"空寂是体,生生化化不息之几是用。生化之始萌,曰几。印度佛家以见体为极,中土儒宗之学只是谈用。今公之学出入华、梵,欲冶儒佛于一炉,其不可强通处则将以己意而进退之。公之议佛,得毋未足为定谳欤?"曰:恶!是何言? 诚如汝计,则体自体而用自用,截然两片物事。用,是生化之几,不由体成,譬如说腾跃的众沤,不由大海水成。有是理乎? 体唯空寂,不可说生化,非独是死物,亦是闲物矣。当知体用可分而实不可分。可分者,体无差别,譬如大海水,元是浑全的。用乃万殊。譬如众沤现作各别的。实不可分者,即体即用,譬如大海水,全成为众沤。即用即体。譬如众沤以外无有大海水。是故繁然妙有,都不固定,应说名用。浑然充塞,无为而无不为者,则是大用流行的本体。浑然者,言其为大全而不可分也。充塞者,言其周遍而无不在也。用以体成,喻如无量沤相,都是大海水所成。体待用存。喻如大海水非超越无量沤相而独在。王阳明有言，即体而言，用在体；即用而言，体在用。此乃证真之谈。所以体用可分而实不可分。此意只可向解人道得，难为不知者言也。

玄奘法师于大乘有宗，最为显学。其上唐太宗表有云："盖闻六爻深赜，拘于生灭之场。玄奘意云，《易经》每卦六爻，明变动不居之义，可谓幽深繁赜。但只见到生灭，只谈法相，而不悟法性。百物正名，未涉真如之境。"玄奘以为《春秋》推物理人事之变，始于正名。然未涉及真如，其失与《易》同。宜黄大师谓儒家只谈用，其说实本之奘师。夫奘师讥孔子不见体，而独以证见真如，归高释宗者，此非故意维持门户。奘师本承印度佛家之学，只以寂静言真如性体，决不许说即寂静即生化、即生化即寂静。奘师所承之学，只可以孔德言体，孔德，借用老子语。王辅嗣云，孔，空也。以空为德，曰孔德。而不可以生德言体。生德，详前。只可以艮背来形容体，《易·艮卦》曰："艮其背。"背，不动之地也。止于不动之地，曰艮背。佛氏谈体，曰如如不动是也。而不可以雷雨之动满盈来形容体。《易·震卦》之象曰："雷雨之动满盈。"儒家以此形容本体之流行，盛大难思，可谓善譬。印度佛家则不许以流行言体。玄奘习于印度佛家之说，宜其不悟孔子之道。《易大传》曰"《易》有太极"。太极，是宇宙实体，亦名乾元。六十四卦、三百八十四爻，每一爻皆是太极也。爻者，明示动而成物也。动者，阴阳也。而太极是阴阳的实体。故曰每一爻皆是太极也。谓《易》不见体可乎？《春秋》建元，即本《易》旨。董子《繁露·重政》篇云："元，犹原也。"《春秋》之元，即《易》之乾元。一家之学，宗要无殊。宗，谓主旨。要，谓理要。谓《春秋》不见体可乎？《易》《春秋》并主体用不二，迥异佛氏求体而废用。玄奘守一家之言而蔽焉，故不达圣意也。吾前已云，浑然充

塞、无为而无不为者,则是大用流行的本体。无为者,言其非有
心造物也。无不为者,言其生生化化自然不容已止也。无不为
三字是余与印度佛家根本不可同处。汝试熟思佛家三藏十二部
经,其谈到真如可着无不为三字否？真如即性体之名,已见前。佛氏
只许说无为,断不许说无为而无不为。盖自小乘以来本以出离
生死为鹄的,故于法性唯证会寂静。及大乘空宗肇兴,以不舍众
生为本愿,大乘本愿在度脱一切众生,然众生不可度尽,则彼之愿力亦与众
生常俱无尽,故终不舍众生也。以生死涅槃两不住为大行。小乘怖生
死,则趣涅槃而不住生死,是谓自了主义。大乘则不住生死,亦不住涅槃,感染
已尽,故不住生死。随机化物,不独趣寂,故不住涅槃。此大乘之行所以为大
也。虽复极广极大,超出劣机。劣机,谓小乘。然终以度尽一切众
生令离生死海为蕲向,但不忍独趣涅槃耳。空宗确是出世思想。
故其所证会于本体者,只是无相、无为、无造、无作,寂静最寂静,
甚深最甚深。无相至此,并出《大般若经》。而于其生生化化流行不
息真几,毕竟不曾领会到。所以只说无为,而不许说无不为,遂
有废用以求体之失。

　　《大般若经·法涌菩萨品》言“诸法真如离数量故,非有性
故,譬如阳焰,乃至如梦”云云。夫真如是诸法实体,此本无相、
无对,更无数量。无相者,真如不是有形的物,不是离万法而独在,故云无
相。无对,易知。但说为非有性,如焰、如梦,则甚不合理。真如是
万法实体,云何非有性？焰、梦,都如幻境,岂可以比真如？虽云
破执,何可横破至此乎？玄奘晚年极尊《大般若》,而于此等处无
所救正,亦足异也。余以为佛氏观空不可非,可非者在其耽空;
归寂不可非,可非者在其滞寂。云何观空？一切法不可迷执,空者,空

49

迷执耳。归寂者,以寂静立本,动而不乱也。此皆不可非。夫滞寂则不悟生生之盛,耽空则不识化化之妙。佛家者流求体而废用,余以是弗许也。

佛家只是欲遏逆生化,以实现其出世理想。推佛氏本意,原欲断除与生俱始之附赘物,所谓染污习气是也。染习足以障碍性体,佛氏欲断除此种附赘,乃不期而至于遏逆生化。有人说:"小乘确是遏逆性体之流行,流行,谓生化。大乘不然。"余曰:大乘之异于小乘者,只是不取自了主义。其愿力宏大,誓度脱一切众生。而众生不可度尽,则彼亦长劫不舍世间、不舍众生,大乘之大也在是。但通览大乘经典,寻其旨归,终以出离生死海为蕲向,是乃不容矫乱。玄奘有言,"九十六道并欲超生"云云。印度外道学派有九十六种。超生,谓超脱生死。可见古代印度人多怀出世思想,不独佛家为然。

佛氏说性体空寂,余复何敢立异。性体无有形状、无有作意,就此处说空,无不可。本来清净不染,就此处说寂,诚哉寂也。惟惜出世法只领会得空寂而止,则佛氏背真理已甚矣。余谓寂而不已于生,空而不穷于化,是乃宇宙实体德用自然,不可更诘其所由然。夫空而不穷于化,故化不暂停。详《明变章》。寂而不已于生,故生无所系。"大生"、"广生"之洪流中,小己不容自私也。孟子言"上下与天地同流",是乃体现其"大生"、"广生"之真,而不系于小己,此为知生耳。君子以是荡然放于日新,故至诚无息。至诚,谓实体。

大乘有宗无着、世亲一派。其持论本欲矫空宗流弊,而多逞臆构画,究未可服空宗。今当略论之如后。

有宗之学原本空宗,而后乃盛宣有教,以与之反。说一切法是有而非空，以此设教，曰有教。考有宗所据之《解深密》等经，判定释迦佛说教有三时。参考《解深密经·无自性相品》。谓佛于初时为小乘，说有教。为，读卫，下同。大概明人空谓本无实在的人或实在的我，只是依五蕴法而妄执为人或我。犹未显法空道理。盖小乘根器浅，只破其人我执而止。佛初为小乘说，只破其有实人与实我的迷执，而犹未显示五蕴法皆空的道理。易言之，犹有心物等法相存在，而未破之也。故云有教。

佛于第二时，为发趣大乘者，说空教。发趣者，只是初发心趣向大乘，犹未入大乘也。据此可见有宗崛起，极力贬低空宗。《解深密经》是有宗最初假托佛说以自重。如《大般若经》说一切法都无自性，即法相本空，故名空教。然是有上有容，未为了义。有上者，谓更有胜教在其上故。有容者，须更容纳中道教故。

佛于第三时，为大乘之徒说非有非空中道之教。妄情所执之我本是空无，应说非有。然诸法相，如心法色法皆是缘生法故，不可说无。又诸法相皆有真如实性，更不可说是空。总而言之，妄识之所执，诚哉非有。但法性、法相，毕竟非空。此与《般若经》一往谈空者大不同，故名非有非空中道教。详此所云三时教，盖大乘有宗假托释迦氏随机施教，于三个时期对三种人说法，浅深不同，于是有三时教之判别。有宗自以为传承释迦最上胜义，且判定空宗所承继者为不了义教。不了义者，其义尚浅，非最胜故。明目张胆，反对空宗。盖伪托于释迦，以自弘其教耳。夫有宗以非有非空，对治空宗一往谈空之弊，用意未尝不美。独惜其所推演之一套理论，适堕情见窠臼，殊难折伏空宗。今欲评判有宗得失，须从两方面去审核：一、本体论；二、宇宙论。

体用论（外一种）

先从本体论审核有宗之说。有宗与空宗相反处，可就《宝性论》中找出证据。《宝性论》，系元魏天竺三藏勒那摩提译。此论，本为《何义说品》第七。问曰：余修多罗中，修多罗，谓经籍。皆说一切空。按指空宗所宗经而言。此中何故说有真如、佛性？按《宝性论》属有宗。佛性，亦真如之别名。偈言：

　　处处经中说，内外一切空。按内空外空等，曾见前文。有为法，如云及如梦幻等。按以上谓空宗。此中何故说，一切诸众生皆有真如性，而不说空寂？按以上谓有宗。

答曰，偈言：

　　以有怯弱心，按此第一种过。空宗说一切皆空，众生闻之怖畏，以为无所归趣，故有怯弱心也。轻慢诸众生，按此第二种过。如一切空之言，即众生都无真如、佛性，故是轻慢众生。执著虚妄法，按此第三种过。谓谈一切空，而无真实可以示人。故外道皆执著虚妄法，无可导之入正理。谤真如实性，按此第四种过。凡执著虚妄法者，皆不知有真如性，故妄肆谤毁。计身有神我。按此后五种过。如外道由不见真如故，乃妄计身中有神我。为令如是等，远离五种过，故说有佛性。

据《宝性论》所言，足见空宗所传授之经典，处处说空寂。及有宗崛起，其所宗诸经便都说真如实相，实相，犹云实体。真如实相四字，作复词，有宗以法性名之为真如。真者，真实。如者，不变，恒如其性故，

52

亦是真实义。便与空宗迥异。空宗只说法性是空寂的。有宗与之反对，说法性是真实的。《宝性论》特别提出此异点，甚值得注意。

《大般若》说七空乃至二十空，详《大般若·初分》。于一切法相皆作空观；观者，观察。观一切物本来是空，曰空观。遂至于法性亦防人于此起执，不惜说为空。此诚太过。后来有宗，始以真如广说法性。参考《大论》七十七。如《解深密经》及《大论》与《中边》等论，皆说有七真如乃至十真实。真实，亦真如之别名。言七真如者，非真如可剖为七种。但取义不一，而多为之名耳。如第一曰流转真如，流转者，谓心与物是刹刹前灭后生相续而流，故名流转法。谓真如是流转法之实体，故为此名；非谓流转即是真如。乃至第七曰正行真如，正行，谓圣者修道，发起正行。经文有道谛一词，今不引用，恐解说太繁。谓正行因真如而得起，故为此名。亦非谓正行即是真如。十真实，随义异名，兹不及述。总之，二宗谈法性，一说为空寂，一名之为真如，其异显然。

或有难言："《大般若经》已说真如，并非有宗创说。"答曰：善学者穷究各家之学，须各通其大旨，注意各字。不可寻章摘句而失其整个的意思。《大般若经》非不说真如，要其用意完全注重破相。若执真如为实有者，亦是取相，便成极大迷妄。取，犹执也。若将真如当作实有的东西来设想，此时之心便起一种执著相，故云取相。《般若经》大旨，毕竟空一切相，欲人于言外透悟真如。故空宗着重点，惟在证会法性空寂。这个着重点，是其千条万绪所汇通处。吾侪于此领取，方不陷于寻章摘句之失。

有宗虽盛彰真实，亦何尝不道空寂，如《解深密经》及《瑜伽》皆说有十七空，《显扬论》卷十五。说十六空，《中边》亦尔。《中边述记》卷一可参考。此外真谛译有十八空论。以上诸空义,盖有宗根据空宗《大般若经》而采撮之。可见有宗亦谈空寂,但其着重点毕竟在解悟法性真实。学者将有宗重要经论任取一部玩索,便见得有宗立说大旨与空宗截然不同。

犹复须知,大乘废用求体非无所本。追维释迦传法首说五蕴,即用一种剖解术或破碎术,将物的现象与心的现象一一拆散,都不实在。如剥蕉叶,一片一片剥完,自无芭蕉可得。如此,不独人相、我相空,即法相亦何容存在。小乘承释尊之绪,已有倡空教。要至大乘龙树诸公而后空得彻底耳。

空宗只见法性空寂,有宗反之,则欲令人认识法性真实。二宗对于法性之领会互不同,此甚可注意也。然有宗仍不改出世法之本旨,其故何在? 余以为二宗毕竟共有一个不可变革之根本信念,即以万法实体法性。是无有生生、无有流动、无有变化,此中是字一气贯下。此法性所以有不生不灭之称也。有宗不肯改此根本信念。虽复昌言法性真实,以救沉空溺寂之偏,而其异于空宗者,亦止此耳。有宗仍坚守出世法,非偶然也,其骨髓不异大空也。大乘空宗,简称大空。后仿此。

有宗建立本有种子为万法之初因,万法,为心物诸法之总称。种子者,以其有能生的作用,故立此名。盖有宗推想万法有其所从生之原,而名之曰种子,即以种子说为万法之初因。本有者,言此种子是本来有故,非后起故,又名法尔种子。法尔者,自然义。言此种子自然有故,不可问其所从来。而仍承旧义说真如是万法实性,颇有二重本体之过。盖旧说真如是不生不灭法,有宗不敢叛。故别立种子为万法作生因,为,读卫。有宗盖自陷于巨谬而不悟也。本有种子是万法初因,不谓之本体不得也。而又立真如为万法实性，则有两重本体矣。无着开端已谬误，不可专议世亲也。

佛家自小乘以来谈一切法，将有为即生灭法。无为即不生不灭法。破作两片说去，已为后来大乘宇宙论中分别性相之所本。无为是法性，有为是法相。然精研万法实相之学，在佛法中居最高地位，则自龙树菩萨崛兴，特张大乘之帜，乃弘此极则耳。实相，犹云本体。龙树之学当有渊源，但大乘之帜盖自龙树始张大耳。极则者：极，犹至也；则，犹法也。但此云法者，则指大乘始谈本体论而言。以其弘阐实相，穷理到至极处，故称极则。大乘学派，龙树始张，初未尝标空宗之名，其后有宗起，反空而谈有，亦称大乘。于是大乘分空、有二宗。《中论》云："大乘只有一法印，曰实相印。"曾见前。可见龙树以实相一印，印定《大般若》等经、《中观》等论。凡用等字者，因不及遍举故。但后来有宗所宗之诸经，若《解深密》之类，必不在龙树所认为大乘经之列。必不承认诸小乘师能穷实相，诸者，小乘宗派颇多故。穷者，穷究。必不承认诸小乘经、论能谈实相。大乘所造之域，正是小乘未曾攀援之境。龙树诸师不得不独标大乘之称，以自别于小学也。小学者，小乘之学。总之，佛法自释迦没后，由小乘二十部发展，部，犹宗派也。至龙树崛起，集本体论之大成。义海汪洋，叹观止矣。《大般若经》决非出一人之手，亦非一时期中少数人之合作，龙树当是集先后众师之说。

《大般若经》，若有人焉，于佛法无素养，骤阅之便索然短趣，不堪多览。若久研佛法者，勿遽存反对之见，且随顺出世法之途径去玩索，便觉理趣深远，穷于称赞。佛家实相之论，始于大空，至《大般若经》集成而备矣、至矣，无可复加矣。有宗初兴，造《解深密经》，妄贬《大般若经》，欲以自张，可谓不知量也。不自知其分量。然无着、世亲兄弟皆有宗开山之大师。毕竟归心《大般若》。玄奘晚年拼命译《大经》，《大般若》之简称译成，欢喜无量。窥基在《唯识述记》中驳斥清辩。其后乃云："清辩有言，应当修学。"有宗始虽反空，而在本体论上不能于空宗经论之外别有发明。世亲晚年作《唯识三十颂》。前二十四颂皆说法相，第二十五颂说法性，后五颂说修行位次。见《唯识述记》卷二第五、六页。据此颂以衡论有宗，厥有三事可注意。一事，无着早年集《瑜伽师地论》此论是采集众家之说。并撰十支，依《瑜伽》作十部论，称十支。其学宏博。晚年欲成立唯识之论而未及就，以授其弟世亲。世亲亦以暮年作《三十颂》，唯识论之大体完成。有宗之学至此有严密体系，而其规模亦狭小矣。二事，《三十颂》谈法性者只一颂，寥寥数语，可见世亲于本体论无自得处。其向所闻于无着者，恐亦无胜义也。三事，《三十颂》以二十四颂详说法相。可见有宗之学，从无着传世亲，乃特别注重成立法相实有，正与空宗破相之旨极端反对。余窃谓有宗在宇宙论上反对空宗，其意本未可非，此中宇宙论，是狭义，专就法相或现象言。独惜其理论之败缺太多。特论不精不审，谓之缺。不足攻敌，谓之败。今当别为下章犹复略论有宗，而于空宗有未尽之意亦加以申说。

第三章　佛法下

　　无着、世亲兄弟参糅小乘有教，肯定一切法皆有，曰有教。小乘原分二十部，谈空者少，谈有者居大多数。并匡正大乘空教，而后张其大有之论。虽复谈有，而超过小乘之见，故称大有。大有肇兴，实以新缘起说为其肯定法相之骨干。缘字有二义：一，由义。二，藉义。如说此物由依彼物得起，或说此物藉彼物而始起，是名缘起，亦名缘生。此自无着《瑜伽》等论已造其端，世亲《唯识三十颂》乃完成其体系。惜乎颂已成而未及作释，遽弃人间。至窥基亲禀玄奘，糅集世亲以下十师之说为《成唯识论》一书，保存有宗之学不可谓无功。而十师皆逞空想，习琐碎，无足观已。

　　上考缘起说，本导源释迦，小乘经典益张之。夫言缘起者，必须安立几种缘，缘字在此作名词用，有由与藉之二义，见前注。后皆准知。所谓因缘、次后缘、所缘缘、增上缘是也。小乘谈因缘，本不曾立种子。其所谓因缘，只以凡法生起必非无因而然，故说有因缘。小乘因缘义极宽泛，实与增上缘无甚大区别。大乘空宗谈因缘犹与小乘

57

不异。**凡法，前能引后**，凡法前灭后生，不断绝者，则以前法才起，即有势力导引后法令其续生故。**故说有次第缘。凡法若是能缘**，此缘字犹云思虑，但此思虑之相极深细。能缘，谓心。**心仗托外境方起**，外境，谓外物。**故说有所缘缘**。心是能缘，外物是心之所缘。由有所缘才引起能缘，故以外物对能缘而言则名所缘缘。所缘缘中，下一缘字是名词。与缘起之缘字同义，而与能缘所缘之缘字则绝不同义。又复须知，此中说所缘缘，但举外物，更有未及详说者。**凡法互相依而有**，此依彼而有。彼，复依于彼彼而有。展转相依无尽。**故说有增上缘**。增上，犹言加上，即互相依而有之谓。譬如砚池，依石故有。石，依山故有。山，依大地故有。乃至员舆依太阳系故有。**佛家自小乘至大有，广分别种种缘，终乃统之以四缘**。《中论》云："一切所有缘皆摄在四缘，摄有二义：一，收入义，二，包含义。一切缘皆收入四缘中，即此四缘包含一切缘也。以是四缘，万物得生。"据此，可见大有之缘起说，大乘有宗，此后皆省称大有。万物皆待四缘而生起，曰缘起。但此云物者，是通心与物而总言之也。后皆仿此。上引《中论》万物得生之物字，正是通指心与物而目之，不是专说物质界之诸物也。佛书中言缘起，是通心与物两方面言，不可误解。**实以万物皆由四缘交会而生**。非有天帝造起万物。**易言之，一切法皆互相为缘而起。由缘起故，有大势力，宇宙万象所以流动、变异，不至灭息。大有**大乘有宗。**大空**大乘空宗。**对于宇宙论之见地，一成一坏**，大空五蕴皆空之论，便毁坏宇宙。大有之缘起说，便成立宇宙。**其相去何止九天九渊之隔绝乎？**

　　或有问曰："大有缘起之说，本自小乘传来。而公以新缘起称大有，何耶？"答曰：善哉问也。大有谈缘起，虽有承于小义，小者，小乘。后仿此。而实迥异小学。一，小乘因缘之谈杂碎而无统类，要至大有以四缘摄一切缘，而后缘起说乃成弘整之体系。此其为新说者一也。二，小乘因缘未立种子，大有始立种子，特指定种子为万物之因缘，尤其以万物从无始创生，定有法尔种子为初因。万物一词通心与物而言，说见前。心的现象必有他的种子为因缘，心才得生。物的现象亦必有他的种子为因缘，物才得起。凡法，未有无因而得生者。此自无着菩萨撰集《大论》，《瑜伽·师地论》，古称《大论》。已开其端，《大论》之种子说，犹不一致，当别为论。然其造摄大乘论授世亲，则本有种之义已定，种子是实有之说亦定。至世亲《三十颂》，传至护法与中夏玄奘、窥基，而种子之义益细密，可以拟诸西洋哲学中之多元论矣。此其为新说者二也。罗什介绍大空之学，而玄奘乃介绍大有之学，以救正耽空之失。

小乘谈因缘，殊嫌繁琐，不堪坚立其义。故大空之学兴，反利用缘生说以破法相，遂毁坏宇宙。缘生，犹云缘起。如清辩菩萨立量。清辩，大乘空宗之大师也。因明学立量，分宗、因、喻三支。

真性、有为空。此宗也。真性者言其立此量之意，特就真谛而言也。空宗分真俗二谛，见前文。有为，谓一切法相，以其待四缘而生，故名有为。空者，空无，盖就真谛言，则当断定有为法是空无。何以知然？

缘生故。此因也。即明有为法是空之所以。一切有为法皆待众缘会合而生，故说缘生。凡法从众缘而生，即无有独立的实自体，故是空。

如幻。此喻也。幻术家变现种种物象，其实皆空无。凡缘生法皆无有独立的实自体，故假幻事以证成此因，乃可以立定有为法是空无之断案。（即宗也。）

体用论（外一种）

　　清辩立此量，甚为基师所极不满。此量极力破斥有教。但就因明法式言，亦不无过。由古因明学而论，则喻支只是譬喻，此量可无过。自陈那而后，喻支改为因之证明，不复是譬喻。如幻之喻，不可证成因义。如欲以缘生之因，成立有为法是空之宗，则喻支中必遍求同类的事物是缘生，亦是空，决无一件例外。如有是缘生法而不是空，此便是例外。今决无此。乃可证成缘生之因，以作有为法是空之断案。然此量中之有为法则包含宇宙万有，喻支不能于有为法外，更找同类的事物。故喻中如幻，只可作譬喻，无可证成缘生之因。揆诸陈那之新因明学，实犯大过。清辩如不立量，只以论议的形式出之，便无过。然此量虽犯过，而其义旨则确然《大般若经》之嫡传也。基师不便明攻《大经》遂集矢于清辩，其用意亦深微也欤！

　　龙树菩萨，空宗之大祖也。《中论》是其宗经而作之根本大典。宗经者以《大般若经》为根据也。《中论》直将四缘破尽，详在《观因缘品》，此姑不述。其后无着菩萨创开大乘有宗，乃改造缘起说，首立种子为心物诸行之因。因缘，亦省称因。种子，亦名为功能。功，犹力也。能，亦犹力。以种子有能生的作用，故又别为之名，曰功能。但种子之别名甚多，此不及述。复建立阿赖耶识含藏一切种，阿赖耶者，其义为藏。小乘只说六识，大有之学兴，始加第七末那识及第八阿赖耶识。第八识含藏一切种子，故名阿赖耶，省称赖耶。种子，省称种。而种是万殊，故云一切种。遂完成唯识之论。如只以种子为心物诸行之因，而不立赖耶以含藏种子，则宇宙本原只是众多种子，将成唯种论，不得成立唯识之论也。无着虑及此，故以一切种潜伏于赖耶识中，而其唯识论之体系乃严密。

　　《摄大乘论》曰：于阿赖耶识中，若愚第一缘起，按谓赖耶识中

60

种子是心物诸行或万法的生因，故名第一缘起。愚，犹云不悟。此中意云，若不悟赖耶识中种子是万法生因者，便起如下各种迷谬分别。或有分别自性为因，按数论建立自性，为心物诸行之因。其所谓自性，是非心非物的。或有分别夙作为因，按夙作谓夙世所造作，亦云先业。如尼乾子等执有先业，为诸行之因。或有分别自在变化为因，按婆罗门等执有大自在天，能变化故，为诸行之因。或有分别实我为因，按实我犹云真实的我，是谓神我。如僧佉等，执有神我为诸行因。或有分别无因、无缘。按自然外道及无因论师、空见外道等，皆妄计万物无有因缘。复有分别我为作者、按胜论立神我，谓其有造作的力用。我为受者。按数论立神我，谓其受用色声香味诸物。譬如众多生盲士夫未曾见象，生而目盲曰生盲。复有以象说而示之。彼诸生盲有触象鼻，有触其牙，有触其耳，有触其足，有触其尾，有触脊梁。诸有问言，象为何相？或有说言象如犁柄，或说如杵，或说如箕，或说如臼，或说如帚，或有说言象如石山。若不解了此缘起性，无明生盲，亦复如是。按此缘起性者，谓赖耶识中种子是第一缘起。今回指上文也。若不解了种子是诸行之因，便有种种迷谬分别，即由无明成盲，不悟正理，亦如盲人猜象也。无明，亦云无知。据无着此一段话，以为各派哲学谈到宇宙本原，都是臆猜妄想。其评甚谛。然无着建立本有种子为宇宙初因，颇近多元论；而复建立藏一切种之赖耶识，又近神我论。果能免于各派之失乎？

无着学派之新缘起说，一方救空而张有，一方撝小以立大，于小乘学说不无撝取，于大乘空宗欲匡救其失，遂创立大乘有宗。其用意信美矣。然其立论极逞臆想，缺失处颇多，略举于后。

一曰，建立赖耶识，含藏种子，为第一缘起。此其说颇近外道神我论。玄奘综括大有六经、十一论，大乘有宗省称大有。六经十一论详《成论述记》卷一。作《赖耶识颂》，有曰"去后来先作主公"。言人初受生时，赖耶识已先投生于母胎中，非出母胎后始有此识也，故曰来先。人临终时，赖耶识最后舍离其躯壳而去，故曰去后。人当生存时，赖耶识寓身中为一身之主，故曰作主公。详玄奘著《八识规矩颂》。晚明王船山曾为此颂作赞，其文不传。据此可见大有唯识之论，虽破斥外道神我不遗余力，其实赖耶亦与神我不异。而不免兴诤者，则以大有与外道虽同信有神我，而各逞臆想以构成一套理论，自不得无诤耳。吾国学人向来盛称佛法为无神论或无我论，皆于佛典未曾求解，遂自欺欺人而不惭耳。

二曰，本有种为初因，本有种，亦名法尔种，见前注。确由反对外道大自在天变化之论，创发此说。《摄论》所云第一缘起，犹云初因，见前注。天，乃唯一而无待，谓其能变化本不应理。不应，犹云不合。《摄论》建立赖耶中种子，是各别的，是无量数，轻意菩萨云："无量诸种子其数如雨滴。"此其与大自在天根本不同者一也。一切种虽是心物诸行所从生之因缘，然必待其他诸缘交会，方生诸行。否则种子虽具，而孤因无可独生。《摄论》明示种子六义，其第五义曰待众缘。此与大自在天无待而能变化之谬说，根本不同者二也。大有说种子为因缘，犹须待众缘者。例如现在一念眼识发生，必有眼识种子为因缘。亦必前念眼识灭时，犹有余势，能引生后念眼识续起，令不中断，是为次第缘。又必有外物能牵引此念眼识令其现起，是为所缘缘。又必眼神经或大脑无损坏以及过去接触万物种种惯习，乃至光线等等关系，均为此念眼识之助缘，亦名增上缘。此以心法言之也。如就物而言，例如麦苗发生，必有麦种为其因缘；亦必有水、土、阳光、空气、肥料、岁时、人工等等，为其增上缘。若诸缘缺乏，虽因缘已具，终不生苗。万物万事未有无因而生，亦未有仅具孤因不待众缘而得生者。此大有新缘起说之要略也。大有破斥大自在天变化之

62

迷谈,而创发宇宙缘起论。宇宙,即心物诸行之总称。从一切事物之互相关联处着眼来说明宇宙,确有不可磨之价值在。惜乎大有竟为一切种子谋一潜藏之处所,是乃前门谢绝天神,大自在天。后门延进神我,赖耶识。岂不异哉! 余谓,种子不妨说为互相依持而存在,无须更立赖耶以含藏之。而无着诸师不悟及此者,直由佛法根柢毕竟是宗教。诸师不得不立一变形之神我,毋失传统精神而已。

附识一: 有问:"章太炎丛书中,有一文以赖耶识为众生所共同,其说误否?"答曰:此乃大误,非小误也。太炎于《成唯识论》之根柢与条贯,全不通晓,只撷拾若干妙语而玩味之。文人习气向来如此,不独太炎也。魏晋迄近世名士好佛者,都不求真解。赖耶若是众生共同的,便如庄子所云广漠之野。何能为各个人受熏持种而不散失乎? 学者细究《成论》可也。问:"如果众生各具一赖耶识,岂不是众生各一宇宙?"答:大有之论,确是主张众生各一宇宙。据《瑜伽》等论所说,众生各各有八个识,而于每一识都可析为相见二分。例如眼识,其能了别色境者,是眼识的见分;其所了别的色境,则是眼识的相分。眼识如是。耳识所了别之声境是相分,其能了别者是见分。乃至赖耶识第八识。亦析为相见二分。据诸论所说,如吾此身是吾之赖耶识所变现的相分。环绕此身四周之物质宇宙,如山河大地以至太空诸天,通名器界,亦都是赖耶识所变现的相分。据此可知众生各具一赖耶识,即是各一宇宙。但无量宇宙,同一处所各各遍

体用论(外一种)

满,互不相碍。其大旨如此。余复有言者,余亦主张众生各
一宇宙。但余之义旨,则与大有之论根本不同。余以为宇
宙极复杂,诸有情生活亦多模多样不一型。佛说有情者,众生
之别名,以众生含有情识,故名。故应说众生各一宇宙,却不是各
具一赖耶识之谓。

三曰,种子分本有、新熏,成大混乱。自无着《摄论》驳斥各
派哲学之宇宙论,而建立本有种为初因。其所谓种,元是法尔本
有。法尔,见前注。世亲以下诸师更兴异论,有说唯是本有,有说
现行新熏。现行,即识之别名。此中现行则指眼识耳识乃至第七识。熏者,
熏发。眼耳等识起时,便有一种气势熏发出,即投入赖耶识中,成为新种子,亦
名习气。可参考《摄大乘论》《成唯识论》及《述记》等。至护法师始折衷二
说,本、新并建。其说以为,不立本有种则无始初起之现行,便无
种子,将堕无因论。无始者,犹言太初也,而不可推定太初之期,故言无始。
堕,犹言陷入也。故应建立本有种。《摄论》建立赖耶识中种子为初因,以破
斥无因无缘诸论。宜参考。然现行才生便有势力,复熏新种潜伏赖
耶。即此新种将复为因,生起后来的现行。故新熏种,义当成
立。大有以种子亦名习气,即由新熏得名。中国奘、基师弟并宗护法,
余窃未敢苟同。无着已建立本有种,今复言现行熏生新种,却是
一团混乱。据新熏种之论,如吾现行眼识现行眼识四字作复词用。
才对青色起了别时,即熏生青色种子投赖耶中。此新种将复为
因缘,生起后来青色。如此持论,未免太荒诞在。

四曰,大有以八识聚,通名现行。聚,犹类也。世亲等所谓八识并
不是八个单纯体,而是以每一个识皆为多数分子集合之一聚。如眼识,是由其

64

心及各个心所集合为眼识一聚。耳识,亦由其心及各个心所集合为耳识一聚。鼻识、舌识乃至赖耶识皆然。余谓世亲一派将心剖割成碎片,又分别组合以成八聚。其为术可谓之破碎或解剖,而不能谓之分析。分析之术于条理万端处,致密察之功,不是以己意凭空剖割又拼合也。现者,显著义。行者,迁流义。八识聚皆有象显著,但不固定,却是迁流不住,故通名现行。有问:"物有象,心无象。"答:此难非理。汝心明明有觉知,汝可返而自察,云何无象?岂必目睹手触而后谓之象耶?八聚现行各各有种子,无量种子皆潜藏在赖耶识中。此其持说大略也。今核其说,直将宇宙划分潜显两重世界,不谓之戏论得乎?

　　附识:世亲等八识聚之论,最可怪者其以八个识分造物质世界。如眼识变色尘界,尘者,物质。耳识变声尘界,乃至赖耶识变身躯及器界。器界见前文。此等空想之论,真可怪。中国人一向推崇之,尤可怪。余从《大论》中及真谛诸译,考见唯识论,别有一派。其谈赖耶及种子多与世亲派绝不同,谈心及心所甚至谈三性,皆与世亲派无相似处。而其说颇有义味,多不背于理。玄奘不介绍此派而过分宣扬世亲派,想彼游印度时世亲派正盛行耳。

　　五曰,种子、真如是二重本体,有无量过。无着菩萨《摄论》广破各宗宇宙论,此中宇宙论一词是广义,通本体与现象而言。而后揭出自家主张,即以赖耶识中种子为诸行之因。诸行,即心物诸法,亦泛称万法。其种子明明是万法本原,而又说真如是万法实体,如此则何可避免二重本体之嫌?是乃铸九州铁,不足成此大错。

大有之学肯定万法实有，即不得不说明万法所由起。其建立本有种为万法初因，此在理论上诚不得不然。若于本有种外，不更添一重不生不灭之真如，岂不甚善。独惜其神我之迷执未破，故趣向寂灭，终以不生不灭为归宿耳。

大空谈体而废用，卒致性相皆空，由其有趣寂之情见在。超出生死海而趣入寂灭，故云趣寂。灭者，诸惑灭尽。虽不谓本体亦灭，然只是寂静之体无有生化，其异于灭者几何？大有继大空而兴，独以破法相为未是。故创新缘生论，建立种子，肯定法相。此其用意未可非，独惜其理论不得圆成。如前举败缺五端，只揭其大略耳，犹未及入细也。

余少时好探穷宇宙论，求之宋明儒，无所得。求之道论，老庄。喜其旷远，而于思辨术殊少引发。求之《六经》，当时未能辨正窜乱。略览《大易》爻象，复莫达神旨。余乃专治佛家大乘，旷观空、有。旷者，心无所系。观者，观察。余生而有人世之悲。年未弱冠，初读《易传》，甫触天道"鼓万物而不与圣人同忧"之文，忽尔引生无限灵感，兜上心头。后闻佛法，于大空之学投契最深，非无故也。然余终以圣人裁成天地、辅相万物与位天地、育万物之洪论，为贞常至理、理之至极，曰至理。人道极则。则者，轨则。极者，赞其不可易也。故于《大般若经》之性相皆空，每疑其于真理不相应也。可覆玩前文。大有之学，反空而张有。余嘉其大旨。然诸师逞臆构成一套宇宙论，种种支离，其能免于画空之讥者鲜矣。俗称群雁齐飞虚空，排成字画。王船山诗有曰："如鸟画虚空，漫尔惊文章。"盖隐讽古今学者以空想持论，犹鸟凭空作画而无实据也。余从宇宙论之观点，审核大空、大有，良久而莫能契。终乃近取诸身、远取诸物，忽尔悟得体用不二。回忆《大易》乾坤之义，益叹先圣创明在昔，予初弗省。若非殚精空、有，疑而后通，困而后获，何由达圣意乎？余承认佛法遏逆、大生、广生之洪流，为人类奇慧之产物，而实戾于至道。世有达者，当不以余言为妄也。

或有难言："老氏以常道为本体之名，佛氏以真如为法性之目。目，犹名也。故知体是真常，用是变动不居。今公言体用不二，是乃即体即用、即用即体。然则以真常言体者，非欤？"答曰：余以为，真常者言乎本体之德也。非虚妄故，曰真。不易其性故，曰常。譬如水可化汽或凝冰，而其湿性无改易。由此譬可悟本体恒守其刚健、至善等等德性而不易也。真常，克就本体之德而言，非以本体是超越乎变动不居之万象而独在，方谓真常。余虽亦用真如一名，而取义则迥异其本。德字义训，曰德者，得也。如言白瓶具白德，则以白者瓶之所以得成为白瓶也。今于本体而言真常乃至万德，则真常等等德，是乃本体之所以得成为宇宙本体者也。若无真常诸德，何可肇万化、成万物乎？德字含二义：曰德性，曰德用。本体之德性真常，德用无穷尽，故称万化根源。真常二德，乃统万德而无不包。学者不究乎此，未可谈本体也。

本论从用识体，于大用流行而认识其体，譬之于众沤腾跃而认识大海水。故说本体名能变，亦名功能。本论功能一名，与大有以种子名为功能者，截然不同义。盖深鉴于大空之求体而废用，用废则体亦随空。破相以显性，相破则性复不立。显，犹明也。故阐明体用不二，彰大道以质来贤。人生厌离现实世界，而皈仰如如不动之寂灭世界，余未知所安也。厌离一词，本《阿含经》。释迦以世间为生死海，厌之而求出离。本论持体用不二之原理，其体系不严而自严。凡百家众

67

说有当于理者,本论皆可容纳。其弗近理者,亦自然拒绝,而莫能相通。余纠大乘二宗之短,诚有所不得已,非敢妄立异也。

大空之学,以空法相为枢要。枢要者,如中央主政之地,握四通八达之机者,曰枢要。空,犹言破。破尽一切相,即是一切相皆空无。故言空,而破之义已在其中;言破,而空之义亦在其中也。他处未注者,皆准知。大空之学,深远至极。而空相之旨,乃其无量义中之枢要也。肤学之徒不深求空义,妄计诸菩萨所言空者,只是纯任主观,以破除一切。余谓大空诸哲之言空,盖亦本于观物析理而不无征。谓其纯任主观,实亦太过。诸菩萨之谈空义也,析而言之有三:一曰,析物质至极微,而物相空。将物质析至极微,再析之则名曰邻虚。邻虚者,谓近于虚无也。至此则物相空矣。相者,相状。下文诸相字,皆准知。二曰,析时间至刹那,则物相、心相俱空。过去、现在、未来等连续相,是谓时间相。东西南北等分布相,是谓空间相。心之可内自察也,以有连续相故。物之可识也,以有分布相故。析物至极微或邻虚,已无空间分布相可言,何有物相可识乎?析时至刹那,则由现在一刹顷,回溯过去,固已刹刹灭尽;预测将来,亦复刹刹顿变,都不守故。如此便无时间连续相可言,何有心相可察乎?故说时空相破,即是物相、心相俱空。三曰,观诸法谓心物诸行。凡众缘会合,故生。足征诸法无有独立的实自体,应说诸法本来空。

如上所述,大空说诸法皆空,义证有三。其即物穷玄,讵容妄訾。理之至普遍而无不冒,至幽深而难穷者,谓之玄。如第一义,推测极微无有实质,命之曰邻虚。破斥外道与小乘以极微为团圆之相。易言之,即不承认极微是小颗粒。此其观物入微,微者,隐微。与儒家莫破质点之说,可相发明。《中庸》言:"小,天下莫能破。"清季学人释为莫破质点。其释固是,而尚欠说明。小者,质之始凝也。质之始凝,元

68

是生动活跃的物事，不可当作坚凝的物质来猜想。故曰莫能破。物质已坚固，可破为碎片；犹未成乎坚质，即莫能破也。大空学派不许极微有实质，与小莫能破义颇相通。世间共计一切物，都有固定性。固定性者，世间妄计万物都有独立的实自体也。诸菩萨析物至极微，复说极微无实质。于是万物之固定性，悉剥落无余。所谓物相空者，此也。大有诸师皆言极微无实，其义实本之大空学派。

第二，刹那义。刹那生灭义，详见《明变章》。可覆阅。余每遇人不了斯义，横生疑难。疑，不信也。难，相非也。殊不知万物有二种生灭。见佛典。一者，一期生灭。从生至灭，经历若干时期，名为一期。如人从初受生以至百岁、命终，是谓一期生灭。又如案上白瓶从初造成，历年二十毁坏无余，亦是一期生灭。二者，刹那生灭。万物皆变化密移，莫守其故。故，犹旧也。守其已成之形而不变，是为守旧。物性不如是。每一刹顷，才生即灭，都不暂停。刹者，刹那之省词。易言之，每一刹顷顿起顿灭，是谓刹那生灭。不独佛氏见及此，圣人作《易》圣人谓孔子。曰："不疾而速，不行而至。"固已创发刹那生灭义。每一刹是顿起顿灭。通多刹而言，则刹、刹是新新而起，其速度至大不可测。然非如人之作动意欲，为猛疾之动也，故曰"不疾而速"。前刹物顿起顿灭，非有前物行至于后。然后刹物紧接前刹物而继起，不曾中断，俨若前物有力至后，故曰"不行而至"。庄子称孔子语颜渊曰：吾终身与汝交一臂而失之。亦言万物刹刹顿变，不可得而停。参考《庄子·田子方篇》。自肩至腕曰臂。失，犹丧也。孔子语颜渊曰，吾虽欲终身与汝执臂相守，而方交一臂之顷，则吾与汝之臂，早已丧其故形矣。万物皆臂也，其可执而守之，使不失其故乎？佛氏说刹那适与圣言不相闻而遥合，岂不异哉！

问："二种生灭，如何沟通？"答：万物本无固定性，刹那刹那顿起顿灭，顿灭顿起。如是推迁，生生不已，推者，推动。迁者，迁移。刹、刹，皆是新新而起，无有故物停留，故曰迁。此万物本性也。本性，谓万物之本体，元是生生化化，无穷竭，无停滞也。而有一期生灭者，何耶？此设问也。为释斯难，正告之曰：通多刹而言，后刹物紧接前刹物，相续而转。转有二义：一，后刹物继前刹物而起。二，继起必有改易乎前，如人自婴孩迄幼童以往，瞬息变异故。颇似前刹物未尝灭，只随时增上新生机，得历若干时期而后灭。颇似二字，一气贯至此。由是说有一期生灭。是乃世间所公认，亦无须驳。夫物，刹刹顿起顿灭，则过去已尽，言过去诸物都灭尽也。现在亦复不住。言现在一刹顷之物，亦才生即灭也。此中物字系虚用，乃通心物而俱目之。上文诸物字未及注，皆应准知。不谓物相、心相俱空，何可得乎？此中物字乃物质之专名。世人惟不悟刹那生灭，故未能于物观空耳。此中物字虚用，亦通心物而言。

第三，缘生义。亦名缘起义。起，犹生也。万法待众缘而生。法者，心物诸行之通称。四缘，摄一切缘，亦称众缘。如麦禾待麦种为因缘，水、土、阳光、空气、人工等为助缘，方乃得生。诸缘若缺，便无麦禾。天地大物，亦非不待众缘而得起也。乃至见、闻、觉、知等等精神现象，皆未有无因缘而得生者，详在经论。夫万法由众缘会合而始生，明明无实自体。万法既无实自体，应说万法本来空。此其持论于事实不无征，于逻辑亦无过，未容轻诋也。大空诸师谈空，其义据虽有三，而实以缘生义为主要。此考诸四《论》而可知也。四论：《大智论》《中论》《百论》《十二门论》。

大空诸师谈空之三义，已详说如上。今当为公平之衡论。

世人疑诸菩萨谈空，纯任主观破除一切。菩萨，犹言正觉者。余故辨明其非纯任主观，经文俱在，可征。不当厚诬前哲。然诸菩萨谈空三义，亦皆有过。如第一义，只可对治世间迷执物质有固定性。世间日常习见一一物都具有固定性，如地唯是地、水唯是水，那有倏忽变异之物？此世间之惑也。般若家深察物性，知一切物本无固定的质。故直说物质是空，所以对治世间之迷也。对治者，如医用药对症而治之也。此词，本佛典。般若家，谓大空诸师。但物质之固定性虽空，而物质毕竟不可说空，般若家乃弗辨也。《中庸》一书演《大易》之旨，说莫破质点。莫可破者，以其生生、跃动，不固定故耳。此为物质之特性。非必以凝然坚实之质，方名物质也。清人焦循、胡煦并称《中庸》为演《易》之书。但《中庸》经汉人改窜，余于《原儒》中曾言之。般若家以为物质无固定性，即物质本来空。此其说与《大易》极相反，盖病在沦空，而犹挟偏见以观物也。

其第二义，以刹那灭，明物相、心相俱空。此与《大易》亦截然异旨。余尝言，佛典与《易经》同发明刹那生灭义，而有根本不可同者。佛氏见到刹那生灭，而通观无量刹那之相续不已，惟是灭灭不住。不住者，言其毁灭之猛势，无有停止也。《大易》见到刹那生灭，而通观无量刹那之相续不已，惟是生生不测。不测者，言生生之德至盛，其灭故生新之神速，不可测其速度也。是故佛氏说刹那灭，言万物于每一刹那才生即灭也，如初刹那顷才生即灭，次刹那亦然。乃至无量刹那皆然。故曰刹那灭。《大易》惟言生生。佛氏见为刹刹都是灭，圣人作《易》则说刹刹都是新生。《易》弗言灭者何？灭故所以生新。不灭则自无始有生，便守其故，无始，犹言太始。太始不可推其端，故曰无始。向后将无生新之机，卒归于无生也。大化岂如是乎？夫刹刹不守其

71

故，所以刹刹新新而生。以此见大化之充实、流行，不容已也。人道体天而成其人之能，天者，大化之名，非谓神帝。体，犹言实现。人道在实现大化之德用，成就人的胜能。《易大传》曰"圣人成能"是也。改过迁善而不馁，富有日新而不竭，融小己于大体而游无穷。大体一词，见《孟子》。吾人能求仁、去私，浑然与天地万物同体，即于有对而悟入无对。小己，有对，其生穷促。大体，无对，永无穷尽。奚其有取于灭而沦溺于空乎？

　其三义，以缘生明万法无实自体，即是空。万法，谓心、物诸行。此是般若家谈空之第一义据。此中第一，非以数言，如一义、二义等也。般若家谈空之义据，实以缘生为主要。主者，犹俗云主脑所在。要者，要领。故形容之曰第一。万法待众缘交会而始生，可见万法无实自体，应说万法本空，前文已言之矣。余以为缘生之论，只从万物互相依缘处，以说明万物所由起。此仅注目于现象界之联系。虽在哲学上可成一家言，要非穷源之论也。譬如临大海岸睹无量众沤，欲寻其生因，则有说者曰，众沤互相推动而生。互相推动，即是互相为缘。谓此说为不究于事理，固不得。谓此说果有当欤，而问题并未解决。须知，众沤各各以大海水为其本身，非离大海水别有独立的自身在。若无大海水即无众沤相，相者，相状。故可说大海水是众沤所从生之因。易言之，大海水是众沤之源。今说者之所知，仅限于众沤互相关系之间，不复进而深究其源。是何足解决众沤之生因一大问题乎？余举此譬，以明缘生论者，尚难语于彻法源底之学。非苟论也。彻者，通达。法，犹言物。源者，本源。底者，底里。如高而深之器，探至其底，则尽悉其含缊也。佛氏《胜鬘经》云"彻法源底"，言通达万物之真源，而悉其幽深无穷之缊，是为哲学之极诣。然有不

72

可无辨者。般若家谈缘生，其旨趣特殊，与小有持缘生说者截然不可同日语。小有，谓小乘之谈有者。曾见前。小乘诚有不穷源之失。般若家则以缘生明万法无实自体，即法相本空，将令人由此得悟入实相。是彼缘生之论，正为求源者资以智炬。彼者，指大空诸师。源，谓万法实体。倘谓其不求源，何可服彼之心乎？

《中论·观四谛品》云：品，犹类也。佛典谈义，分品，与百家书之分篇章略同。"众因缘生法，我说即是空。亦为是假名，亦是中道义。"此一偈是《中论》宗趣所在。偈者，略当于中文之颂。古代印度人著论，先为偈总括大旨，而后依偈详释，谓之论。宗，犹主也。趣者，旨趣。《中论》广明无量义。而此一偈，是其无量义之所依据与汇通。故曰此一偈是其全书之主旨也。今略释于下：

众因缘生法者。

因缘二名，可互通而亦有分。可互通者，缘亦得名因，因亦得名缘，诸经论中随在可考。亦有分者，因，则对于所生法其关系最亲近；缘，则对于所生法其关系较疏远。今此以因缘二名并举，实则但举众缘即亦摄因。如四缘即其例也。四缘中，首因缘，是亦因亦缘。基师《成论述记》可考。读者善会通之，勿泥。众因缘可省称众缘。缘字下，生字上，伏有"所"字。吉藏疏云，因缘所生法是也。众因缘生法句，若易为众缘所生法，亦无不可。所生法，谓心物诸行。行字，说见《明变章》首节。可覆看。宇宙万象不外心物两方面。心不因神我生，物不由天帝造，都是众缘会聚之所生起。佛氏以缘生论攻破大自在天，此其卓绝处也。及般若家崛兴，始以缘生弘阐空义。虽亦祖述释迦而《中论》深远矣。

我说即是空者。

论主说众缘所生法，即是空也。空者，空无。论主者，《中论》一书之著者，称以论主，即龙树菩萨是也。云何说是空？诸法众缘所生法。自此以下，省称诸法。皆待众缘会聚而生。则其生也，本无实自体，以是众缘所成故。无实自体者，谓众缘所生法，如物与心都无有独立的自体。《罗什》法师门下译作无自性。此性字，作体字释。犹言无自体也。唐贤亦承用此词。《大智论》作无决定相。此相字，亦作体字释。决定，犹固定也。诸法从众缘生，所以无固定的自体。中译佛典多以性字或相字代体字，不甚通俗。余每改用无实自体一词，而义则仍旧。诸法既无实自体，论主故断言其即是空也。

亦为是假名者。

论主意云，我说众缘所生法即是空者，为破迷人坚执诸法有实自体，故说诸法毕竟空，所以解其执也。若闻我说空，复起空见，妄计一切皆空，又成大过。须知空之一言，亦是假名。假名，犹假说也。倘闻空言而深悟诸法无实自体，同时亦复不住于空。不住，犹云不陷于空见。是犹久病得良药，脱然除病，更无余患。世间妄见诸法，都是一一固定的实物。（即是执诸法有实自体。）此名执有之见，省称有见。若或妄计一切都空，此名执空之见，亦省称空见。空有二见皆惑也，妄也。二见皆去，方是正观，契会真理。设若惶然舍有，还复堕空。迷人闻空之一言，将惶然舍去有见，转堕于空见。堕，犹陷也。惶然者，惑貌。则其过失，尤甚于执有。是故龙树说诸法无自性即是空，以破有执。有执者，坚执诸法实有之见而不能舍，谓之有执。复说空亦假名，以防闻者转持空见。据此可见龙树自明本旨，元非一切皆空之论。而其后学竟有恶取空之讥，何耶？恶者，责斥词。取，犹执也。执持一切皆空之见，而不自悟其非。故责以恶取空。

亦是中道义者。

说空，为破有执。为字，读卫。此申明偈首二句"众因缘生法，我说即是空"也。世人迷惑，横执诸法为实有，曰有执。有执已破，应知空之一言，亦是假名，不可说一切俱无。此申明第三句，亦为是假名也。离有、无二边故，名为中道。执实有者，是执一边；执空无者，亦是执一边。今既破有，即不偏向有的一边；复说空是假名，即不偏向无的一边。今远离有、无二边，所以名为中道。

此偈，吉藏疏，徒乱人意。据《释论》云："众因缘生法，我说即是空。"旧说此是龙树引《华首经》。余谓此乃龙树说也。大乘经皆伪托，不可以《华首》有此文，遂证为佛说。何以故？设问也。众缘具足和合而物生。是物属众因缘，故无自性。是物，指上众缘和合所生之物。既由众缘和合所生，故当以是物属于众因缘，而不可说是物有实自体。无自性，故空。以上解偈首语。空亦复空。虽说因缘所生法是空无，而亦不可横执诸法定是空无，故曰空亦复空。但为引导众生故，以假名说。以上解亦为是假名。离有、无二边故，名为中道。注意。是法无性故，是法，谓众缘所生法。无性，省文，应云无自性。不得言有。无自性故，即是空。何可说为有？亦无空故，空亦假名耳。不得言无。空亦复空，故不得言无。综前所说，盖于众缘所生法而得正观，不堕有、无二种边见，所以为中道。若法有性相，则不待众缘而有。此中性相二字，是复词，并作体字释。有性相，犹云有实自体。诸法若有实自体，即是各各独立，各各固定的物，何至待众缘而生乎？若不待众缘，则无法。若求有不待众缘而生之法，则无有此法。易言之，未曾有一法不从因缘生者。是故无有不空法。既无有一法不从因缘生，而因缘所生法即是空。故曰无有不空法。以上皆引《释论·观四谛品》之文。据上引论文，初释因缘所生法即是空。次释空亦复空，但以假名说。后释离有无二边,名为中道。最后断言,未曾有一法不从因缘生,是故无有不空法。则其结论仍归本偈首,因缘所生法即是空而已。

《中论》一书,龙树宗《大般若经》而作。虽以《大经》为宗主,而《大经》六百卷广博至极,不可测其涯际。龙树会通无量义,裁断由己,确是伟大创作。大空学派之主要经典,盖以《中论》为最。其立说之体系弘大严密,实以空义为灵枢。处中而握内外交通之机要,曰枢。灵者,灵活,赞词。《论》云:"以有空义故,一切法得成。若无空义者,一切则不成。此中切字下、则字上,伏一"法"字。以有空义故,一切世间、出世间法,皆悉成就。若无空义,则皆不成就。"以上见《中论·观四谛品》。据上所引文,可见空义是大空学说之枢要。空义,为一切法所待之而成,故曰枢要。而学者每兴难,云何一切法待空义始成乎?余据《论》酬之曰:汝若不信空义,即是不信因缘法;《论》云:"因缘所生法即是空。"故空义是在因缘法上说。若不信空义,即是不信因缘法。汝若不信因缘法,将计诸法有定性乎? 计,犹猜度也。定性之性字,作体字释。有定性者,谓诸法是各各独立、各各固定的实物。龙树有言:"若诸法有定性,则世间种种相,相者,相状。天、人、畜生、万物,皆应不生不灭、常住不坏。何以故? 有实性不可变异故。而现见万物各有变异相,相字,同上。生灭变易,是故不应有定性。"见《中论·观四谛品》。龙树此段话说得明明白白,汝若不信空义即是不信因缘法。不信因缘法,将臆想万物各有定性,都是不生不灭、常住不坏,而事实上确不是如此。现见万物各有变异相,生灭变易。故知万物从众缘生,所以无定性,应说是空。惟以空义故,乃有一切法。若无空义,则宇宙恒是不生不灭,一切法何由成?《中论》之旨,揭然昭明。汝复何疑?

复次,《论》复有言:"若人见一切法从众缘生,是人则能见佛、法身。"此亦《观四谛品》文也。见佛、法身,是两义。学佛者期于真正了解佛氏之道,故曰见佛。法身,俟后解。云何见缘生法则见法身? 众缘所生法,省云缘生法。因缘所生法,省云因缘法。二辞稍异,其义实同。余以为,龙树集《大般若经》,《大般若》六百卷,决非出自一人或少数人之手,更非一时之作。盖龙树集成之。复括综《大经》纲要,成《中观论》。纲者,纲领。要者,精要。《中观论》省称《中论》。闵小有之莫悟,小有谓小乘中谈有者。救小空之未宏。小空谓小乘中谈空者。其创开大乘学,唯以发明实相为宗主。所以超小宗、冠百家,而深穷万法源底。源底,见《胜鬘经》,解在前文。此其独到处也。小有诸师谈缘生,只明一切法相之互相依缘而有,法相,犹云现象。而不复穷源。譬如小孩只见众沤相,而不知有大海水为众沤之源,已说在前。此小有之学失于浅也。龙树之论则不然,其言见一切法从众缘生,则见法身。是其本旨,在乎观缘生而彻了诸法实性,实性,犹云实体。故无不穷源之过。

问:"云何见一切法从众缘生则见法身? 愿闻其义。"答:欲解汝疑,且先释名。此中一切法者,乃心物诸行之总称。他处言诸法或万法,皆仿此。行者,迁流义。心物都是迁流不住,故名为行。诸行都无实自体,故亦名法相。法相之相字,是相状义。法相,犹云现象。法相之名,是对法性而立。

有问:"法相一名,是心物之通称。考诸经籍,诚然。但我有疑者,物固有相状,心岂有相状乎?"答:汝心炯然自明自觉,明觉即其相状也。汝若执定一类型,专以可目睹手摸者为有相状,则汝所得察于万有者不亦太少乎？

法身，亦名法性，身，犹体也。此中性字，亦作体字释。犹云万法实体。《中论·观涅槃品》曰：诸法实相此相字，作体字释。与法相之相字不同。亦名如、如者，常如其性故，即不变之谓。譬如金遇火炼，其性终不改。玄奘始译曰真如，不单用一如字。古译亦间用如如二字。法性、见上。实际、犹云真实。涅槃，涅槃者，寂灭义。此据《中论》而言也。《涅槃经》则后来大有之徒当有增益。其取义稍别，不似《中论》特彰寂灭。《观涅槃品》仅举此五名。如至涅槃为四，合实相一名计之，则有五。而实不止五名，其别名尚多也。法身一名，《观涅槃品》未列。（法身对法相而言，则亦名法性。）

佛典名词太繁。读者若于一切名词不求确解，不辨其有异名而同实者，将无往不混乱，而其学说之条理、体系与义蕴，皆无从寻究矣。

释名已竟。今应说，云何见一切法从众缘生，则见法性？余初以为，此中有一根本义，即性相可分而实不二是也。性者，法性之省称，谓一切法实体。相者，法相之省称，即一切法之大共名。易言之，一切法通名法相。性、相不得不分说，而不可破作两重世界。从来哲学家谈实体与现象，恒破析为二。实体，犹此言法性。现象，犹此言法相。实体是真实，现象是变异；实体是无对，现象是有对。如此破析，截然不可会合。其实，真实自身即是变异，譬如大海水完全变成起灭不住的众沤。变异自身即是真实。譬如每一个沤相其自身都是大海水。有对即是无对，譬如于万沤而见一水，则有对即无对也。无对即是有对。不可离有对而求无对。宇宙浑然太一。浑然者，不可分之貌。太一之一，是大全义，非算数之一。学者各以意计破析，余未知其可也。意识猜度曰意计，此词本佛籍。余初研佛学，从大有之唯识论入手。核其性、相之论，则真如是法性，而说为不生不灭法；现行是法相，而说为生灭法。现行即诸识之别名。唯识论，以识统一切物，灿然万象显现。故识亦名现行。现行一词虽有多释，今取显现一义。生灭法与不生不灭法，截然分作两重世界互不相涉。余深不谓然，返而自由参究，忽悟体用不二，犹未敢遽持此意以立论。中间上探大空之学，留意乎《中论》，读至《观四谛品》云"见一切法从众缘生则见法身"，乃喟然曰：性相不二之理，龙树其早发之欤。否则，何能见一切法便见法性乎？性，犹体也。相，犹用也。余初自信颇得龙树意，未几，详玩《中论》，乃知生灭法与不生不灭法之分别，大空学派早已如此。盖沿小乘分别有为法与无为法之遗说，而承之不改。大空本未变易出世法根柢，其所趣求者自是不生不灭的实性，决不会有性相不二之解悟。余初读《中论》时，盖以自己所见曲解《中论》。后乃自知错误，重玩《中论》，始得其破相之密意。《论》云"见一切法从众缘生则见法身"，引在前文。其吃紧处，在"从众缘生"四字。缘生者，空义也。《中论》发明空义深远至极。今略举三义，用综其要。

一义。空者，空无。一切法从众缘生，本无有各各独立、各各固定的自性。自性，犹言自体。故说诸法本来空，无所有。此乃前文所谓破相以显性也。显，犹明也。

二义。空不碍有。龙树以缘生义，明诸法无定性，即是空。无定性一词，若以今俗语译之，当云：一切物都没有各各固定的自体。物无定性，即是空。佛家绝不以此种理论为不合逻辑。惟由空义乃得成立一切物皆有，故曰空不碍有。龙树以为，反对空义，即是反对缘生义。既反对缘生义，将有大过。万物无因缘，即无由生，不生即无灭。不生不灭是无有为法，非大过而何？故反空者反缘生，终于灭有。观空者见缘生，并不拒万有。承认万物从众缘生，即繁然万有，毋可拒绝也。此龙树以缘生义与空义结合为一之深意也。参考《中论·观四谛品》。有问："空不碍有，与老氏有生于无之论，亦可通否？"答：佛老二家根柢截然不同，未可混也。

已说二义，今当进入第三义。第三义明法性空，亦云性空。今且不直谈第三义，而先说前二义皆所以会入第三义之故。

初一义中，说诸法从众缘生，无定性故，毕竟空。所以破除法相，庶几悟入法性耳。法相，犹云现象。法性，犹云万法实体。《观法品》有曰："诸法未入实相时，各各分别观皆无有实，但众缘合，故有。"见《中论》第十八品，诸法云云者，言吾人未悟时，对于诸法只迷执为各各独立、各各固定的实物。因此不能于诸法而悟入实相。故云诸法未入实相时也。（实相，即法性之别名。）当此之时未悟而求悟，只有运用分析术，将诸法各各分别观察，便见诸法皆无有实，但众缘会合，才有法相现起耳。结语云："但众缘合，故有。"正明其虽有而非实。诸法不实故，应说诸法本来空。法相破除，法性实相便显。显者，显现。法性实相二名，今连合，作复词用。譬如云雾消去，虚空相便现也。此中相字，犹俗言相貌。故《论》云"见一切法从众缘生则见法身"者，盖言见缘生即见诸法毕竟空。法相已破除，法身便显耳。此由第一义会入第三义。

第二义，明空不碍有。如何会入第三义？第三义，是性空义。二义中仍许一切法皆有，如何会入第三？不得无疑问。今略言二故：初义，明因缘法是空。恐闻者堕空见，妄计一切都空。堕，犹陷也。若云一切皆空，即法性亦空。此许有之故一也。法相无定性，故说是空。然空之为言，所以破人之迷执。法相虽非实有，但世间极成故，世间共认为实有，曰极成。不可说无。且有世间法故，方有出世间法。世间法不成，出世间法亦不得成。《中论》力持此说，可参考。此许有之故二也。如上二故，所以第二义明空不碍有，以此会入第三义。若无第二义，将堕一切都空之邪见，尚有法性可说乎？

已说前之二义会入后三义，今当正谈第三义。第三义者，直明法性寂灭。寂者，寂静。灭者，诸惑灭尽。无为、无造、无生、如如不动、如如者，形容词。言其无变易也。以上皆见《大般若经》。无形无象、虽无形象而不是空无。睹闻所不及、思维亦不可，故名性空。性字，作体字释。《中论·观如来品》云："如是性空中，思维亦不可。"如来者，无所从来之谓，本为法性之别称。然通常亦以如来为释迦氏之号，则以释迦能完成本性之德用，故推本以称之耳。

《中论》谈实相寂灭，不受诸见，亦甚有理趣。实相者，法性之别名。《观法品》曰："此中无法可取可舍故，名寂灭相。"相，犹体也。此中云云者，犹云谈到实相这里，你若起执著之见，把他当作实有的物事来想，好像是可以取得的东西，你便错误。实相不是一件物事，如何可取得？你若以无可取遂不信万法有实相，即便舍弃之，而不复穷究他，这又是一种执著之见，只变换方向而已。实相法尔自存，（法尔，犹云自然。）不由你信之而始有，亦不由你弃之而便无。你信而取之，是汝自迷，何可取着他？你不信而舍之，亦是你自迷，何可舍弃他？此言学人横生取舍，毕竟于实相无干犯。实相不受你的干犯。譬如云雾四塞而于虚空无干犯，此实相所以恒寂灭也。恒字注意。不受诸见者，举例而言，人生日用之中，恒于一切物，起有、无、常、断诸见。或时求一物不得则以为无，求之而得则以为有。仰视天，俯视地，则以为常住。伐木为薪，灰烬无余，则计为断灭。久之，则有、无、常、断诸见，遂形成为析别事物之范畴。因果、同异等等皆可准知。故夫学人谈万法实相，亦本其析物之范畴应用于此，或计万法有实相，或反之而以为无。言无者固是邪见，实相所不受。若计有者虽异邪见，却亦妄增有见。所以者何？实相本不无，何须更起有见，此亦实相所不受。或计万物有断灭，实相应随物断灭，是名断见。或说万物有生灭，而万物实相毕竟恒常。是名常见。今以常、断二见比较。断见之论既承认万物有实相，则不可说实相随物断灭。实相与一一物相，应有辨故。问："断见诚迷妄，常见当不妄，佛说涅槃具常德故。"涅槃，亦实相之别名。见前。答：实相法尔无断，不容于彼更起常见。彼，谓实相。更起常见，是谓增益见，实相复不受。增益见者，譬如见白色，默然亲证，（亲证者，见与白色浑然为一，不作是白非白等解。）是为默识之境。若复于白色上，更起一种分别，此是白，非青黄等，是时即已参加主观成份，如记忆与追求等等作用于白色上，是为增益见。吾人若于万法实相作有或无之想，作常或断之想，都是以日常接触实物时之所谓有、无、常、断等见，增加于实相上，故谓之增益见。余于此处，融会《中论·观涅槃》《观法》《观如来》等品而为说。《涅槃品》本以实相寂灭，不受六十二种邪见，对当时外道流行之论，予以破斥。今不用其文，聊举有、无、常、断四见为例，以见其旨。

《法华经》曰："究竟涅槃常寂灭相，终归于空。"此中相字，作体字释。言涅槃自体是寂灭的，前云无为、无造、无生、无形无象是也。空之为言，虽不谓是空无，然无为、无生，其异于虚空者，亦无几何。此其所以不受诸见，不受一切戏论也。

上来谈空义有三。般若宗之学说体系与其骨髓，可由此而窥见。今当略评于后。

一，释迦氏出家学道，首动厌离世间之想。厌离，本《阿含经》。释在前。此与厌世思想迥别。厌世者只是颓废而已。厌离则脱然超悟，有粉碎虚空、平沉大地之雄力。然佛法之末流,究不足语此。龙树创阐大空学派于释迦没后六百年,其在学术思想方面之开展,固已超过释迦甚远。然犹奉释迦为大祖者,盖其人生思想尚秉释迦出世主旨,师承有自,弗忘其朔耳。龙树毕竟是出世思想,此须认定。

二,龙树首以缘生论开演空义。心物诸行皆待众缘而生,曰缘生。亦可云,诸行互相为缘而生,曰缘生。缘生之可以说为空者,以万法从众缘生,都无有实自体故也。万法,亦心物诸行之总称。殊不知龙树之说仍有二过:一,不探万法真源。二,不可以万法无自体,便说焉空。今先谈第一过。缘生论者从万法互相关联处着眼,遂说万法是从众缘生。此乃只窥表面,不究万法真源。譬如愚人临海岸,睹众沤翻腾不息,便谓众沤是由彼此互相推动而起,其所见只及此。实则众沤各各皆以大海水为其本身,易言之,大海水是众沤真源。而愚人终不深究乎是。缘生论者确不穷源,余在前文已说过。龙树之旨,虽欲以缘生明法相毕竟空,庶几悟入实相。与小乘不穷源者,似未可并论。然复须知,因缘法是生灭法,实相是不生不灭法。两方互相异,为截然不可沟通之两重世界。《中论·观法品》云:"诸法实相者,无生亦无灭。"按诸法实相,犹言万法之实体。彼以不生不灭法,说为生灭法之实相,是乃名实不相应。彼者,谓龙树。故知龙树谈缘生,毕竟不探万法真源,其过不可掩也。不生不灭法,何可说为生灭法之实相?而佛氏不悟者,因出世法自当要求不生不灭的实相。虽理论上不可通,而彼亦不计也。

三,缘生法即是空,此说余亦未敢苟同。余以为性、相本不二,性,犹体也。相,犹用也。繁然万殊的法相都是大用流行之过程。若只从万殊处着眼,不穷法相之源,尽可说一切法都是互相为缘而生，无有实自体，皆是空。哲学家持关系论者，与佛家缘生论亦相近。三十余年前，罗素来吾国讲演，余稍闻其绪论，颇觉其宇宙观未免太空洞、无生命。若乃睹一切法，都无有各各独立的实自体，亦云无固定性。而更深入观察一切法之内缊，将见一切法虽繁然万殊，而实为变动不居、流行不息、故故都捐、新新而起、"大生"、"广生"、大有无尽之浑然全体。若乃二字至此作一长句。捐，犹舍去。大生、广生，均见《易大传》，大有者，《易经》有《大有》一卦，赞宇宙万象之盛也。大空诸师见不及此，乃说一切法从众缘生，无自体，即是空。此乃于一切法，观其表而莫察其缊，睹其分殊而不悟大全。其空义失所据也。

龙树说诸法从众缘生，即是空。而复虑及，将有一切都空之过，故又曰，空亦假说。其持论之巧，即在以空义与缘生义结合为一。由此大张其说，正由空义得以成有。说见前文。然而龙树之失，终有不可掩者。大空之学毕竟以空为主旨。《大般若经》有偈云："一切有为法，如梦、幻、泡、影，如露亦如电，应作如是观。"有为法即心物诸行，以从众缘而生，故名有为法。此偈，明缘生法虽有而不实，只如梦、幻、泡、影、露、电等之有耳。龙树承之，故说缘生法即是空。其宗主在《大经》确然彰著也。后来大有犹承龙树，亦皆以依他起法为幻有。他，谓缘。起，犹生也。诸法依众缘而起，故名依他起法，与言缘生法同义。幻有者，虽有而不实，故说为幻有。譬如幻术家变现某种物，本无实物，但幻现耳。缘生法不实，故取幻为譬。然则龙树虽云空不碍有，而彼所谓有者，乃如幻而不实。余不知幻有与空二词含义，有几许区别也。余以为宇宙万化、万变、万物、万事，真真实实、活活跃跃，宏富无竭。人道尽心之能，用物之富，盛显其位天地、育万物之鸿业。圣人所以赞大有，而不以有为幻也。位天地云云,见《中庸》。裁成天地之化育,使天地交泰,谓之位;万物真正平等互助,达乎天下为公,群龙无首之盛,乃遂其育。幻有之论,悖自然之理,废斯人之能,不得不就正于吾儒。

《中论》云:"见一切法从众缘生则见法身。"法身,即法性之别名。见缘生者,见一切法相皆空也。法相既空,则法性当然是空。《大般若经》说真如、无为法,真如、无为法,皆法性之别名。无生无造,如焰如梦。焰者,崇山之下有大泽,朝阳初出,泽中湿气上浮,俗称阳焰,本非水也。鹿远望之以为水,奔而求饮。《中论》说实相寂灭,实相,亦法性别名。由见法相空故。进而观法性,必见性空。相空则性自贫乏,不待言也。详玩大空之学,难免性、相都空之过。纵云其用意在破除执著,而一往破尽,还是着空之见。佛书中用执字,有时连"著"字用,有时单用著字。著,犹执也。余以为性、相问题,确是哲学上从来难获解决之根本问题。佛家言性相,犹余言体用。大有对此问题之解决,自昔服膺者众矣,余总觉其种种支离破碎。大空深远,而近于性、相皆空,余更难印可。平生游乎佛家两大之间,两大者,大空、大有也。卒归乎自由参究。远取诸物,近取诸身,积测日久,忽然悟得体用不二。自是触发《大易》之蕴,乃知先圣早发之于古代。从此研《易》以及《春秋》《礼》《乐》诸经,遗义偶存者。沛然有六通四阖、小大精粗,其运无乎不在之乐。余之学自此有主而不可移矣。于宇宙论中,悟得体用不二。而推之人生论,则天人为一。(天,谓本体,非天帝也。克就吾人而言,则天者乃吾人之真性,不是超越吾人而独在也。故天人本来是一。)无宗教之迷,无离群、遗世、绝物等等过失。亦不至沦溺于物欲而丧其灵性生活,人生终不昧其性故。推之治化论,则道器为一。(器,谓物理世界。道者,万物之本体,故道器不二。)裁成天地,曲成万物,所以发皇器界，（器界一词，借用佛典。）即所以恢弘大道也。然或知器而不究其原，人生将唯以嗜欲利便之发舒为务，而忽视知性、存性之学，则庄生所为呵惠子逐万物而不返也。（不返，谓不返求诸道。）夫惟知道器为一，不舍器而求道，亦不至睹器而昧于其原。如此方是本末不遗。然今之言学术者，难与语斯义矣。

《易大传》曰："显诸仁，藏诸用。"一言而发体用不二之缊，深远极矣！显仁者何？生生不息谓之仁，此太极之功用也。太极，即宇宙本体之名。同县先儒万澍辰《周易变通解》曰："天道以仁为用者也。"按天道者，本体之名，不可误解为天帝。通常以仁为心之德。此中仁字，却是广义。宇宙万象浑是生生不息真机流行，即此名之为仁，此仁即是太极之功用也。显者，显著。言此生生不息的功用，即是太极显著，所谓即体即用。藏用者何？用，即上文所言生生不息的仁。藏者，明太极非离其功用而独在。太极，即实体之名。下文便直用实体一词。此义直是难说，只好举喻以明之。在宇宙论中谈体用：体，即实体之省词；用者，功用，即心物万象之目。目，犹名也。体用二名，相待而立。假如说，有体而无用，则体便空洞无所有。若尔，体之名何从立？假如说，有用而无体，则用乃无原而凭空突现，如木无根而生，如水无源而流。高空无可立基，而楼阁千万重，居然建筑，宇宙间那有此等怪事？应知，无体则用之名亦无由立。余尝言，体用可分而实不二。此从近取诸身、远取诸物，积测积验而后得之，非逞臆臆妄说也。有问："前用根源等譬喻似不切合，根与干有别，源与流有别故。"答曰：因明学言，凡喻，只取少分相似，不可求其全似。用必有体，譬如木必有根、水必有源、建筑必有基地，欲有些子相似处。余在本论与《原儒》中谈体用，常举大海水与众沤喻。以大海水比喻实体，以众沤比喻功用。实体变成生生不息的无量功用，譬如大海水变成腾跃不住的众沤。

86

于此可悟即体即用之理。**无量功用皆以实体为其自身**，或问："功用从实体生，不即是实体。"吾呵曰："汝心中有造物主在！"彼忽有省。《易》曰变动不居，通心物两方而言也。心，是实体之功用，是变动不居；物，亦是实体之功用，是变动不居。心物只是功用之两方面，不可破析为二。功用之变动不居，时时舍故趋新无有穷竭者，则以一切功用之自身即是实体故耳。**譬如众沤各各以大海水为其自身。**甲沤的自身是大海水，乙沤的自身亦是大海水，乃至无量数的沤皆然。由此可悟即用即体之理。即用即体者，谓功用即是实体，如众沤自身即是大海水也。**故体用不二义，惟大海水与众沤之喻，较为切近。可以引人悟入正理，庶几改正从来谈宇宙论或本体论者之种种迷谬。余每不惮辞费而重复言之，诚有以也。余读《易》至显仁藏用处，深感一"藏"字下得奇妙。"藏"之为言，明示实体不是在其功用之外，故曰藏诸用也。藏字，只是形容体用不二，不可误解为以此藏于彼中。体用那有彼此？此处切忌以日常习见的物件作比拟，智者思之。**

有问："大空之学一切扫荡，人生脱然离系，是乃人类智慧之特殊异彩。未可薄也。"答曰：至人履大变、辅万物而无己私，则何系之有！岂劳扫荡一切乎？

有问："公之论，将大用说为心物两方面。大者，赞词。用者，功用之简称。易言之，心物皆用也。如何又别说实体？"答曰：汝未了体用不二义。且为汝先谈用。夫用者，变化之称。变无独起，决定有对，故说大用流行，法尔有心物两方面。法尔，犹自然也。世之谈唯心者，毕竟无可否认物，只欲将物质说为心之副产物耳。世之谈唯物者，毕竟无可否认心，只欲将精神说为物之副产物耳。余宗《大易》乾坤之义，说心物是大用之两方面，不是两体。

此两方面元是生生不已、变动无竭之大流。从其性质不单纯，说为心物两方面；从其刹那刹那、舍故生新、无断绝、无停滞，说为大流。用之为用，略说如是。

云何说实体？大用者，本心物万象之通称。心物万象不是凭空发现，定有实体。但所谓实体不是高出乎心物万象之上，不是潜隐乎心物万象背后，当知实体即是心物万象的自身。譬如大海水是无量众沤的自身。众沤，比喻心物万象。大海水，比喻实体。求实体于心物万象之外，如一元唯心论者说有绝对精神，是乃变相之上帝。不可许也。反对唯心而别成唯物之论者，则以物质为宇宙基源。殊不知物质元是现象或功用，何可当作基源。此乃无体之论，余亦不敢苟同。夫肯定万象而不承认其有实体，是视宇宙如浮云无源底，断然未有此理。源底，见《胜鬘经》，引释在前。此中宇宙为心物万象之通称。求实体于万象之外，则是先民宗教感情遗习，不可不舍去。体用不二之义，是余所仰观于天，俯察于地，远取诸物，近取诸身，积测日久，更上稽之《大易》，深玩圣言，而后敢定。非敢率尔轻自信也。

悟得体用不二，则体上无多话说，唯有从大用流行处即宇宙万象。推显至隐而已。从其显著可察者，推至深细幽奥而难穷者，是为推显至隐。隐有二义：一，深细名隐。如物理世界之深细而未发明者当无尽，心作用亦然。二，幽奥名隐。如实体不是离宇宙万象而独在。此理幽奥能悟者鲜矣。全体变成大用，全体亦实体之称。实体是大全的，故为此名。体变成用，譬如大海水变成众沤。用上发见日新，即是体上开阖无尽。显微无间，表里不二故也。显与表，谓用。微与里，谓实体。此处言微者，是幽奥义。

88

体用论

附识：现象与功用二名，其称虽异，其实一也。从其变动不居而言，则名功用；从其变动不居，宛然有相状昭著而言，则名现象。宛然，形容词。言虽有相状而不固定也。故曰名异而实同也。功用、现象二名，屡见《原儒》中而未注。颇有问者，今注于此。

研宇宙论者，体用不二义须认定。执现象之一方为基源，如一元唯心、一元唯物二宗。实堕于无体之论。中学罕有此类思想。明儒唐凝庵颇倡唯物之论。刘蕺山黄宗羲师弟名宗王阳明，而实承凝庵之绪。三百年来理学式微，故莫有注意者。惟秦汉以来，孔子《易》学之统被篡于田何。儒者谈宇宙之原，鲜不夹杂天帝，此专制之毒也。

克就大用而言。注意克就二字。闢，是健动、升进、开发之势，所谓精神是也。翕，是凝敛、摄聚，而有趋于固闭之势，所谓物质是也。翕便分化，物成万殊。闢则浑一，遍运乎一切物质中，无定在而无不在。此中一者，无可分剖之谓，非算数之一。大用有此两方面，所以相反相成，此乃法尔道理也。法尔道理，见佛典。穷理到极处，不可更问其所由来，法尔如是而已。老子云"道法自然"，亦此旨。

佛家大空诸哲盛宣空义，宣者，阐明之也。与中土儒宗《变经》极端相反，此其人生观根本不同也。《易经》亦称《变经》，以其阐明万变、万化、万物、万事之原理故。佛家思想毕竟反人生，悍然逆遏宇宙"大生"、"广生"之洪流，而无所系恋、无有恐怖。盖自释迦唱缘生之论，释迦说，人由无明等十二种缘而生。详在《阿含》《缘起》等经。顺流则沉沦生死，顺无明等缘而流转，即沦没于生死海。逆之则还归于灭。不随顺无明等缘流转，谓之逆。此大小乘所同本也。然小乘灰身灭智,自了生死,犹不足道。及龙树菩萨崛兴,戒小乘之自了,开大乘之鸿基,誓愿度脱穷未来际一切众生。穷,犹尽也。言由现在以往,极于未来之未来,尽其边际,所有一切众生皆度脱之也。度者,救度。脱,谓脱离生死海。故说贪、嗔、痴即是菩提,菩提者,正觉义。贪、嗔、痴是众惑之本,万恶之原,谓之三毒。然三毒本无根,变贪为无贪、变嗔为无嗔、变痴为无痴,即是正觉也。世间即是涅槃。此义见《中论·观涅槃品》及《观法品》。清季学人误解此义,以为大空之学并非出世法。盖读经论而不求真解,余于此中不及辨。有一众生不成佛,我终不入涅槃。此其伟大愿力,将与无穷无尽之众生为缘。绝不因众生之难度而隳其愿、馁其气。此与圣人裁成天地、辅相万物之大智大德,虽亦相似。而圣人精神注在现实世界,大空之道是欲拔众生出生死海,究为出世之教。佛家虽富于哲学思想,毕竟是宗教。儒佛不同途,毋待论也。龙树演空义,欲导万类归于澄然寂灭,毁宇宙,反人生,人每不信大乘之道是如此。其实大空创明无住涅槃者,正因永劫不舍世间、不舍众生之故。其本旨终在度众生出生死海也。群经皆以寂灭言涅槃。《中论》亦然。寂灭是何义?《中论》本已说明,而其旨微、其辞简,恐能解者少耳。《涅槃经》偈云:"诸行无常,是生灭法,生灭灭已,寂灭为乐。"此偈甚分明,而学人莫求真解。余欲别为详释,此中不便牵涉太广。大悲无我,为众生苦而兴大悲。以其本无小我之见,故有众生同体之感耳。大雄无畏。虽其法难以为训,要是人类在悠远无尽、复杂无穷、险恶污秽无量种种不可形容之伟大环境中生活,自然别有一种超出世间之奇慧发生。观察万物都无固定性,说为空。遂有抗拒造化,消灭宇宙之强勇与大愿。造化,谓宇宙间生生化化之大力。佛氏独与之反抗。以此引导群伦,相与共济,浩然直前,无怖无馁。此不谓为人类智慧之特放异彩，不得也。一般人常在憧扰中，若肯服膺空义，服膺，谓常持之于心胸之间，不肯放失也。便翻然有省。尘劳顿息于清晨，人心能空去杂染，譬如早晨清明，尘劳自息。迷妄莫逃于睿照。杂染空，则睿照显。一切潜伏之迷妄余习，照之明则皆不容隐匿也。悟已往之不救，知来者犹可追。非独不敢造恶业于人间，而成仁取义之勇，自浩然不容已矣。

圣人刚健以尽生之道，成己成物，而发扬物我同体之德性。吾儒言圣人有二例：其一，专指孔子。其二，立人道之标准，使人知所向也。此中言圣人，属第二例。刚健，所以治己之私意私欲与偷惰等恶习，非以强力服人之谓。强力服人是暴也，非刚健也。总之，刚健是以强修身，不是以强服人。又可曰，刚健以强力进德修业，不刚健则无以成己成物、无以弘扩其德性，即失其所由生，失其物我同体之真也。愚人颠倒以害其生之理，颠倒，见佛典。此词以训诂言，只是失去正觉之谓。然其义旨深微，非于人生有真切体验者，终不明了此词之含义也。愚人，不是指无才智之人而言。如历史上，凡有大才力造作滔天大恶业者，以慧眼观皆是愚人。秦桧有智，决不卖国负万世罪名。岳王流芳千古，乃真智也。尧舜圣智，故坦然开四门，与天下相见。吕政不智，故以为民可愚之。举此一二例，可概其余。人皆禀正理而生。既生则为形骸所役，习于颠倒，故损害其生之正理也。世界为火宅而不悟。人皆颠倒，彼此相猜相害。甚至强者以权谋与威势，侵欺大多数弱者。老子叹万物为刍狗，佛氏悲世界为火宅，非颠倒不至是也。

佛氏哀众生迷乱，故欲逆遏生生之大流，变世间为无何有之乡、寂灭之野。此与吾儒虽异道，譬犹水火相灭，亦相生也。以大乘菩萨度脱众生与抗拒造化之弘愿与强力，能用之于裁成天地、辅相万物，此中万物，谓全人类。圣道，期于全人类互相辅相而已，无有为首而宰制众庶者。岂不盛哉！岂不盛哉！佛法与厌世思想绝不同。古今颓废之徒鲜不作厌世想,晚周道家之宏深,犹未能免是。唐以后人,尊道家与儒佛鼎峙,此不学之过也。余平生甚爱陶渊明诗,渊明厌世思想亦浓厚。余取其冲旷、闲适、自然,其近于颓废处,则引为痛戒。

　　附识一: 客有问曰:"先生说,大空之学主张消灭宇宙,恐非龙树诸哲本旨也。"答曰:学者须深心、细心寻究佛家学说之全整的体系,先疏析条理而后综会其旨归,方信余不是曲为之说。但此问题太大,若作专论则非暮年精力所可能。颇想将范围缩到极小,谨于取材,写一札记。此时亦复无暇。不得已而释贤者之疑,姑举《涅槃》偈"诸行无常,是生灭法。生灭灭已"云云。案诸行即心物之通称。心是前念刚灭,后念即生;物亦时时前者灭,后者生。故佛家将心物说名生灭法。世间所谓宇宙万象,实即佛氏所云生灭法也。偈云"生灭灭已",生灭法,亦省称生灭。佛典可考。已,犹俗云了。生灭灭已,犹云生灭法灭了也。不作宇宙万象消灭解,将如何解?余固知笃信佛法者,必将以为生灭灭已,是佛氏悲愍一般人对于生灭法起迷执,故大破其执耳,并不是说生灭法可灭。殊不知,破执只当破其迷情,何必说生灭灭已。一往破尽,终是沉空。宇宙人生悉作空观,如何不是反人生、毁宇宙?余深玩孔门惟说思诚、立诚,这一诚字义蕴无穷尽。诚者,真实义。宇宙万象真实不虚,人生真实不虚,于此思人,于此立定,则任何邪妄无从起矣。何空之有?余亦非反对佛法者,大空之学余不独早年好之,今犹未尝舍。般若家观宇宙，空空寂寂，脱然离系。吾儒观宇宙，生生活跃，充然大有，《易》曰"大生"、"广生"。又曰"生生之谓易"。又曰"变动不居"。不居，则困于形容，只好强说活跃。充然者，丰富貌。无滞无尽。余确信，观空须归于思诚、立诚。

附识二：客有问余"似不以玄奘介绍大有为然者"。答曰：否，否。大有之学，长处确甚多。此中不便牵涉太广，故未论及。玄奘专力介绍大有，其故有三：一者，般若家大典，罗什已有迻译，中土学人久闻空义。二者，玄奘西游正是大有学派方盛之时。三者，中土百家学术皆源出《大易》，从来无有遏绝生化之思想。玄奘毕竟有中国人根性在，所以与大有之说易接近。赖耶中种子是生生不息的，无着、世亲之学说体系，其主干在缘起论，而缘起论之主干，则在以实种子为因缘，反空成有之根据在此。奘、基所以独契欤！然玄奘晚年独深契《大经》，则其境界已高，固非大有之学可得而拘也。

万物都无定性，无有固定的自体，谓之无定性。圣人与般若家皆见到。《易大传》曰："神无方而易无体。"又曰："阴阳不测之谓神。"故神者，言阴阳相反而成变也。无方，谓无方所。无体，谓无形体。此言万物本无定性，只变化不测已耳。无方无体，即万物皆无定性之谓。般若家所见亦同。然圣人以物无定性，而见夫生动活跃，一切真实。此体用不二之义，所以早发于《大易》也。般若家以物无定性便谓如幻如化，此性相皆空之论，所以独倡于《般若》也。《大般若经》。般若家承释迦之出世思想，遂欲抗拒"大生"、"广生"之洪流，而于万法性相作幻化观，此乃思想界之变态发展。《中庸》所谓智者过之，难以为训。

大哉《易》也，斯其至矣！此中变态一词，通常用之，即精神失其正常之谓。今用此词，确不如是，只谓反人生、毁宇宙之思想，未免过畸耳。

本章至此，已当结束。今次应克就法相物和心通称法相。而加以申论。略分二章，曰成物、曰明心，以次述焉。

第四章　成　物

　　余回忆弱冠以前,曾有一度登高,睹宇宙万象森然,顿起无量惊奇之感。自是以后,常有物质宇宙何由成之一大疑问在,而无法解答。后来稍能读书,知识渐启,惟觉古今哲人与余同怀此疑问者殊不少。今总核其所作解答,大概可分两派:第一派,细分和集论。以后省称细分论。印度胜论说极微亦名细分,今采用此名。和集者,多数细分于一个处所,互相近附,(附者,言其若相亲也。)故谓之和。集者,多数细分虽互相和,而彼此仍互相隔离,不是混然为一,故谓之集。譬如众兵和合成阵。阵,整体也。实则众兵在整体中仍是各别,彼此间距离颇远。又如众树和合成林。林,整体也。实则众树在整体中,仍是各各别异,彼此间距离颇远。无量细分各别和集,而成万有不齐之众物。乃至万物互相和集,而成大整体,是为物质宇宙。细分论,自古代已有极微说、元子说。近世科学家关于元子电子之发明,其视古说,虽精粗相去大远,毕竟同为细分论。大辂始于椎轮。积累久而后益彰其美也。有问:"细分和合而成大物,则说和合可也。何为复言集乎?"答曰:凡言极微或元子电子

95

者，虽说他们合成大物，（他们，谓极微或元子电子。下同。）却没有说他们是糅杂密结，如百味混成药丸，浑然不可分辨也。（却没有三字，一气贯下为句。）细分彼此之间毕竟有很大的距离，故应复言集。和集，恰似众兵成阵，众树成林。

全体论者，以为宇宙万象不是许多许多细分之和集，而是一大势力圆满无亏、周流无碍、德用无穷、一大二字，须注意。一者，无对义，非算数之一。大者，言其至大无外也。圆满者，言其能兴万化、起万变，为万德万理之所自出也。浩然油然，分化而成万殊的物事。浩然者，盛大貌。油然者，生动貌。譬如大海水分化而成无量众沤相。众沤相，比喻万物。万物虽形成各各别异相，而皆变动不居，本非各自独立的实物，故以众沤为喻。大海水比喻万物之实体，是为全体。实体无对，生生不息，而浑然大全，无有分畛。故以大海水为喻。全体是生生活跃，不是僵固的死体。故恒起分化，恒字，吃紧。无有不分化时，故言恒。《易大传》云"坤化成物"是也，其义当详于后。全体论之发明最早者，莫如中国之《大易》，至孔子而其理论益精审。

全体论者，以为宇宙万象不是凭空突起。凭空突起便是无中生有，断无此理。故说宇宙必有实体。譬如见众沤活跃，知其即是大海水。此成年人所能也，小孩则只见众沤而不悟众沤本身即是大海水。小孩缺乏辨识力也。学人只承认宇宙万象而不信有实体，其短识与小孩何异？

物质之最微小者是名细分，说见前。若从物质发展而言，至大之物始于微小。《易》著履霜坚冰之象，圣人言之夙矣。《坤卦》初爻曰："履霜，坚冰至。"言行人履霜，便知坚冰将至。霜之为物甚微，及至坚冰，则始于微而终乃大矣。一切物之发展，皆由微小以至盛大。《易·坤卦》初爻，阐明物理，至可玩也。细分只是生生活跃、轻动至极之物。轻动一词，借用佛典。轻者,言其异乎重浊之物也。动者,言其动跃而不暂住也。《坤卦》初爻,象曰:"阴,始凝也。"此正说明细分本非固定的质碍物。《易》以坤或阴为质力之通称。《大传》有明文,说在《原儒》下卷。质力本来不二,但不妨分言之。虽复分言,毕竟不可作两种物事来猜想。此义辨明,方可了解"阴始凝也"一语。此处,阴,谓物质。须知所谓质者,本非固定的质,惟依翕凝的动势,说为质而已。凝之始,当是极轻微动跃之质点,《中庸》所谓小也。而从来学人有执细分是各各具有质碍性的许多小个体,如古代极微论者,说极微是团圆之体。近世亦有以元子电子为小颗粒者。则其与《大易》之创见相违不亦远乎!若知细分只是轻微动跃之物,则可下一结论曰:细分不是各有固定的质碍性,亦决不是凭空幻现。以理推征,细分为全体分化所成,可断言也。实体亦称全体,以其完然大全,无有封畛,故称曰全体。

余以实体流行,翕辟成变,阐明心物万象。其概要已见《明变章》。今于此中,更将流行与翕辟诸词略加疏会,以防误解。疏析而融合之,曰疏会。如实体流行一语,或人以为由实体发生功用,是名流行。或人者,不举其名氏故。功用,犹云力用。彼意盖云,彼,谓或人。实体是独立的,功用是从实体发生出来的,故实体不即是功用。易言之,实体不即是流行。倘以此说为然,则实体乃与造物主不异,何可若是迷谬乎?

余说实体流行一语,本谓实体即此流行者是。注意。譬如大海水即此腾跃的众沤相是。相字,读相状之相。大海水,比喻实体。众沤相,比喻功用。盖以实体变成无量功用,宛然万象灿著,故以众沤相比喻之也。倘不悟此,将求实体于流行之外,是犹求大海水于腾跃的众沤之外。非甚愚不至此也。

体用论（外一种）

翕阚云何？实体变成大用决不单纯，单，犹独也。纯者纯一，无相反也。定有翕阚两方面以相反而成变。翕，动而凝也；阚，动而升也。升，有多义，略言以二：曰开发、曰向上。凝者，为质为物。升者，为精为神。精神与物质，皆析言之，取行文之便耳。盖实体变成功用，即此功用之内部已有两端相反之几，遂起翕阚两方面之显著分化。几者，动之微。将由微而著也。万变自此不竭也。阴阳既分，遂兴万变，故无穷竭。夫翕，惟成物。物则形成各别，如世共见万物散殊是也。散者，凡物皆相离故。殊者，凡物皆相异故。阚，则以至精之运，至者，赞美词。精者，精神之省称。精神，可以说是一种特殊的力。然《大易》不谓之力，而称曰精神者，则以其力用至大不可测量，至妙困于形容，未可以力名之也。运，有二义：曰运行，曰运用。遍入一切物、遍包一切物，无定在而无所不在。是故物，分而滋多。精，则浑然不可分，浑然者，言不可剖析也。随物之散殊，而莫不遍运之。运，解见上。惠子所谓"大一"者，即指精神而目之也。目，犹名也。夫精神遍入一切物、遍包一切物，无定在而无所不在。有问：遍包云云何解？答曰：遍者普遍，包者包含。精神弥满大宇，散殊的一切物质，皆其所含摄。故云遍包。故物质世界虽貌若散殊，而实有至精之力用，遍运乎散殊的物质中为其统御。至精，解见上。物质界毕竟不是互相暌离，学者不可不深穷其缊也。就生物言，一个小动物实与大自然通为一体，并非孤生。一片青叶吸收阳光、空气、土壤等等，亦非离大自然而独营生活。就天文言，太空无量数诸天体，亦是互相维系而为整体，实非各各独立。此等事理，学者虽能言之，但只就一切物之互相关联而说为整体耳。今之学者只肯定有物质，而不承认有精神，则其所谓整体毕竟无生命。余诚迂钝，愿笃守先哲遗说。

《大易·乾卦》，首明六龙御天之义。六龙，乾阳之象也。象，犹譬喻也。六龙者，《乾卦》六爻皆阳，故曰六龙。古代以龙为活动力甚强之物，故以乾阳取譬于龙。（乾，亦称阳，今以乾阳为复词。）《易》以乾阳为精神。姚信曰："乾称精。"（《隋志》有《九家易解》，集荀爽、京房、马融、郑玄、宋衷、虞翻、陆绩、姚信、翟子玄九家易说。据此，则姚信盖古易家巨子也。精者，精神之省词。《易》以乾阳为精神，坤阴为物质。此乃古义，姚信述之耳。）余在本论，以阖为精神。余所谓阖，犹《易》之乾阳也。御天者：御，谓统御；天，谓太空诸天体。此言乾阳之力用，统御乎诸天体也。余按：言诸天，则万物皆含摄在内。"六龙御天"之云，盖谓乾阳遍运乎散殊的物质之中而统御之云尔。乾阳即精神之称。精神遍在散殊的一切物质中为其统御，犹心为吾身五官百体之统御者也。就精神在吾人身上而言，亦名为心。精神与物质本非两体，不可剖析。实体变成功用，即此功用之内部起分化，而为翕阖两方面。阖，为精神。翕，为物质。质则散殊，精乃大一。翕阖以相反而归统一，完成全体之发展。《易大传》所以有德盛之叹也。

余持全体分化之论，实宗主《大易》，非余一己之臆说也。实体是大全的，故云全体。《易》明乾元，分化为乾坤。明者，阐明之也。乾元者，乾之元，非乾即是元。坤之元即乾元，非坤别有元。乾元亦名太极，是乾坤之实体也。乾坤虽分，而实互相含。《乾卦》中有坤象，明乾阳主动以运乎坤，是阳含阴也。《坤卦》中有乾象，明坤阴承乾而动，是阴含阳也。乾坤不可剖作两体，只是功用之两方面，不是二元。更不可于此两方面任意而取其一，如唯心、唯物诸戏论。唯心论者，只取精神为一元，是有乾而无坤也。唯物论者，只取物质为一元，是有坤而无乾也。大化之流，不有反对，无由成变；不极复杂，何有发展？大化，犹云大用。流者，流行。乾阳、坤阴,以相反对而成变化。可考《大易》。此乃法尔道理,不容疑也。法尔道理,见中译佛籍,犹云自然之理。本论谈翕阖义,准《大易》之乾坤而立。理见其真,后先相应。后学与先哲相应合也。胡可自标异乎!

    附识:有问:"实体变成功用一语,若将变成二字改作变起,似较好。"答曰:否,否。倘如汝说,将以为由实体自身变起一种向外动作的功用。如此则实体犹如造物主,而不即是功用也。余不用变起二字,而直曰变成者,防人之曲解也。须知,一言乎变,则是实体自身发起变动,已含有起字的意义,不必复言起也。成字,则明示实体起变,便将他自身完完全全的变成了翕阖的功用。譬如大海水起变,便将他自身完全成了翻腾的众沤。这一成字,才见体用不二。无可曲解。

科学解析万物,归本质力。物质与能力。余常有一大疑问,即质力是否可分而为二? 此余所蓄疑数十年,未敢遽决者。余于自然科学无基础,诚不敢任臆想而轻下断语。然近取诸身,自吾有生之始,以迄少壮老衰,日常吸收动植诸物质,药物中亦多无机物质。经胃力消化,即变成种种能力。此等能力,复新生吾之体质。此则质可变为力,力可变为质之明证也。外取诸物,水为流质,受阳光之热则变为蒸气上升,即由质变为力。及遇冷气则凝成雨点下坠,力复变为质也。此等事例,不可胜举。若质力是二物,何可互变? 此中物字,作虚字用。乃指质力二者而言。《易大传》曰:

"坤以简能。"简者，贞固专一，坤之德也。又曰："坤化成物。"按《大传》云物者，即物质之省称。其云能者，即能力之省称。据此则《易》以坤为质力。坤为质力者，言坤即是质力，异名同实也。乾为精神，仿此。是其不以质力为二物之主张，已极明白。余考《易纬》，有"太初气之始也"云云。郑玄释此气字，曰元气。太者，大也。初，犹始也。言元气，为物质宇宙之始基也。推郑氏意，盖以元气即是坤。故《纬》书尊之曰太初也。郑氏东汉人，犹承西京儒生遗说。西京去六国犹近，七十子后学传授《易》义，颇有存者。郑释必有所本。惟汉以来治《易》者，于气字不求正解，只模糊而谈，是可惜耳。此气字，不是空气或风气等气字意义。余谓气者，形容词，惟质力轻微流动，故形容之曰气耳。气，是质力之形容词，亦即是质力之别一名称。《大传》曰："坤以简能。"盖言坤以贞固之德，而得成为能，是坤即能力也。曰"坤化成物"，是坤即物质也。岂有元气在质力之先乎？可曰坤为元气乎？《大传》坤为质力，其可叛乎？且古人用气之一名，其意义极模糊，不可不董正。余故以元气为质力之别一名称，庶几不背《大传》。古代阴阳家天文学之祖。推论宇宙泰始，元气未分，濛鸿而已。未分者，星云及诸天体俱未凝成，故曰濛鸿。濛者，无可分辨之貌。鸿，犹大也。濛濛不可辨，大荒之象也。元气未分，见《春秋·命历序》。尔时，惟质力混然，轻微流动，布濩太空。此元气之名所由立也。有问："力，固不是粗重的物，可以说为轻微流动。质与力应有别。"答曰：来问，只是将质、力作二物想。其实，质力不是二物，不可剖分。天文家推究宇宙泰始，星云及诸天尚未凝成时，质亦何曾是粗重的物，何可说不是轻微？是时太空濛然大荒，本无一物，力亦无集中之处。力不集中便轻微。须知，质力元是轻微流动的，到凝成天地诸大物时，他并没有改易其轻微流动的自性。譬如水是流液的物,到凝成坚固的冰时,何曾改变其流液的自性? 汝何疑于余之说。**其后质力发展,万物既成,宇宙已非濛鸿之象。**古云元气,只可作为质力之别一名称耳,实非有元气在质力之先也。质力本非二物,而其机其势则两方面判然矣。**质的方面有趋于凝固之势,力的方面有捷于发散之机。力发而猛,有助于质之凝成;**如燃香楮,猛力旋转便见火轮。此火轮即火光得猛旋之力为助,而凝成轮相也。由此,可悟质之凝敛而成物,其凝敛必有资于旋转之猛力也。**力如外散过度,质将因之而渐消失。**凡物,因其内部之力外散太甚,则其质渐消,而是物乃不得不毁灭。**两方面相反相成。**质之凝固、力之发散,本相反也。然相反适以相济,遂成万物。**此万物所以繁然万殊,油然时时舍故生新,无已止也。中国古《易》说,不以质力为二物,亦不承认物质有对碍性。**对碍一词,见佛籍。世间共信,凡物皆有实质,如目可睹、手可摸之类,可证物质有坚固的碍性也。由有碍故,此物彼物不可一处并容,是为有对,故世间确信物质有对碍性。《易》家则谓物质本性,元是变动不居。其既成为一个一个的物,虽似有对碍,要非其本然也。《易经》每卦六爻。爻也者,阐明万物之变动不居也。倘谓凡物皆本有对碍性,则何变动可言乎? 圣人作《易》,其观物也深矣。**惟物质无对碍,益足甄明其与能力本来不二也。**

　　《易大传》曰:"变动不居。""不居"二字,吃紧,谓不暂停也。非深达刹那生义者,难与语此。清儒姚配中《易注》,于《乾卦》二爻"见龙在田"注云:"言在者,暂在也。"姚氏书中唯此六字可贵,自昔群儒罕有悟此。余更申一言,万物刹那刹那舍故生新。姚云暂在,只刹那才生之顷耳。

《坤卦·彖》曰：彖者,断也。断定一卦之义也。"牝马地类,行地无疆。"按《易》之卦辞、爻辞,皆取象以显理。显,犹说明之也。象,犹譬喻。《易》首建乾坤。而以乾为阳性,坤为阴性,其义当别论。若乃世俗以阴阳判庶物之类,则以地在天之下,属诸阴类。马之牝者亦属阴,故谓牝马是地之类也。行地无疆者,《说文》：疆,本作畺,界也。按界,有限制义。马,强有力,其行至健,无有限制,故曰无疆。

今有问言："《坤卦》明坤,明者,说明。而取牝马及地二象,其义云何?"答曰：其取牝马之象者,盖以牝马阴类,明坤是阴性也。马,强有力,故取马为坤之象,明坤为能力也。取地象者,盖以地有实质,取地以为坤之象,明坤为物质也。《坤卦·彖》辞明示坤的自身只是一团质力。《大传》言"坤以简能"、能者,能力。"坤化成物",物者,物质。此二语明示坤即是能,亦即是质,不可析质力为二。正从此《彖》而出。可互证也。

问："行地无疆,何义?"答：以马为力之象,以地为质之象,前已言之矣。以牝马与地为同类,则隐示质力不异性,不是二物也。隐示者,不明举质力而言,但取象以示之,故曰隐。"行地无疆"者,盖以马行地上之象,隐示力之储乎物质中者,今发动而出,能改造物质之锢闭。殆若马之健行,不受限制也,故曰"无疆"。又如力之暴烈而出,其威势大极,当之者即被摧毁。亦如戎马行于阵地,所向无敌。故自然之力,人以大正之道善制驭而利用之,则自求多福。罔道而用之,人类将自毁也。

本论以翕辟成变,明宇宙万象所自始。余之言翕,实乃绍述《大易》之坤。翕即是力,亦即是质。如吾案上小刀,究其所由成，则亦翕之凝成也。《大传》曰："坤化成物。"按《易》之坤，实即本论所谓大用流行之翕的方面。翕，只是质力冲和，起一种凝敛作用，故名为翕。翕便成物。冲和者，冲亦与衝通，相忌曰冲。质宜凝，而力主发散。是两方面之机相忌也。而卒同归于和凝，是由冲得和也。和故成物。**而此小刀有短而狭之形，有利于割之能。利于割之能，力也；短而狭之形，质也。质力本不二，昭然矣。即物穷理，近在目前。岂逞臆妄说乎？**

　　附识： 余在清季，始阅格致译本，皆小册也，清季译物理学曰格致学。取《大学》格物致知义。稍闻质力之说。当时即发生一问题，质力是天然各别，但互相影响乎？抑是一物而内含两方面相忌之机乎？此中物字，是虚用。盖隐指翕而言之。未几，参加革命，废学累年。其后专研中国哲学，复寻此问题。而自古籍以迄汉、宋诸家，皆于此问题不涉及。余费力于佛家大乘者颇多，更不相关。及余出佛法而归《大易》，深玩乾坤义海，其义深广至极，譬之以海。始断定质力不是二物。余虽寡学，而数十年游意于斯，解悟所至，惟宗《大易》。有问："先生书中屡以心物或神质并举，而很少提及一力字，何耶？"答曰：若见到质力本不二，则举物或质时，便已摄力在内。

　　质力和凝成物之始，盖分化而为无量小物。 无量有二义：小物众多，不可数计，故云无量。小物微细至极，更无有小于此者，无从测定其小至若何，其为极细粒子欤？其为跃动之微波欤？毕竟无固定相，故亦谓之无量。此以难测，而名无量也。**古之传记曰："至大之物，必起于小。"** 韩非书，有此语。盖引古说耳。**小者，物质宇宙之始基也。**《中庸》曰："语小，天下莫能破焉。"语，犹说也。说到小物，则天下人所公认为莫能破之物也。莫能破有二义：一、物之极小者，不可更破析也。若更可破，则此物犹不名小。二、此小物常起灭活跃而不暂住，并非固定相，(此相字，读相貌之相。他处用相字，未及注者，当随文取义而辨之。)亦无可施以破析也。余以为观物而深察至小，非格物之术达于精者莫能为。《大易·复卦》创明小辨于物之术，参考《原儒·原外王篇》。惜乎经传亡失，今不可考耳。惠施有"小一"之论，盖根据儒学，而益以己意，当不无创见。"小一"，即中庸之所谓小。儒说在前，故知惠子据儒立论也。惠子精物理，其说小一，必有创获。独惜庄生不述其理论。儒家始言小，亦必详明其义。而传记泯绝，惠子书复亡。近人称印度有极微论，为晚世元子、电子说之权舆。独中国自昔无此论。(《尔雅》曰：权舆，始也。)殊不知，儒家所谓小，惠子所谓小一，本与极微之论互不相谋，而有殊方遥契之异。明文足征，胡不考耶？有问："小一之名，何义？"答：惠子盖以每一个小物，皆是组成大物之一独立物，譬如一砖一瓦一木都是组成大厦之一独立物。所以说名"小一"。

余据《大易》推究"小一"之义，略说以二：一义，"小一"是刹那刹那，别别顿起，活活跃跃，都不暂住。刹那，重复言之者，盖通无数刹那，相续不断而言，非克就一刹那顷而言也。别别者，每一刹那的"小一"，都是各别突然顿起，不是前刹那的"小一"可延长到后刹那故。问："前后刹的'小一'，既是各别突起，然则前后刹之中间将空缺而无物耶？"答：前刹的"小一"方灭，后刹的"小一"紧接而新生，中间那有空缺？如汝身体刹刹舍故生新，汝自觉新故改换之际，曾有中间空缺否？

《大易》六爻之义，阐明万物变动不居。不居之义极深，即是刹刹都不暂住。此从仰观、俯察，体物入微，乃有此发见，体物之体，是体察义。非浅识所得窥也。儒家与惠子"小一"之理论，当本于《大易》。吾依据《易》义，断定"小一"是变动不居之物，此物字，是虚用。隐指上"小一"而目之也。绝非以已意强为之说。《易经》具在，大义炳然。有问："如先生言，小一只是能力，本无物质欤？"答曰：否，否。质力本是一物，不可剖析为二，吾言之屡矣。此中物字虚用，隐指质力而目之也。变动不居者，固是力，亦不无质。若本无质，唯独有力，云何独力而得成有对碍之物？从来学人探到万物之始基，好执一端之见。此大误也。如一元唯心论者，以物质为精神之发现，则能力亦本于精神，此执一端也。一元唯物论者，以精神为物质之作用，或物质发展之形式，此又执一端也。万物由质力和凝而成，斯理昭昭，不容横生异论。"小一"自是质力混然，生动活跃之物。此物字虚用，隐指"小一"。若猜度"小一"，唯是能力现起，本无有质，则亦自陷于错误也。质本不无，但不可妄计质是有固定的质碍性，余谓其轻微流动与力混然为一，自信无误。

附识：昔人说六爻亦名六位。其实六爻中，从二至五，虽有当位、不当位之别，要皆酌人事之宜，而假说当位与否耳。初爻及上爻都不言位，以此可知六爻实无定位之义。《易大传》曰："爻也者，效天下之动者也。"效，犹仿也。观万物之变动不居，而立六爻以仿效之，将使学者玩六爻而明于斯理也。何可说六爻为六位？位者，空间也。空间为万物存在的形式。克就日常经验言，则认定万物存在，即有位可说。若穷理入深，便当别论。《大易》本以六爻明示万物变动不居，未可以位言。

二义，"小一"如何集成大物?《六经》传记亡缺，不可考。司马谈言，《六艺》经传千万数。西汉时已全亡或残缺。惠书亦不传。今据《易大传》"物以群分"之原理而推之，其略犹可索也。宇宙泰初，质力混然，游散太空，可谓之元气未分。此虽古天文家之臆说，要自切近事理，无可非难也。及质力和凝，分化而成无量数"小一"，是为有物之始。然一切"小一"，如其散布虚空，各各孤立，互不相联。则"小一"虽众多，毕竟不能集为大物，其异于泰初之濛鸿者亦无几耳。余详究物质宇宙之所由成，而深有味乎"物以群分"之原理。物必相群，不群则无可和集以成大物。和集二字，解在本章首节，可覆看。群必有分，无分，则充塞太空只是"一合相"，无万殊可言。"一合相"一词借用中译《金刚经》语，而与原义不必符。此中意谓，合成独一的大物，无有别异，块然不可辨，故云"一合相"。若是，则无有变动，无有生生，还成甚宇宙? 是故物必相群，群必有分。此二义者，宏大无外，万物无有外于此二义而得成其为物也。深远至极。群、分二义，人皆以为平淡无奇。实则至深至远，正在至平至淡中。浅识者不悟耳。

问："群、分义，云何?"云何，问何以说斯义也。答：无量"小一"，散布六合。若某处所，有若干"小一"，互相和集，而为一平等协和系统者，是谓之群。六合，谓东西南北上下为六。即指虚空而假说六合，更可于六合中假说某处某处也。仅言若干数者，以难测其定数故，无数的"小一"都是各自独立的细物，其和集为一个平等协和的系统，即是若干"小一"和集而成的一个新物。今此姑称之曰"小一群"。

无可数计的"小一群"，亦各各互相和集，而渐渐成就繁然万殊之三千大千世界。三千云云，借用佛氏说。只形容世界不一耳，非限于三千之数也。细者如微尘，最大者如太空诸天体，皆由无数的"小一群"和集而成也。故说群必有分。

散布六合之无数"小一群"，其分别和集，而为状态、性质，种种都不同之一切物，不至混然无分者，果由何道？此其故殆难穷。大概少数"小一群"和集起来，不能为一大物。若最大多数的小一群和集起来，自是一最大之物。凡物由若干"小一群"和集而成时，其结构或排列当不能一致，诸物之状态、性质种种，亦因之而皆不能同也。余可略言者止此，其详则非今所及论。有问："一切'小一'都无异性乎？"答曰：古籍本无可征。若准《大易》之阴阳而推，则"小一"当可分阴性、阳性二类。本论采古义，斟酌颇严。

余前已云，宇宙泰初，质力混然，轻微流动，充塞大宇，是称元气。及其分化乃为无量"小一"，和集而成万物。自万物既成，于是质的方面急趋于凝固，现似对碍。对碍非其本性，故云现似。力的方面，有一切物体为其集中之处所。故其遇机缘而发动则威势猛极，不止排山倒海。奇哉！质力之为用也，凝敛与发散以反而相成，万变、万化、万物、万事，繁然生生，无穷无尽，可谓谲怪极矣。

万物灿然散布太空，此中万物一词，遍含万有。如无数的诸天体及一切物或人类，无不含摄在内。虽若各各独立，若者，犹俗言好像是这样。而实为互相联系、互相贯通之整体，整者，完整。万物是一大完整体。譬如吾人的五官百体，元是一身。是为物质宇宙。

或有问曰："公持全体论者。今以'小一群'之各别和集成为无数的巨细诸物，尽太空所有一切巨细诸物，复互相和集成为大整体。此与细分论者之说，有甚不同乎？"答曰：根本处不同也。

细分论者以为，宇宙泰始惟有多数小物，积小成大。若印度古代极微论，其大略盖如此。此乃唯物论之开山也。唯物论者不悟宇宙实体，只执定物质是实有而已。本论上宗《大易》，以体用不二为主旨，以为实体变成功用。譬如大海水，完完全全的变作起灭无常、腾跃不住的众沤。此以大海水比喻实体，以众沤比喻功用。功用亦称力用。物质精神皆实体之功用也。即此功用之内部隐有两端相反之几，便显为翕与阖二方面。阖，谓精神，以其有刚健、开发、向上等性，故谓之阖。翕，谓物质。然本论言物质，即含摄能力在内，说见前。显者，著现之谓，由隐微而至明著也。此乃全体分化之始。全体者，以实体是大全的、无对的，故亦称全体。今在此处，唯当谈翕。翕者，质力凝敛，故称翕。凝者，凝结或凝固。敛者，聚而不解散，亦犹凝也。此功用之一方面也。精神是另一方面，可覆看《明变章》。质力混然，轻微流动。及其凝敛成物，便分化而为无数的"小一"。"小一"是物之始见。见，读现，犹云物初出现。上言成物之物字，与此云"小一"是物之始见，此等物字皆指自然界诸物而言。中文物字，有实用，有虚用。作虚字用者，则为措辞之便而用之。如老子云："道之为物。"此物字乃虚用之，以隐指句首之道，非谓道是物质或自然界之某物也。余故以此为虚用之字。此例多，不及举。物字作实字用者，亦有分别：一，物质一名亦省称物。如《易经》以坤为物。此言坤即是物质，乃自然界各个别之诸物所由之以成者。二，《易》曰："坤化成物。"则此物字是指自然界各个别之诸物也。此两物字皆以名实物，并非虚用。然复须知，物字实用者虽有分别，而自然界各个别诸物，通是物质。但就义理分际言，物字之实用者，宜有上述两种分别耳。本论，凡用物字宜随文取义。他处未及注。此本论之大略也。余究明物质宇宙所由成，本主全体分化论。此与细分论者相较，不止九天九地之隔绝，根本处诚无可相容也。此中自然界诸物，谓天地或一切物质现象。

有问:"公言'小一'成物,以和集二义明之何耶?"答曰:此物性自然耳。每一个"小一"是一小物,多数"小一"合成较大之物时,并不是混然揉作一团。"小一"还是各各保持他的个别与特性,故说和集。和者,言其互相亲附。亲附者,好像是互相爱而结合。集者,言其彼此之间各各不丧失其个别与特性。譬如日与诸大行星成为太阳系统,此个系统,犹如"小一群"。日与诸行星,犹如诸"小一"。日及行星都不丧失自己。其系统亦不溃散,此物性之贞常也。万物虽云个别,毕竟是一大整体,譬如五官百体成一身。此理近取即是,岂远乎哉!个别的物一齐发育,方是整体盛大,乃不易之理也。然个别终亦不可离整体而独得发育。尝试思之,天地临坏灭时,尚有一微尘能傲然孤存于太空否?应知,个别之物无可离大整体而得存在也。

附识:由万物和集二义,而推之人类社会,治道可得而卜也。《六经》有大训,曰天下为公,曰天下一家。《周官经》之经济制度,以均平为不可背之原理原则。《大学》言治天下,归本于平之大道。天下有一处不得其平,或一事不得其平,未可云公也,未可云天下一家也。此言乎人类和集,保固其整体之道也。曰万物各得其所,人人各尽所能,各足所需。曰"群龙无首",全人类各各自主,亦互相恕。(恕者,"己所不欲,勿施于人"。)故其时之人类,个个健全,譬如群龙。古以龙为灵物也。是时天下无有为首长者,故曰"无首"。此言人类中之各个人保持其个别与特性之道也。继今以往治道,当日趋于大公至平。而个人在整体中各得荡然自由,无有逾矩者,人道盛极矣!

　　"小一"本无固定的质。其活活跃跃,直是刹那刹那皆突然顿变,不守故常。此须详究刹那生灭义。可玩《明变章》。万物刹那生灭,本创发于《大易》。但以片言,其义不显。庄子阐明此义,而从来学庄者不求甚解。余治大乘之学,其于斯义辨析较详。吾乃彻悟《易》与庄之幽旨。三十年前,本论《明变章》初稿即盛演斯义,而览者多不信受。及国难入川,莱芜韩裕文从游,偶与谈及此。裕文曰:"今之学者说,一颗电子的振动,并不是循一定的规律。电子总是在许多轨道中,跳来跳去,他一忽儿在此一轨道上消失,一忽儿在另一轨道上又产生,也不是有外力使之然的。"详此所云,可见近世学者对于电子发见其一忽儿消失,一忽儿又产生。虽未说电子于每一刹那顷,顿起顿灭、顿灭顿起,而已与此义接近矣。裕文说此,余犹能忆。惜其不幸短命死矣。余尝思及,"小一"腾跃不住,起灭无常,无常者,谓其刹刹顿变,无有恒常性。如何而得成为世间所共见为有对碍性的一切物? 此一问题,甚堪留意。余窃谓"小一"如各各分散,不相和集,当无成物之可能,宇宙始终是濛然鸿荒而已。夫惟无数"小一",各别和集而成无数"小一群"。诸"小一群"亦复各别和集,此其所以得成一切物也。"小一"本无对碍性。然多数"小一群"和集成万物,则现有对碍性者,此其故,或由无数"小一群"各别和集时,自然形成各种各样的排列法式或结构法式。"小一"的动力与其质,当随其排列法式或结构法式的千差万别,而变现为异形异性乃至种种不齐的一切物。这个推论或不至远离事实。但"小一"无论在若何法式中,其变态虽不一,而亦必有一大同点。盖由其既受范于法式,附识。已成为各种物,则其质自当趋于凝固,其力亦缊蓄于物体中。于是诸物皆有对碍性,此其著见于诸物之大同点也。吾人从物之表面观察,并不觉其本来是腾跃不住、起灭无常的多数"小一群",只见为有对碍性之物,不亦谲怪至极欤!

附识: 笵者,古代造器,有用竹为模型,名之为笵。诸器之成,必由乎笵也。今谓多数"小一群"和集,自然形成各种各样的排列法式或结构法式。各种法式之形成,非有意想造作也,只自然耳。自然者,莫有图谋之使然而适然。犹俗云没有谁来设计,使他成为如此,而他恰好自己便如此。故曰自然。法式,犹笵也。此际"小一"之变动,便不得不随顺法式。如器之依笵而成也。

夫"小一",元是质力混然之暴流所分化而成者。质力之暴流虽分化为无数"小一",而此暴流与"小一"却不可分之为二。盖暴流以外无"小一","小一"以外无暴流。切勿误解而致支离。故其起灭无常,正是《易大传》所谓"变动不居,周流六虚,将虚空假析为上下及东西南北诸方,曰六虚。不可为典要,典要,犹规律也。其变动本无一定的规律。唯变所适"。万变不竭之大流,本无作意。故其变也,惟动以不容已,任其势之所趋,无有穷竭。故曰惟变所适。庄生深观大化,而有谲怪之叹,殆谓是欤?

若乃"小一"和集已形成种种法式而成物,可覆看前文。"小一"和集时,即是形成法式而成物时。不是先为和集,后乃形成法式以成物也。于此,不容猜想有时间先后。于是乃物既成。从一方面说,物乃各各有个别的异点;从别一方面说,凡物通有类型。如土石等等通属无机物的一类型,动植等物通属生物的一类型。若更细分之,则类型甚多而难穷。是故由个别方面观物,则物以有成型故,容易长成与发展。成型者,谓凡物皆有其一成不易之型。亦复以有成型故,其发展终有限度,必归坏灭。凡物在无穷尽的时间中，虽千岁犹一刹那顷耳。何有久住？但凡个别之物，虽无久住，而其类则皆悠久。如山可崩，川可竭；而山川之类，则非大地全毁，不至绝也。《大易》每卦三爻，以明万物有始、壮、究三期。参考《易纬》。物初生曰始，由始而壮，由壮而究。究者，灭尽之谓。诸天与地球皆至大之物，其生命极悠长，然以卦爻义推之，天地虽大，终有究尽之期也。凡有形之物，莫不归于灭。灭故，所以生新。惟故故不留，乃新新不已。是以至人体道日新，克去个体或小己之迷执而直参大化，则何究尽之有乎？道，谓变化之理。大用流行，不守故常，是称大化。至人不迷执小己，便直接参加大化。大化无究尽也。

或有问曰："公之论，以质力凝敛名之为翕，翕便成物。若是，则持唯翕之论可矣。胡为乎更以精神名之为阖？乃说大用有翕阖两方面。功用省称用，大者赞词。如此，不亦逞臆太过乎？"答曰：异哉，子之惮于兴难而不务深穷理根也。究理到极处，是为万变之原，万物之本，万理之所会归。郭象《庄子注》，称之曰理根。从来宇宙论中谈本体者，其极大迷谬，略说三端：迷者，惑重而难见理。谬者，错误，而惮于改。其一，求绝对于相对之外。此乃古代一神教之锢疾，其迷不可解，譬犹锢疾不可瘳也。后来学术虽兴，犹未离其窠臼。殊不知绝对乃实体之目，相对就万有而言。实体，是万有的自身，譬如大海水是众沤的自身。学人了悟到此，则绝对相对本来不二，而亦有分；虽有分，而实不二。昭然明白，夫复何疑？真理平平常常，本无奇怪。而学人自造迷雾，乃去真理日远。如游子迷途，失其所归，岂不惜哉！谈本体者不见真理，固是可惜。若乃为哲学而厌闻本体论，是则宇宙人生无本原，此不更可惜欤。

从来学人谈及实体与现象，莫不说现象是变异，实体是真实。如此，便成两重世界。若依我说体用不二，则实体即是现象，譬如大海水即是众沤。现象即是实体。譬如众沤以外，无有大海水。现象起灭无常，正是实体起灭无常；譬如众沤起灭无常，正是大海水起灭无常。现象动跃不住，正是实体动跃不住。譬如众沤动跃不住，正是大海水动跃不住。是故不应说现象是变异，实体是真实。现象与实体虽有分，毕竟不可裂而为二，是义决定。应说现象与实体本来是一，应说真实即是变异，变异即是真实。本论董正诸家之失，非止一二端，此略举其要耳。

其二，西学不谈本体者且勿论，即在谈本体者亦是徒逞偏见，终成无体之论。西洋自有哲学以来，学派分歧，始终不外唯心唯物两大宗，互相争斗。唯心论者坚主精神是万有之一元，不得不割去物。然物质现象终不可否认，则以之归并于心，直以物质为精神之副产物耳。唯物论者坚持物质是宇宙之一元，不得不割去心。然精神现象终不可否认，则以之归并于物，直以精神为物质之副产物耳。余在清季初闻二宗之论，即甚怀疑。中年而后，窃谓其根本错误，实由不辨体用。功用省称用。用者，变化无穷之称。变之起也，必有相状著现，故亦云现象。精神、物质，皆大用之灿然者也。灿然者，显著之貌。余敢断言，大用流行不是凭空忽然而起，更不是如幻如化。余敢断言，大用灿然，定有实体，譬如众沤纷然定有大海水。实体是大用的自身，譬如大海水是众沤的自身。观万有而不穷其实相，万有即是大用之别称。实相，犹实体也。见前章。譬如小孩睹众沤相而不悟大海水，奚其可哉？精神、物质，皆用也。易言之，皆现象灿然者也。唯心者执精神为一元，唯物

114

者执物质为一元,是乃割裂宇宙而各取大用流行之一方面,以为本原。<small>本原,谓实体。</small>其实同归于无体之论而已。

余初致力宇宙论,对于实体之探穷,经过甚多变迁。举要而言,略说三变。至第三变,始成定论。一者,姑假设有造物主。古籍言天、言帝,少而习之,未能遽舍,但不敢轻信。吾远取诸物,近取诸身,触处穷理,卒无可证成造物主。余遂放弃此一假设,是为第一变。<small>此一期中经历极复杂,亦复琐屑,今不及详。</small>二者,造物主既不容成立,吾姑假设万物无原。以为万物从泰始来,各各以形相生,<small>此谓物种嬗变也。</small>而亦各各以类相从。<small>如无机物、有机物,各从其类也。</small>任万物之不齐而齐,付之自然而得矣。<small>物各以形相生,至不齐也。以类相从,则不齐而齐矣。</small>是时余之思想,在董理万物之类,而归纳于一大类。吾不欲索原于玄冥之乡,宁舍弃而不问,是为无原之论。未几,余自度,析别万物,求其统类,只是博物之业,殆将放舍宇宙论,不堪致广大、尽精微也。索原于玄冥之乡固不可,<small>玄,幽晦也。冥,亦幽晦义。凡思想喜蹈空而不可明征者,则以玄冥讥之,此作劣义用也。然亦有理极深远,则亦以玄冥形容之,此作胜义用也。今此是劣义。</small>若以轻心而妄断万物无原,弃而弗求,是欲自绝而不惜远离真理也。恶乎可?余乃复为穷原之学。近取诸身,远取诸物,深悟、深信万有之实体,即是万有自身。<small>譬如大海水即是众沤的自身。此譬最切,否则很难说明此理。</small>实体决不是潜隐于万有背后,或超越乎万有之上;亦决不是恒常不变,离物独存。参透及此,形形色色皆是真理遍现。屎尿瓦砾,无非清净本然。庄子曰:“道在屎尿”“道在瓦砾”。盖就其实体而言,元是清净本然,何秽恶之有乎?至于中夏圣哲洞见大本,而含养其天地万物一体之德慧。<small>大本,谓实</small>

体。道德与智慧合一，曰德慧。裁成辅相盛业，皆所以完成天地万物一体之本性，而无私焉。《易》曰："裁成天地"、"辅相万物"。按裁成者，改造宇宙也。庄子深于《易》，言大鹏高飞空际，"翼若垂天之云"，已为星球文通之预言。风雨不时，将来或有操纵空中气流之方法。孔子之高远理想，终当实现。辅相者，人类皆本平等与泛爱之精神，互相扶助，大公至平，物各畅其性，群道大亨。此圣学血脉也。余望未来人类继续保育，不可断绝。余学至此，为第三变。

其三，唯物论以物质为一元，而精神成为物质之副产物。此其说易动人，余不得无言也。夫精神，非上帝、非幽灵，乃吾人本有之灵性也。人皆有自由意志，孔子曰："三军可夺其帅也，匹夫不可夺其志也。"志，不可夺，足见意志自由。有宏深精密的思想，有丰富的感情，此皆精神现象也。而谓其为物质之副产物，是犹说豆可生麻，因果淆乱。其说何可通乎？

或有难曰："心理现象待生物进化乃渐发现，而生物出现颇晚。宇宙泰初只有无机物，此为极有根据之推论，无可疑也。物质先在，精神后现，此是事实。今公之论以为实体变成功用，避体用为二之过，亦妙矣。但谓功用有翕闢两方面，闢为精神，翕为质力。如此说来，则是精神物质直从宇宙开端，便一齐俱有。任玄想而不根事实，公得免于过乎？"过，犹误也。答曰：过实在汝，而汝不悟也。吾且分条酬答如后：一，《易》曰："知周乎万物。"周，遍也。言人心之知，可遍通万物之理也。《大学》曰："致知在格物。"圣学立此两条大训，永无可易。人之为学，而不征于物，必逞空想，甚至幻想。此当痛戒也。然玄想决不可无。玄想者，灵机乍动，缘物而不滞于物。缘字见佛典。缘者，攀援一切物而起思虑之谓。不滞二字,吃紧。此意难言。至普遍之大理,大理,犹云原理。至幽微之端绪,恒于玄想中得之。若玄想可轻诋,将无学术可言也。但能玄想者,必具二条件:一,平居游心高明,不坠尘俗。心常用之于格物穷理,则高明矣。二,玄想虽忽然乍现,实由积学得来。此与前一条件,本无多区别。但前就生活言,此则言积学之功耳。

二,汝本无法否认精神。但以为物先在,心后现,遂至妄计精神为物质之副产物。吾略举数端以问汝:

一问,汝以为心作用之出现后于物,便横断心作用未出现以前,本无精神存在。殊不知宇宙太初,濛然大荒,不独诸天体未有,即星云亦复何有?慧能禅师云:"本来无一物。"其言亦可味也。设有人焉,武断泰初本无物质存在,汝肯服否?汝若不服,则汝今者武断心作用未出现前,本无精神存在,又何可强人信从乎?夫心作用未出现,只是隐而未显,不可说无。隐者,隐微义。不可作隐秘解。隐显与有无,是截然不同之两义。万不可以隐而未显,便谓之无。

宇宙万变万化万物万事之发生,必率由一大定则,曰不能无中生有。一切事物之演变,无论若何复杂、若何新奇,然随取一物一事而推其因,则因果层层无尽,都有可寻。如由现在向上推,则现在对前为果,而此果有前因可寻。复前而又前,层层推去,则因果无尽。由现在向下推,则现在对未来为因,并可预测未来之未来,因果层层无尽。不独生物界中物种嬗变有因果可寻,即就无机物界言,如海洋变陆地,虽其时间极遥远,而有故迹可寻,断非绝无前因而偶然变陆。前因者何?即来自他处之土壤,决不是水可变为陆也。此中取土壤为因,是就成陆之正因而言,若水流冲发他处之土以入海,则是成陆之旁因。旁因即俗云外缘也。无外缘,固不会有土来成陆,而成陆者必是土,故土壤为正因。宇宙间确无偶然发生之事,世俗见为偶然,苟详核之,却不偶然。恐文繁故,兹不欲论。总之,万变万化万物万事不能无中生有。此一大定则,实从一切事物之因果律体验得来。倘可无中生有,则宇宙间诡怪不堪设想,而科学无可成立矣。其然,岂其然乎?

余不敢轻信精神是物质之副产物者,则以精神与物质之间不能有因果关系,以其绝无类似处故耳。因,有旁正之殊。正因亦名自类因,对于所生之果直接给以力,故果与因决定有类似处。如豆种生豆、麻种生麻,皆自类因也。自类因者,如人之一生,前前后后不知故我死多少次、新我生多少次,纵不信刹那生灭,而少壮老衰明明无有故我连持而下则无可否认也。凡人故我方灭、新我方生,即故我是新我生之正因,亦名自类因。物质生物质是自类因,精神生精神亦是自类因。旁因亦名外缘,但于果有影响而无直接生果之力。如淮橘成枳,枳之生以橘为自类因,而变为枳则以淮北地气为旁因,或外缘也。或曰:"枳从橘生而已变,似不当以橘为其自类因。"答曰:不然。橘变为枳犹相近,其迹明明可考。并未突变为绝不相近之荷花或荆棘,何云非自类因。是故因之旁正辨明,则物质不能对精神作自类因,犹之精神不能对物质作自类因也。唯心论以物质为精神之副产物,亦是不通因果律。吾言精神与物质之间不能有因果关系者,确然实事求是,非私心立异也。精神与物质绝无类似处,此为极明显之事实。余常欲为哲学的心理学一书,详说及此。惜乎吾精力已亏,不可复提笔也。

精神之特殊处最显明者,吾略举二义:一义,物质有封畛不待说，而精神无封畛。无封畛者，言其无形无象、无定在而无所不在，故无有界域，无有分段也。孟子曰："上下与天地同流。"此以精神之在吾身言之，确不限定在吾身，乃包通上天下地周流无间。包者，包含。通者，贯通。譬如血液之周流五官百体，无所不包通也。思想遍缘万物，遍者，普遍。缘字含有接触、推度、体验等义。感情融入大自然，皆有明征。

二义，精神之运行其速度不可推测。如吾人见白瓶时，每以为一见而即有白瓶的知觉。实则正见白瓶之一刹那顷，凡记忆、想像、推求等等作用均未参加，此际见与白瓶浑然无分，而可曰一见白瓶即起知觉乎？及其有白瓶的知觉，则多数的心作用，如记忆、想像、推求等等。都已集聚，极其复杂，似须经历多时而后可能。然吾人乃自以为一见白瓶即起知觉，若不曾经一瞬而即能者。此无他故，只是精神之运行迅速至极，故若未历一瞬而即能耳。物质运动可测其迟速、强弱等等度数。精神之运行则不可测。如吾人用思，有时强探力索多方以求解决，此际之强度又何可测乎？略举上二义，可见两方面绝无类似处，不可说因果关系。事实如此，何堪矫乱。因，指自类因而言，他处仿此。

有问："公之论，以为精神与物质之间不可能有因果关系。今试问，生物未出现以前尔时并无精神存在之明征，公何以解此难欤？"答曰：宇宙是发展无已止。圣人体会此理于仰观、俯察之际，遂于《大易》揭示宇宙发展之法则，曰"本隐之显"。学人每引此语作为思维的方法去讲，虽亦不悖。但《大易》本旨确是阐明宇宙发展之法则。《易》六十四卦、三百八十四爻，以《乾卦》居首。《乾卦》初爻，取象于潜龙。古时以龙为灵物，故取此象以为变化之喻。欲人由此象而悟变化之理也。潜之为言，隐而未见也。隐者，隐微。见，犹显著也，读为发现之现。譬如果实含无量生机，俗名曰仁，此是隐。后来发展为萌芽、本根、强干、群枝、众叶乃至花、实，层出不穷的物事，皆逐渐著见也。凡后起无穷之著见，要皆果中之仁固有其因，亦可曰固有此种种可能。但其因未著见时只是隐。隐则若无所有。而实非无有也。实体变成大用，本含藏无量可能。初爻"潜龙"之象，即示此义。三百八十四爻之万变万化，皆自《乾》之初爻而起。《乾》初，潜隐而未见，乃无量的发展之母也。生物未出现时，无机物组织太简单，精神潜运无机物中隐微而不能发现。犹如宇宙泰初濛然大荒，物质亦隐微不曾发现，此皆《乾》初潜隐之象也。自然之理，不奇不怪。何苦作雾自迷，横计生物未出现时便无精神存在乎？本隐之显是宇宙发展之一大法则。研宇宙论者，其思维的方法自当循此法则而进行，方可与客观事实符合。否则显可睹而隐难知，如不推显至隐，将任意见以宰割宇宙，余未知其可也。

吾人如了悟宇宙是发展不已，如欲深究"本隐之显"的一大法则，则又有数义，须留意。

一，不可否认实体。吾言实体，不是高出乎天地万物之上，亦不是潜隐于天地万物背后别为一重世界。此与西学谈实体者绝不同。须注意。否则一切无根，凭何说隐？《易》立乾元，乾元，即实体之名。故《乾》初说隐也。余相信，大自然与人事无论发展到若何完美，若从吾人与万物着眼，自当如孔子所说"人能弘道"。易言之，即吾人能以自力发展宇宙实体而弘大之。万物亦以自力发展。今单举吾人而言者，人力最胜故。若从实体着眼，则万物与吾人，一切创造，一切变动，一切富有日新的盛德大业，都应归本于实体是无尽藏。天下之木,未有不具根而突发千枝万叶。天下之川,未有不具源而忽尔洪流怒涛奔放不竭。余持体用不二之论,确从远取诸物、近取诸身,触处体验得来。体用不二,以大海水与众沤之喻为恰当。根源之喻,不全似。说见前。

二,宇宙万有是从过去至现在、方趋未来、恒不断绝之完整体。宇宙,即万有之别称。今以宇宙万有二名,合用为复词。然二名各别单用者为多。哲学当综观宇宙而辅以分析法,方不至逞戏论。宇宙本体含藏无量可能,所谓隐是也。随时开发。《易》有《随卦》,其义深远。譬如渊泉时出,深渊伏有水源,曰渊泉。其源充盈,以时流出,无有穷竭。并非一时发泄都尽。王阳明曰:"造化合该有一个渐的意思。"此语甚好。吾于《明变章》已言之矣。宇宙泰初,洪荒无物,质力隐而未遽显也,不可说本来无物质。生物未出现以前,精神隐而未遽显也,不可说本来无精神。精神不是离物质而独在。但其显发不易,必待无机物进化至生物,为精神预备其显发之资具,而后精神作用盛显。为字读卫。资,藉也。具者,工具。精神须得有可以凭藉的工具,否则难自显也。

余详玩生机体之逐渐改造,殆不偶然,请征三事。一曰,由固定而趋行动。植物初由无机物突变,犹固着于其出生之处所,而不能移转。移转,犹运动也。无机物之静止与固定性,植物尚莫能骤革。及进至动物,便开始行动。此乃生物进化的极重要阶段,否则精神终难自显也。此事若详究之,甚有味,然兹不及详。植物非无暧昧的知觉,但以固定、死板,精神不得发耳。

二曰,由伏行而直立。植物进化到动物,其初还有动植几于难辨之物,此阶段大概甚短促。过此,便是低等动物。又经许多变迁,达于高等动物。从低等动物至高等,虽早已改革固定的生活,而为行动的生活,但犹长期困于伏行。伏行者,动物虽进至有足,而其躯体不利于直立,故俯伏向地而行。高等动物虽有知觉,其心作用终不发达,则以困于伏行之故耳。有问:"鸟类有翼飞行空中,似不在伏行之类。"答曰:鸟类虽高飞,而其躯体却是俯向地面,不得直立,不得向上。故飞行之类,亦应属伏行,不必别为之立类也。及由高等动物进化到人类,其躯体改造适中,而无过大过小之弊。一方面变革动物伏行之困厄,一方面仍兼有植物竖起躯干,独立参天之雄姿。故人类崛起,变革动物之伏行而挺然直立,其行动更灵异。挺然者,直立之貌。亦特殊义。此一阶段之改造,可谓奇特已极。精神至人类出现而大显其光焰,其资具已改善故也。高等动物进到人类,亦非一蹴而至。如猿猴则可以勉强直立,而不能常也。

三曰,神经系与大脑之构造,日益繁密精锐。生机体进化至此,庶几美备矣。此事昔之学者早已讲明,而前之二事似莫有注意也。

如上所说,生机体经三大改造,精神乃得有优良之资具,可以显发自力。此三大改造如谓其出于偶然,断无此理。既不可说为偶然,则不能不承认宇宙泰始以来,物质与精神元是混然为一之洪流。不能不承认精神对物质方面,本有主动作用。《大易》乾坤之义,乾为精,坤为物。而乾为主动。但自洪荒既辟,诸天体与一切无机物凝成,而生物未出精神历长期而不克显发者,此无他故,物质之未凝为各种实物也,则轻微流动于太空。物且未著见,精神未有凭藉无从显发。物质既凝成为各种实物,则物质亦

122

渐失其轻微流动之本然,本然,犹云本来的样子。故一切无机物皆有固闭与沉坠性。精神在无机物中莫由急遽显发出来,此事理之必然也。王船山解《易》之《随卦》,言阴势方盛,足以锢阳。阳亦姑与随顺,而徐图转移。按阳,精神也。阴,物质也。无机物时期,精神不得遽显,正是随顺物质。然而精神毕竟潜移阴帅乎物质中,随缘作主,物质终必从纯粹之精而与同化也。纯粹,见前。是故无机物发展到大备时,如太阳系统成就、地球温度等条件,于生物之生存适宜。精神在物质中便显其主动力,而导引物质之构造改易形式,遂有生物继无机物之后突然出现。生物既出以后,又不断的改造其生机体,精神之发展乃日益便利。是故观测宇宙,从过去到现在,以趋于未来,本为发展不息之全体。此全体的发展,由一切无机物进至生物,精神始由潜隐而骤显发。生物既出,复进进不已,以至高等动物。终乃人类崛兴,精神如旭日方升,殆臻乎最高度。故通彻乎过、现、未,而综观宇宙全体,则可见宇宙自洪荒肇启发展不息,正是精神在物质中破除固闭,争取主动,以变化裁成乎物质,方且任而直前未见其止也。如果否认精神,则宇宙只是一团物质或无机物世界,恒恒尔、常常尔,无他变化,尚何发展可言乎?尔,犹云如此。恒恒尔者,犹俗云永久是这模样。常常,亦犹恒恒。此等句子,皆借用中译佛典。然而世间现见,宇宙毕竟不是停止在无机物世界,确是精神主动以导物质,遂令宇宙发展无穷尽。岂不奇哉!

前文已云,宇宙发展率循"本隐之显"的一大法则。此乃圣人观大全而不执一曲,一曲,谓作片面观,而不见全体。彻始彻终以观化,而不划定一时期以自迷,化者,变化。所以窥见宇宙发展不外乎"本隐之显"的法则也。今如欲明本隐之显之理,必先肯定宇宙实体。倘否认实体,则万化万物万事都无根源,而**"本隐之显"**
的法则,便失其最高依据。本隐之显的法则,是包通万化、万物、万事,而
无所不在。如无量世界,始于"小一",已说见前。"小一",隐也。更深穷之,"小
一"决不是偶然而有,当更有隐在。生物始于原形质。原形质,隐也。原形质
亦不是偶然而有,当更有隐在。器械之巧夺天工,显也。而其理固已先在,则
隐也。此等例子,不可胜言。又就人事而谈,如革命大业,在先觉者初发革命
思想时,固是隐,然此思想确不是无因而起。若向已往之群俗政制种种追考,
则其隐更复杂。故本隐之显的法则普遍至极,无所不在。但我今者在此处之
论点,是在宇宙论之范围内阐明宇宙发展,正是率由本隐之显的法则,所以不
能否认实体。余由深玩《大易》而见此理。**余以为,实体变成功用,本是**
精神、质力,混然为一之大流。实体以其自身完全变成生生不已的功用,
(譬如大海水以其自身完全变成翻腾的众沤。)功用有翕闢两方面,闢为精神,
翕为物质。(言物质,即摄能力在内。)故所谓功用,本是精神、质力混然为一之
大流。实体不即是功用,(易言之,实体不即是精神质力混然之流。)譬如大海
水不即是众沤。(大海水比喻实体,众沤比喻功用或精神质力混然之流。)然功
用或精神质力混然之流以外,无有实体。譬如众沤以外无有大海水。般若家
五蕴皆空,便空去功用或精神质力混然之流,而求见实相。(实相,犹云实体。)
则将唯见性空寂灭而已,其异于空无者几何? 余敢断言,体用不二,理不容疑。
精神对于质力方面,本有主动作用。此非逞臆妄说。**宇宙发展**
是通彻乎过、现、未,为一大全体。今综全体而观,从无机物凝成
以至生物出现,又一步一步进至人类,宇宙便发展到最高峰。人
类拥有精神之大宝藏而乃自成其能,得以弘大宇宙实体,实体之
给予吾人者,只是无限的可能已耳。(可能的数量是无限定的。)吾人既生以后,
实体对吾人绝不能有一毫助力。然而吾人毕竟赖有根本在,(根本,谓实体。)
得以自强,厚积其力,成就无量德业。于是实体所不曾给予吾人者,吾人乃一

切以自力创造。据此而论,是实体得吾人而益弘大。孔子言"人能弘道"是也。(道,即实体之名。)创起改造宇宙,如孔子所谓"裁成天地"、"辅相万物"种种盛德大业。解见《原儒·原外王篇》。人类之成能,如是宏伟,则以其拥有精神之宝藏故耳。综观宇宙全体,精神斡运乎物质中,斡运,有二义:一,主领义。二,运行义。一步一步破除固闭,而吐出盛大光焰。光焰,谓精神。生物未出现时,精神隐而未显,非本无也。生物既出以后,精神犹历长期,显而不盛,犹未全离乎隐也。及至人类,精神乃盛显。宇宙发展明明是率循"本隐之显"的一大法则。凡物之至精至贵者,其隐弥久,则其显发也,日益盛大。积测物理、人事,无弗如此。何可轻断生物未出现时,精神本无乎?使其本无,后焉得有?既有,而无从否认,则以为物质之副产物。殊不知物质始终是物质,以因果律衡之,物质绝不可能为精神作母。为,读卫。母,犹因也。前文已言之矣。学者不悟宇宙是一发展不息的全体,竟将宇宙划分一定时期,而武断生物未出现以前精神本无。岂得为征实之论哉!总之,西学唯心、唯物二宗,皆不究实体,而各执现象之一方以为一元。现象即是功用之别名,说见前。唯心论者以精神为一元,而以物归并于心。唯物论者以物质为一元,而以心归并于物。殊不知,心物同由实体变成。实体是万化万有之大原,其性质决不单纯,其德用必潜储无限的可能。故其变动成为精神质力混一之大流,而万化万有自此无穷尽。精神质力混一之流,通名功用。精与质,是功用之两方面。此乃法尔道理,不可问其所由然。前文已云:不有反对,无有变化;不极复杂,何有发展。此不易之理也。一元唯心、一元唯物,都是割裂现象,执取片面以作宇宙基源。研宇宙论而不穷实体,其蔽至是。阳明子在明代说"学问要识得头脑",意义深远,百世无可弃也。

有问:"从宇宙发展而言,精神步步转化物质,破其固闭。然则精神有目的欤?"答曰:否,否。精神不可当作宗教所谓神来猜度比拟,如何道他有目的? 心物万象都是变动不居。《易》曰:"惟变所适。"见《易大传》。适,犹之也。之,犹往也。大变之行,唯任其自然前往耳。本无计划,自无预定之目的,故曰惟变所适。汝言精神有目的,其说果然,宇宙将无变化与发展可说。所以者何? 变化若循预定之的,则宇宙便是前定之局,何可说变化? 万物万事皆前定,又何发展之有乎?《易》云"惟变所适"。圣人观化入微,得其真矣。故目的之论,决不可持。然复有辨者,精神虽无目的,毕竟有随缘作主的势用在。如无机物世界可能不妨碍生物之发育,则生物便出现。又如生机体之种种改造,见前。皆精神随缘作主之明征也。随缘作主者,盖在唯变所适,荡然不测之长途中,荡然,不定貌。随所遇之机缘而有自主与自在力耳。此与目的之论绝不同。目的,则是悬一定之的,的,犹古时射者所设之鹄也。以决定未来之未来所必由与必达,而毋或旁出殊途。假设有上帝造世界,他便应该如此去造。大化流行本无作者,那有如是事? 大化,犹云大用。作者,见中译佛典,犹云造物主。唯变所适,圣言深远极矣。余无得而赞焉! 目的之论,如加以详核,便极不简单。今此不及详。平生最留心《大易》"天道鼓万物而不与圣人同忧"一语。此中包含宇宙人生诸大问题,非另作一书不堪发挥。圣人所以有"裁成天地、辅相万物"种种高远思想,都从有忧来。"天道鼓万物",一"鼓"字下得奇妙,义蕴无穷。大生广生之德用,于此可见。天道不是造物主,唯变所适,万物以是不齐。圣人之忧,非凡情所测也。

余写至此,精力已不支,只合结束。心所欲言者甚多,而不堪执笔。余平生酷好哲学，独居深念，科学毕竟是分观宇宙。若综观宇宙，深彻源底，当有哲学专其责。源者本源。底者底蕴。私怀惟冀质力诸学、生物学、数学、辩证法，各种理论之探究，日益宏深。东方古哲遗经，其中确有宝物在，尤望学人苦心精究。《易经》最重要。将来有哲人兴，融会上述诸学，以创立新哲学之宇宙论，是余所厚望也。《易》立乾元，是为心物万象之大原。乾元者，生生之实体。其言物质皆变动不居，本无坚碍的质。余以为，质力诸学与生物学各极其深，研其几，自当会通于乾元。几，犹微也。质力诸学达到极深远、极精微时，便可向宇宙本原处打通路径。生物学研入深微时，便了解精神是主动以开物的。谈宇宙论而不能融会生物、质力诸学，虽持论可以名家，终与宇宙源底无涉，有识所必弃也。源者本源。底者底蕴。万变万化、万物万事，不是如幻如化，是有源有底的。《大易》以乾为精，坤为质力。其于生物学及质力诸学之原理，皆发明最早。物质不是静止的东西，西学发见及此，却甚晚。《易》之谈生命最深远。孟子言"万物皆备于我"。(此一我字，孟子不是止就他本人说。就任何人说，皆此理。甚至就一粒沙子说，也是此理。须知一粒沙子是与大宇宙同体，同一生命。)又言"上下与天地同流"。(说见前。)亦有窥于《易》。老庄之生命论，源出于《易》，而有所变。可惜变得不善，此不及论。余推测晚周儒家必有生物学之大著。物种嬗变，先哲发见最先。余老衰遗忘，不能整理此等材料。《易》之为书以奇数、偶数排成六十四卦、三百八十四爻。大地上数理哲学之著作，此为最古之第一部。其以奇偶成变，乾，奇数也。坤，偶数也。明万变万化、万物万事所由生成，与其变动不居而至赜不可乱，莫不有规律。明字至此为句。以上字字皆引据经文，卒归乎裁成天地，辅相万物。参看余著《原儒·原外王篇》。其于人群变动万端，而创发"穷则变，变则通,通则久"之公律,卒归乎"曲成万物"、"群龙无首"之盛。曲成者,一切人各因其天性之善端与知能之所长,而互相扶勉以有成。群龙,解见前,可覆看。《春秋》《礼运》《周官》之理论与制度,皆自《易》出。大哉《易》也! 天地之化,四时之运,犹有所不周,而《易》则无不周矣。周者,周遍。抗日战前,张孟劬尔田尝谓余曰:"世界上三大宝物:一,《易经》,二,《论语》,三,《老子》。望老熊作新注。"余曰:《论语》《老子》未可与《易》匹也。余与孟公见面才两年,逢国难,余入川,而孟公以悲愤逝于北京,哀之不忍忘也。余平生为无用之学,不敢求知于时,讲学无徒。新运既开,余已衰矣。孟公之言,余弗克践。孟公于中国学术源流有创见,《史微》一书,问世甚早,晚而学极精博,惜未写出。万变万化、万物万事,相反相成。繁赜至极,谲怪至极,其显可见,其隐难知。析其分者,昧其全。察其小者,遗其大。求大而不辨于小,求全而不究于分,其病亦不可救。不有咨于辩证法,哲学可得而言欤? 本论以体用不二立宗。本原、现象不许离而为二,本原,谓实体。真实、变异不许离而为二,佛家生灭法是变异,不生不灭法是真实。西哲以现象是变异,本体是真实。其失与佛法等耳。绝对、相对不许离而为二,心物不许离而为二,心物只是两方面,非异体。质力不许离而为二,天人不许离而为二。种种原理皆禀《大易》之辩证法。余生而孤陋。当清之季世,参加革命,未入学校。年邻不惑而始困学,《论语》"四十而不惑"。遂为疾病所侵。科学无基础,述作莫由取材。惟本论体用不二之根本义,自信不为虚妄。姑存以俟来贤。

物所由成,前已略说。心之幽微,容当继续阐明。

明 心 篇

题　记

　　《明心篇》曾于 1959 年 4 月由龙门书局印行。熊先生原作《体用论》，末章《明心》因病未能完成。本书著成后，即以篇命名行世。本书原拟分《通义》《要略》两部分，后一部分有目无文。

自　序

前岁作《体用论》，原拟成其卒章，曰《明心》。适心脏病加剧，不堪提笔，遂缺卒章而付印。戊戌，病稍减，余仍欲续成之。顾不便与前书合订，前书，谓《体用论》。函询老友林北云，请锡以名。北云曰："此书写就，宜名曰《明心篇》，既可独行，又与前书相关联。且书之以篇命名者，周有《史籀篇》，汉有《苍颉篇》，司马相如作《凡将篇》，扬雄作《训纂篇》，清人毛奇龄作《论语稽求篇》，其例不一矣。"余遂从北云之言。篇分上下，曰《通义》，为篇上；曰《要略》，为篇下。《通义》者，承前书《体用论》。首申三大义：犹云三种原理。一曰宇宙实体具有复杂性，非单纯性；单者，单独。纯者，纯一。实体的性质非单纯也。哲学家或以为实体唯是单纯的精神性，或以为实体唯是单纯的物质性，皆逞臆成说，与实体不相应也。二曰体用不二；体者，实体之简称。用者，功用之简称。实体变动，成为功用。而实体即是功用的自体，不可求实体于功用之外。譬如大海水变动成为众沤，而大海水即是众沤的自身，不可求大海水于众沤之外，故说体用不二。俗云现象乃功用之别称。详在《体用论》。**三曰心、物不可分割。**心、物为功用的两方面,非异体故,不可分割。**此三原理原本《大易》,今兹阐明心理,根据在斯。**

复次,文虽承前而义与前别,故云复次。但此与中译佛家诸论用复次之例稍变。**哲学的心理学,非必以研究与解释精神现象为能事而已。其所努力不敢稍懈者,唯在返己察识内部生活之渊海,是否有知是知非之明几炯然常在,**第一问。渊海,形容内部生活丰富无穷、深邃无极也。王阳明曰:"知是知非是良知。"良知发于灵性,所谓明几是也。**是否有千条万绪之杂染暗然丛集。**第二问。杂染一词,借用佛籍。杂者,杂乱。染者,染污。谓不善的习气潜伏而成坏种子,常能乘机出现于意识界也。习气本有善和不善两类,今于此处特举不善者言之耳。**于此二问,皆得明白正确解决,各明来历。**《易经》言"成性",《孟子》言"知性"与"养性",必如是方知明几之来历也。《论语》曰"性相近也,习相远也"云云,其言甚简而义蕴无穷尽。从来读《论语》者,鲜求真解,辜负圣言,可为浩叹。学者必于性与习真有体会,方知杂染之来历也。**存养本明,**明机发于灵性,是本有故,亦云本明。**转化后起之染垢,**习气之染污者,乃因小己之私欲而起,非人性所本有,故云后起。人能造善习,以增长本性之善端,则一切染垢皆可转化为善。**人生便上下与天地同流,不至蔽于小己以失其真性也。**不至二字,一气贯下。《孟子》言"上下与天地同流"云云,即是不为小己之私欲私见所锢蔽,而通天地万物为一体也。通天地万物为一体,是乃人生真性。徇小己之私,便失其真性。**夫明几发于灵性,此乃本心。**明者,焬然灵明之谓。几者,动之微。灵明之动,曰明几。良知发动,即此明几,可返己体验也。他处未及注者,皆仿此。**人生而含灵禀气,已成独立体,所谓小体。便能以自力造作一切善行与不善行。**行字,作名词。自意念乍发,以至见诸言动,或惊天动地之大事,通名曰行。但行之善者,曰善行;其不善者,曰染行,亦曰恶行。

凡行，从一方言，自其始发以至终了，中经长劫，劫，犹时也。常在变化密移中，未有暂时停住；从另一方言，行虽不暂住，而其前后密移，要皆有余势发生，退藏于吾身中某种处所，亦复变动不居而潜流。余势者，譬如三冬已逝而春初余寒犹厉，此余寒即三冬寒气之余势也。吾人所造之行，虽不暂住，而行之余势潜存，犹余寒不绝也。潜流者，取譬于伏流之水。如吾昔年作一件事，今犹能追忆其甘苦与得失者，足征其事虽逝，而其余势潜流并未曾断绝。此潜流不绝之余势，是为习。习之现起，而投入意识界，参加新的活动，是为习心。古之传记有曰："前事不忘，后事之师也。"可见前事并未断绝，否则何能不忘？又何能为后事所取法乎？习之势力大矣哉！ 夫人之生也，莫不有本心。生而成为独立体，亦莫不有习心。杂染之习即不善者。缘小己而起，小己，谓独立体。善习依本心而生。本心是善习之因，譬如薪及火二物是发燃之因。人生既成独立体，则独立体自有权能，注意。故杂染易逞其势。然本心毕竟不可泯没，则善习亦时发于不容已。人生要在保任本心之明几，保者，保持而勿放失也。任者，任本心流行，勿以恶习障蔽之也。而常创起新的善习，以转化旧的杂染恶习，乃得扩充本心之善端而日益弘大。此人道所由成、人极所由立也。人道至极之准则，曰人极。宋周子语。本、习二心之辨，中夏先哲夙发其义而不甚详，古籍多亡失，鲜可考。印度大乘之言心，其分别如来藏与赖耶，亦与吾先哲不无可通处。如来藏等名，篇下当释。余言不无可通处，正以其不可通者多耳。余平生之学，宗主孔子，而于二氏之言心，甚多不契。此中问题太多，本篇犹不及详，盖综其大略而言耳。余于本篇注重习心。友人钟钟山初阅吾稿，曰："何不阐发此义，别为《社会心理学》一书乎？如旧社会崩溃、新社会建设伊始，尚存有剥削阶级传来许多旧的恶习之余势。此际提倡革去旧的恶习,创生新的善习,正是急不容缓。"
余曰:"吾亦有此意,但精力不及。"古哲治心、养心、用心之道,道,犹方术也。不必为现代或未来世之人类所可取法。如老氏之治心,求返虚无;佛氏之治心,求趣寂灭。今人讵可效之乎?或曰:"今人又何可曰,人心当实之以嗜欲,极端反对虚寂乎?"余曰:人道之大正与至常,其需要之虚寂乃于实事求是之中,而需要无私之虚与不扰之寂耳。若老之虚,乃知与欲一切去尽之虚;佛之寂,为得"灭尽定"以后之寂。参考《中论》等。灭尽定一名,避繁不及释。此则孔子所谓"人之为道而远人,不可以为道"。远者,远离。参考《中庸》。现代或当来人类,当来,犹云未来。何可效佛老之虚寂,委弃其心而不自惜乎?故凡旧学之徒,必欲墨守其先师之典,不许异己者有所非难,此诚不必。惟自近世科学发展甚盛,知识即权力,人类乃直操造物者之大柄,遂有以为古学可悉罢黜者。余诚迂钝,犹未知其可。总之,篇上种种义,如哲学上之体用义,是为儒家心理学之所依据;如本、习二心之辨,主张转化旧染之恶习,创生新的善习,以弘大本心之善端,此孔门求仁之学,所以贵乎自强与日新也。至于古学,是否犹有研究与简择之必要,简者,考辨其得失。择者,选择其优长处而吸收变化之也。吾揭此疑问,以俟来贤。此皆《通义》中之要点也。余体气衰薄已甚,执笔为艰,篇下《要略》须延期休息,方可续成。要者,提其纲要。略者,列其巨目。姑以篇上先印二百部。海上春寒,心之所欲言者,苦不得达。夏历己亥初春、公元一九五九年二月熊十力识于上海寓舍。

篇　上

通　义

丁酉，作《体用论》，本定为五章。第五曰《明心》，有目无文。时以脑力亏，不堪用，遂以前四章付印，而空存《明心》之目，终以为憾。近欲偿前愿，复念前论已印成单行本，前论，谓《体用论》。下言前论者仿此。今兹欲补《明心章》，亦未便合订，遂别为一书，以续前论。追维孔门传授，有尽心之学。尽心，见《孟子》。发展本心之德用，曰尽心。其要旨，在究明本心、习心之大别，毋以污习害其本。易言之，吾人固有良知良能，常与天地万物周流无间，当尽力扩充之，俾其发展无竭。孟子盖尝得其传也。孔门言心，当有专书。惜乎司马谈所称经传千万数，汉世已亡失，今无从考矣。本心一词，始见《孟子·告子篇》，后来禅宗盛言之。本心者，是本有，非后起故，遂名曰本。习心，详在后文。良知良能，即是本心。

余尝欲为《哲学的心理学》一书，因脑病，不堪为繁赜渊奥之思,终作罢论。有问:"公胡为标'哲学的心理学'一名乎?"答曰:自科学发展以来,便有心理学一门科学。但科学的心理学,专以神经系统的活动或脑的作用与客观世界的反映来阐明心理。易言之,直将心理说为物理。是其说行,而心之德性将无从明了也。德,犹得也,言心之所以得成为心而不同于物者也。性,犹云性质,如俗言火性炎上、水性流湿之类,盖凡物莫不有其特性也。心之性为若何,则片言无可备举。余以为宇宙实体法尔固有心灵、物质种种性,性者,性质。固有,犹云本有,言心与质种种性不由后起。学者不可持一曲之见,以妄猜大化之原也。所见限于片面,曰一曲。

物质、生命、心灵等性,皆实体所固有。其变动而成为功用,其字,为实体之代词。功用,谓宇宙万象,实则总举物质、生命、心灵等等现象,而通称之曰功用。实体变成功用,乃即体即用。(实体省称体,功用省称用。两即字,明示体用不二。)譬如大海水变动而成众沤,岂可以众沤与大海水杂而为二乎? 可详玩《体用论》。则物质等现象之发展若有后先。若有者,犹俗云好像是这样。如无机物先出现,学者或以为此际唯有物质而已,元无生命与心灵。及生物出现,始见有生命。最后动物出现,渐见有心灵。故谈宇宙论者,遂有持唯物一元之见,坚执而不舍。其实,无机物出现时,生命、心灵之性只是隐而未显,非本无也。譬如水遇冷缘,可成坚冰,是水有凝冰之性也。当坚冰未现时,不可谓水无凝冰之性在。水中无炎上性,终无变火之时,可见无中不能生有。

宇宙实体若只是单纯的物质性,单者,单独。纯者,纯一。本无他种性,他种性,谓生命、心灵的性质。则后来忽尔发现生命、心灵,便是无中生有。忽尔,犹云忽然。若果如此,宇宙间一切事物都是无因而生。易言之，一切事物皆无有因果或规律可说，科学云何成立？余不敢信唯物一元之论可以说明心灵、生命者，余不敢信四字，一直贯至此。诚以单纯的物质性而许其能产生非物质的生命、心灵诸特殊现象，此以因果律衡之，其论实不可通故。特殊者，特谓特异，不同于物质故；殊谓最胜。心灵、生命不可当作两物去想，以其生生不测，则称生命；以其为道德、智慧或知能等作用之原，则号心灵。故心灵、生命，通称最胜。夫因有旁、正区分，果亦从而不一。正因者，因性果性决定有相似。果之得生，纯由因力引起故。果之生，虽不能无变于因，但综大概而言，因果决定有相似。如物种嬗变之迹，可以逐代考明；乳变成酪，酪犹不失乳性。此略举一二例耳。纯者，纯全，言果所以得生，全由因之力故。果生由因力引起者，谓果之生本以因之力为根据而得生。然果究是新生的力，不是因力转付果中，一切如其旧也，故说因力只引起果。如吾昨日之故我，在昨日生时已有力用，将能引起后时的新生力。是以故我方灭之顷，即有今我紧接而续生。应说故我是今我所从生之正因，今我是故我之相续果。吾人之身心一聚，（一聚，犹俗云一团。）常迁流不住，虽名为自我，而昔之故我确未尝延留至今日，现有之今我乃是新生。旁因者，本是助缘，而亦名因者，从宽泛说故。如今我之生于今日，有其故我为正因，已说如前。而今我既生，凡所资取于物质、文化诸方面之资粮以充养其生者，是为多数助缘，应说今我为诸助缘之复杂果。

综前所说，审核因果，唯有正因取相续果，取者，取得。是乃因果本义。若夫多数助缘，取复杂果，实不当名之为因。如农村造砖，由有田土为因，遇人工及作具与水力、风力、火力等为缘，便有砖出生。当知砖是田土之相续果，田土是砖之正因。至于人工乃至水火等,皆是砖之助缘而已。助缘不当名为因者,如人工及水火等,只是从田土生砖时不可不备具之诸条件耳。若无有田土为因,虽人工水火诸条件毕具,其可凭空生得砖来乎?谈至此,仍返回前举我生一例。《易》之《观卦》曰"观我生",此我生一词所本也。故我是今我所从生之因。物质、文化诸方面之资粮,则为我生发展所必需之条件,此与我生之因不可混作一谈,无须深辨。是知助缘亦号旁因,乃是随俗假说。核实定名,助缘不得称因。

因果义既审定,今观物质、生命、心灵等相,相字读相状之相,犹云现象。本来各有特性,互不相似。物质有趋于凝固的特性。(趋于二字须注意。物质亦是流动性,而可以趋于凝固,则其特性也。)生命、心灵同有生生、亨畅、焀明、刚健、升进等等德用,而潜驱默运乎物质中,破除锢闭,是其特性。(焀明,犹大明也。)有问:"心灵刚健,此义未晓。"答曰:《大易》以乾为心,坤为物。《乾卦》古注云:乾刚健自胜,盖以坤化成物,而乾则不化为物,是其德刚健,足以自胜而不渝也。又《易大传》称"知周乎万物"云云,此谓人心之知,周遍缘虑乎万物,而无闭阂不通之患。此非刚健之至,何能若是?此中缘虑一词,缘者,攀援,言心常与万物交感也;虑者,思维。心灵与物质互不相似故,余凡言心灵,皆摄生命在内,后准知。不可说心灵能为物质作因,为字读如卫,下为字准知。又不可说物质能为心灵作因。总之,物不从心生,物质省称物,心灵省称心。心亦不从物生,宇宙万象盖至赜而不可乱也。心、物两方不可混,若执一方以并其余,是混乱也。心物相望,都无因果关系,是义决定。就心对物而言,本无因果关系;就物对心而言,亦本无因果关系。

学者有言"宇宙发展约分三层。最先,无机物出现,即是物质层成就;其次,生物出现,即是生命层成就;又次,动物乃至人类出现，即是心灵层成就"云云。余以为三层虽不妨分说，而其间尚有极大问题在。生命是从物质产生欤？抑生命非产自物质，而当生物未出现以前元有生命力潜在于物质层欤？此等问题未可忽而不究，今当解答之于后。

生命不同于物质，此理显然易见。如物体若瓶子等等。遇打击而致裂痕，便不可复原。生机体若某处受伤害而溃烂，及时治疗，则新生肌肉不殊原状，此乃生活机能之谲怪，其生长迅速而圆满，不可测度也。又如园中茂林，冬杪剪除繁枝，开春而新生愈盛，可见生活机能利于舍旧而强于创新。世有能言其故乎？若夫岩石等物，破其一二片，则残缺日甚，无可生新矣。又复当知，生命力斡运于一切生机体中，随在充实，都无亏欠。斡，犹主导也。运者，运行。王船山诗有二句，善形容此理，其诗曰："拔地雷声惊笋梦，弥天雨色养花神。"按上句"拔地雷声"，拔地者，雷声拔出地面而上升也。形容生命力之升进，其势猛烈。笋禀之以有生、既生，而不知其所以生。惊，犹震也。笋之初出土，生长极速，宜由生命力之震发而不自觉，故曰梦。此句就笋而发，实通万物而言也，下言花者准此。下句"弥天雨色"，以喻生命是全体性，圆满无亏，若弥天雨色之充盈也。喻者，比喻。万物同禀生命以有生、既生，而物各自养，益扩充其所始受，则以生生之盛，赞之曰神，犹花之发其精英，亦曰神也。花得弥天雨色以生，而养其神以弗衰。万物之全其性命，亦犹是耳。全者，发展完善之谓。有问："公释船山诗意，殆主张有宇宙大生命为万物所禀之以有生乎？"答曰：万物各有的生命，即是宇宙大生命；宇宙大生命，即是万物各有的生命。不是万物以外，别有大生命也，勿误会。总之，生命不同于物质性，此则余所深切体会而无或疑者。吾言吾之所自见自信而已。

有问："生命将为非物非心的物事乎？"此中物事一词，但虚用之，即回指句首之生命也。答曰：此亦不然。余所体会生命与心灵殆无性质上的区别。惟生命未发展到高级，即心灵不能显发盛大。亦可说，心灵不曾发展到极高度，即是生命发达之条件犹未备故。如生机体之组织未完善，神经系统或脑的组织未发展到好处，即生命所待以发达的条件未曾备足。则生命、心灵皆不获发达也。余以为，生命、心灵不妨分作两方面来说，而实无异性，即不可分作两种性质。实非两物。心灵、生命毕竟是一，不可当作两物来猜想。《大易》以乾为心，而赞其德曰"大生"、曰"大明"。先圣烛理入微，从切实体察得来也。乾德大生，见《易大传》。乾称大明，见《乾卦》。有问："《易》于坤言'广生'，不独乾也。"答曰：坤承乾化，此《易》之大义也。坤之广生，实承乾德。植物出，始发现生命，然其机体太简单，最低级的心作用如知觉等。尚且未甚吐露。言未甚吐露者，以非全无故。学人发见植物有知觉者，亦不无征。但植物学家承认植物有心者，颇非多数。学者遂有以为，物质层成就之后，生命层方接踵而起。迨动物进化至人类，才有心灵层出现。依此说而玩之，将以生命与心灵不同层级，自不得不判为两性。果如此，则铸九州铁不足成此大错。离生命而言心灵，心灵岂同空洞的镜子乎？离心灵而言生命，生命其为佛氏所谓迷暗势力乎？其为云云，乃故作疑词，而实决定生命不同于佛氏所谓迷暗势力也。佛氏以十二种缘说明人生，详在《阿含经》等。十二缘以无明居首。无明者，谓有一大迷暗势力，人生由此而生起，宇宙由此而开发，盖释迦氏首唱之说也。余谓十二缘生之论，实从人生迷惑处着眼，却未涉及生命的本性。其实生命本性决不可当作迷暗的势力来想像。万物的发展，一步一步显出灵性，人生毕竟有正知正觉在。余诚不信生命、心灵可离而为二也。说生命不是物质，理则诚然；说生命亦异心灵，义非能立。

余以为生命、心灵同有生生、刚健、亨畅、升进、焪明等等德用。生生，言其大生、广生，常舍故创新、无穷无尽也。刚健，言其恒守至健而不可改易也，故能斡运乎物质中，终不为物所困。亨畅，言其和畅开通、无有郁滞也。升进，言其破物质之锢闭，而健以进进、不坠退故，俗云向上是也。进进，用张横渠语。焪明，言其本无迷暗性，《易》云"大明"，是乃最高智慧与道德之源泉也。如上诸德用，皆是生命、心灵所法尔本有，而不可诘其所由然者。法尔，犹云自然。唯人独能努力实现生命、心灵之一切德用，此人道所以尊也。然人与万物本为一体，人乃万物发展之最高级，则人之成功即万物之成功已。总之，生命、心灵本来不二。而有两名：特举其生生不已之德而言，则曰生命；特举其焪明无暗之德而言，则曰心灵。名虽不一，其所指目者非两体也。譬如一人，以其有父，则谓之子，以其有兄，则谓之弟，二名所称，实一人耳。循名求实，何有炫惑乎？

有问："如公所说，生命不是物质性。诚如此，则无机物何可谓其有生命乎？"答曰：汝之所见未达理根。理根，见《体用论》。物虽万殊，其实体则一而已。实体的性质不是单纯的，而是具有生命、物质种种性。无机物有实体，何曾是死物？长山绵延，雄峰峻崿，智人登览，惟觉生气蓬勃。此觉岂是纯从主观幻现乎？然复须知，从万物发展之层序而言，无机物出现最先，是其所禀之物质性发展特别强盛,古《易》家所为赞之曰"太素"也。太者,大之之辞。素,犹质也,物有实质故。但无机物毕竟成为闭塞之物,生命不易显发出来,因此不说无机物有生命耳。《易·坤卦》曰"阴疑于阳,必战,为其嫌于无阳也"云云。深远哉斯言!阴疑于阳者,阴既偏胜,阳受锢于阴而不得显。当此际也,颇疑唯是纯阴而无有阳,故曰"为其嫌于无阳也"。阴为物。阳为生命、心灵。疑,犹似也。物成则趋于固闭,生命力不能急转移之,故生物出现不易。吾人推想宇宙太初,似乎独有物质而无生命、心灵,其实不然。物质宇宙广博无量,诸天体虽互相关联而距离遥远,各天体所有温度等等情形当互不同,生物所需之条件,诸天体皆不易具备。故生命力之潜驱默运乎物质宇宙中,只合因物而成之,天成其为天,地成其为地,乃至蕃然万物各成,莫不有生命力潜运其间。全宇宙浑是生生之流,岂是一团死物质乎?(生命元是大生广生之洪流,此《易》义也。生命、心灵,名异实同,不可析之为二。故本书有时生命、心灵二名并举;有时仅举心灵,而生命一名之义自在其中;有时仅举生命,而心灵一名之义亦在其中。今于此中说明,后不复注。)"必战"者,必之为言不容已也。阳必奋兴,力战以转化乎阴,而开其固闭。阴乃承阳,而归太和。此言生命毕竟破物质之障碍,遂有生物出现,进至于人,而澄明、健动、新新不已、丰富无穷的生命由是显发盛大,此战胜阴暗之效也。

　　如上所说,约为四义:一,心灵、生命非物质性故,不可谓其从物质而生。二,心灵、生命本是一物,此物字作虚字用,言心灵、生命不可析之为二故。取义殊方,而有二名。殊方者,言从两方面取义不同,故有心灵、生命之二名也。三,无机物最先出现,生命、心灵尚隐而未见,不可言无。四,心与物毕竟是浑沦之流,浑沦者,不可分之貌。

变动不居，故说为流。心若无物，而谁与居之？居，犹依据也，物是心之所依据故。物若无心，而谁与主之？心不独主乎一身，而实官天地、周流乎万物，此无可否认者。若只承认有物的一方面，而不承认有心，则物成固闭而莫有主导之者，断无是理。《易纬》言坤势不自举，（坤谓物。物性固闭，即沉坠，其势不能自力升进也。）唯乾主动以开物。（乾谓心。）物必赖心以有主也。《大易》乾、坤两方，实为一体，其义宏大深远，吾承之而不敢叛也。

如上四义，余持此以考诸哲学家言，卒无可相契。如唯心一元之论，则物质是精神之变现，而物质实无矣。如唯物一元之论，则精神是物质之作用，如旧说思想是脑的作用。而心灵实无矣。余以为二宗各执一端，同成无体之论。所以者何？唯心宗将心说成宇宙本体，唯物宗将物说成宇宙本体，殊不知心、物以相对立名，无物则心之名不立，无心则物之名亦不立。心、物乃是本体变动而成功用。譬如大海水变动而成众沤。众沤以喻心物万象，所谓功用。大海水以喻本体。喻，犹譬也。用不孤行，遂分心、物。心、物是功用的两方面。心性刚健，恒保任其本体之德；恒，犹常也。保任，犹持守也。物性坠退，不守其本体。物成固闭，即不守其本体。坠退而不能健进，是物之性也。由心主动以开物，而刚健与坠退之两性乃相反相成，卒归合一。详玩《大易》《乾》《坤》二卦。是故《大易》以体用不二阐发宇宙之渊奥，可谓至矣尽矣。哲学家用分析之术，而欲以解释宇宙万变万化万有之元，元，犹原也。将心、物剖成两片，随取一片而抛弃一片，卒至说不可通，而又不得不将所抛之一片归属于其所取之一片。唯心宗以物为精神之表现，唯物宗以心为物质之作用，此皆任意想，以强作安排也。两宗皆割裂宇宙，而

143

各取一片以说为本体，核其实际，要皆无体之论。余诚迂钝，未敢苟同。

从来哲人谈本体，大都犯一种错误，皆以为本体是绝对的，故曰一元。唯心宗以精神为绝对，而抛去物质；唯物宗以物质为绝对，而斥弃心灵。如此而言绝对、言一元，要皆犯重大错误而不自觉耳。夫穷理至宇宙本体，自是绝对，岂有两体对立？自是一元，何可妄分二元、多元？一者，大全义，非算数之一。余何故责其错误，兹申二义。第一义，绝对即是相对，相对即是绝对，断乎无有超脱于相对而独在之绝对也。一为无量，无量为一，断乎未有超脱于无量世界而独在之一也。识得此义，方是于绝对无误解。此第一义，若就唯物宗言，并不是以物质为超脱乎万物而独在，吾不敢说他于此犯错误。但唯心宗却难言。第二义，本体的性质是单纯，单者，单独。纯者，纯一。抑是复杂？此一大疑问不可不解答。唯心一元论执定本体是精神的，唯物一元论执定本体是物质的，两说虽有异，而其以本体为单纯性则一也。然试问唯心宗，单纯的精神性何以忽然产生物质？试问唯物宗，单纯的物质性何以忽然产生心灵？两宗毕竟无可说明其故。故，犹因也。揆之因果律，其说不能成立，已说如前。余敢断言，本体是具有生命、物质种种复杂性，不可任意想而轻断定其为单纯性。此中言生命，即心灵一词不须重出，已说在前；言物质，即能力一词不当别举，质力不二故。有人来函云："既主张质力不二，则何必于物质之力以外又说生命力乎？"答曰：来难只是唯物论之成见难舍，故欲以生命归诸物质之力，殊不知物质之力只如其所发出的功能而止。譬如炸弹的爆发，便有猛烈的爆炸性与破坏性，他的功能只如此。举此一例，可概其余。汝是有生命、心灵的。试自返观，汝有充实、深远、丰富不竭的生活源泉,常与大自然通畅无间,有炯然不昧、揭然炤明的灵性,这个果是物质之力否？尤复应知,生命、心灵是主动性。《大易》之义,阳主动以开阴,汉人犹存其义。(阳谓生命、心灵。阴谓质力。)物质、能力是被动性,其性质与功能皆可以人力操纵、利用、变化、裁成。《易大传》首明此义,及科学发展,其义益彰著。有问:"人类出现始以自力发展生命、心灵,公谓何如?"答曰:汝所说固是。然人之生也,若非禀受生命、心灵而生,则其自力从何得有？望深思之。**万化万变之大源倘是单纯性,则其内部本无分化的可能,云何成变化？云何有发展？**大源为实体之形容词。**《大易》以《乾》《坤》二卦阐明乾元实体,有两方面的复杂性,洞彻万化底蕴,至矣尽矣。**乾元实体四字系复词。

客有难曰:"公宗《大易》,昌言实体具有复杂性,问:"具有一词何解?"答:具有,犹云备有。此言实体备有生命、物质等性,故云复杂。譬如说水,备有流与湿等性,不单纯也。可谓辩矣。然公之论仍有难通者。**现代科学业已证明运动与物质是无可分离,**只有运动着的物质或物质的运动。**若求别有非物质的东西运动着,盖未之见也。公言实体变动,成为功用。诚如此,则是别有非物质的东西亦能动。是乃大悖科学,恐难取信于人。"**答曰:科学以物质世界为其研究之领域,只假定物质的现象为实在,而不过问物质的实体。譬如舟子谓掌舵者。驾舟渡海,涉历乎起灭无常、腾跃不住的无量众沤界,只观测众沤群动的势速与其律则,直认为是沤动而已。势速一词,借用中译佛籍,言其动势迅速至极,难测量也。**若乃众沤的本身即是大海水,**此中以众沤比喻物质,以大海水比喻物质的实体。(综举物质与生命、心灵而言其本原,当总称宇宙实体,或简称实体亦得。今此云物质的实体者,以此段义旨是专就物质来说故。)舟子则绝不过问。彼舟子。只肯定其面临的世界，唯实测众沤跃动的势速与其律则而止。其能本实测之术而得到众沤界许多精密正确的知识以善其业者，正在其不肯更进而深穷众沤之所由生。然在掌舵业以外之人，更进而研究众沤所由生，于是发见无量数的沤都是由于大海水的变动而成为如此活活跃跃的世界。舟子掌舵业者。其可恃其所知为已足，而不信有大海水的动、不信有大海水变成众沤之事实乎？穷理到至极处，本无从说。余举这个譬喻，唯期善知识勿胶滞成见也。善知识一词，见中译佛典。如客难之意，客难者，客疑吾之说而来诘难也。科学证明不可能有非物质的东西运动着，此在世间自是诚谛，世间公认为是者，曰诚谛。其犹舟子测验沤动精确已极也。然客乃执定科学证明运动与物质分不开，遂断定余所谓实体既属非物质的东西，即不得有变动。客之所持如是，此其智曾不若舟子也。舟子只肯定众沤，测其动势，本不更问众沤所由生。而他人有发见大海水变动成为众沤，是乃深彻众沤之源底。源者，本源。底者，底里。舟子虽不究乎是，亦未尝轻于否认他人之发见也。客之来难，岂不固哉？宇宙是物质与生命、心灵种种现象浑沦为一之大流。譬如吾之一身，是五官百体浑沦为一也。这个大流若分为各段去推观，去字，语助辞。推观，借用张湛《列子注》。推者，推度。观者，观察。将以为宇宙肇开，唯有物质层凝成，元无生命、心灵。其实不然。生物未出现以前，生命力潜运于物质层，但隐而未著，非本无也。凡言生命，即含心灵。宇宙元是蕃然万有、发展不已的无尽藏，故从其发展而通观之，凡盛发于后后者，必有大畜于其前前。由后溯前，前而又前，极于太始，通谓前前。由前往后，趋于未来之未来，不知其尽，通云后后。《易》有《大畜》一卦。畜者，含蓄万有，不单纯，不

146

贫乏,故称大畜也。若执一性,能生一切有,余未知其可也。如唯心一元即一性也,唯物一元亦是一性。客之难我,其意只是将物质当作实体,盖空想一性能生一切有,而不自悟其失。原其所以错误,实由不从发展去观宇宙,而任意分裂宇宙为各段,遂乃猜度鸿荒肇开以至生物未出现以前之一段,唯有物质而已,后来生命、心灵种种特殊现象皆从物质一性发生。原其所以四字,至此为句。此其违反因果律,余已说在前,兹不赘。参看《体用论·成物章》。客曰:"从物质到生命、心灵,明明是发展。公乃责我辈不从发展去观宇宙,岂不大谬乎?"答曰:蕃然万有,盛发于后后者必有大畜于其前前。此理确然,随处可体察,决不容疑。若如客意,则推其前,唯是一性独存,何由起变?观其后,则种种特殊现象以前本无其潜因,都是偶然幻现。若是,可谓明于宇宙发展之理乎?客闻言而默然。总之,物质还他物质,决定不可当作实体。客若彻悟此理,则其向时轻断实体非物质即不会变动者,今当自知其误矣。

余谈至此,当将体用大义酌为提示,作一总结。

一,实体具有物质、生命、心灵等复杂性,非单纯性。

二,实体不是静止的,而是变动不居的。不居者,言其变动刹那刹那舍故生新,无有一刹顷暂停也。刹那,亦省言刹。

三,功用者,即依实体的变动不居,现作万行,而名之为功用,现者,变现。心与物诸现象,通称万行。行字有二义:一,迁流不住义;二,有象义。问:"心非有象。"答:心可自觉,何云无象?但不同于物象耳。万行,即是贵体的变动现作如此。确不是从实体的变动又另外生出东西来,叫作万行也。切忌误会。所以说体用不二。实体变动即成了功用,而功用

147

以外无有独存的实体。譬如大海水腾跃即成了众沤，而众沤以外无有独存的大海水。

四，实体本有物质、心灵等复杂性，生命、心灵是同性故，随举其一便得。是其内部有两性相反，所以起变动而成功用。物质性是凝结、沉坠，心灵性是健动、升进、炤明，两相反也。相反，故起变动。功用有心灵、物质两方面，因实体有此两性故也。实体元有物质、心灵两种性质，故其变动，成为功用，便分心、物两方面。

五，功用的心、物两方，一名为阖，阖有刚健、开发、升进、炤明等等德性，《易》之所谓乾也。一名为翕。翕有固闭和下坠等性，《易》之所谓坤也。翕是化成物，不守其本体。化，犹变也。《易》曰："坤化成物。"阖是不化为物，保任其本体的刚健、炤明、纯粹诸德。纯有二义：一，无有杂染；二，纯一而不可破析，无在无不在。粹，犹美也。可详玩《乾卦》。一翕一阖，是功用的两方面，心、物相反甚明。阖，即心也。翕，即物也。

六，翕阖虽相反，而心实统御乎物，遂能转物而归合一，转者，转化之也。故相反所以相成。

如上六义，体用庶几昭明。心与物皆功用也。功用与其本体应有辨。譬如大海水变成无数的众沤，则众沤与大海水不得无辨。西洋唯心论以心为万有之元，元，犹原也，即本体之谓。是体用无辨也。中国先哲有养心之学，本无唯心之论。但道家守静存神，神即心。心静定而不散乱，明觉湛然。禅师谓之灵光独耀。亦近于以心为绝对，有不辨体用之嫌。道家称谷神为天地之根，故云近于以心为绝对。参考《老子》上篇第六章。宋、明诸儒染于道与禅，其过同二氏也。二氏，谓道、禅。孔子作《大易》，创明体用不二。道家起而首离其宗，老聃后于孔子，其学出于《易》而复反《易》。后儒宋明诸师。名宗孔而实非其

148

嫡嗣也。道家在晚周几夺孔子之席，汉以后犹与儒、佛鼎立，称三大学派。佛家大乘学，如罗什门下诸贤，皆深于玄义也。_{玄义，谓道家要旨。}华严在佛法中自开学统，其得力于玄者不可掩。禅有与玄合流之派，亦足珍怪。世士疑理学之儒杂禅，不必本于道，实则濂溪、明道皆从柱下转手，而上托孔孟以开宗耳。_{古史称老子为周柱下史。}此意将于篇下略说。自秦汉以来，小康之儒伪造一套尊君理论，托于孔子，而儒学失其真。二千数百年间，聪明人士鲜不归心老庄及外来之出世法。_{佛教的哲学思想自昔称为出世法。}佛法虽富于吸引力，亦以柱下、南华为通家耳。_{庄子之书，古称《南华经》。佛、道不同，人皆知之。然道学妙极虚无，佛法高趣寂灭，两家根本义趣有相通也。佛法东来，道家首纳受之，岂偶然乎？}理学开宗自周程，周程皆杂于道。至晚明，王船山奋起而振理学之绪，其宏廓则过宋贤矣。船山衍《老》、解《庄》，犹于道家多所取法。_{船山有《老子衍》《庄子解》。}道家短处，余已略发之于《原儒》一书，其长处则犹未及论。_{庄子于道体多造微之谈，老聃未之逮也，然亦有病在，此不及详。老庄同深观群变，绝圣弃智之旨，辅嗣、子玄都无实悟，况其余乎！}余今特举道家，未免牵涉到旁处。然明知蔓延之过而不避者，诚以前贤养心之学只知有事于心而无事于物，遂至失去心物浑沦为一之本然。用失而体自废，终非立本之道也。_{心、物是用，用由体成，譬如众沤由大海水成。用失即体废，譬若众沤枯竭，即是无有大海水也。}故只知有心而不知有物者，其弊至此。反乎是者，只知有物而不知有心，其失亦可知也。

道家在中国影响甚大。余当科学猛进、古学崩溃之今日，_{此中古学，谓古代哲学。}颇欲择定古学各派所共有的要点，复择定科学所特有的要点，庶几两相对照，可明了古今学术分划鸿沟之故。余怀此想良久，忽触及《老子》书中有言"为学日益，为道日损"云云，《老子》下篇四十八章。乃叹曰：吾思之而未得者，老子早发之于远古矣。科学格物是日益之学。《论语·雍也篇》曰："君子博学于文。"此孔子以前之古说也。古时以一切物通谓之文。无机物最大者，如太空诸天，则曰天文；动物则曰鸟兽之文；人事亦曰人文。博者，遍观、周察。故古时言学，皆博文之谓，即科学的起源也。文字既兴，始记载其博文之所得而成书。然读书者必博征事物，以验其诚妄，非以读书为学也。老云"为学日益"，此学即博文之学，今通称科学。科学向大自然追求无止境，其所发见无有穷尽，确是随无穷的时日而新新增益，诚哉日益之学也。古时为道之学，今亦称哲学。道者，宇宙之大原，人生之本性。学者志乎体道而实现之，此中体字是体悟义。则修为之力唯以损去私意、私见、私欲为迫不容已之事。老氏愿常使民无知无欲，《老子》上篇第三章。务反虚无。反，犹还也，言还复于虚无也。见《老子》下篇四十八章王弼《注》。佛氏悲悯人生，缘无量数痴以有生，痴，亦名无明，其含义深远至极。痴之种类复杂，云无量数。缘，犹因也。人生不可问其所由生，因痴故生耳。恒为四万八千惑所系缚，佛书中惑字，含义深远至极。惑，亦名烦恼。（烦，犹扰也。恼，犹乱也。众生生活只是扰乱，无清净故。）佛说众生有四万八千烦恼，极言惑之种类无量也。是故亿劫修行，劫，犹时也。亿劫，言时间长远也。断一切惑，断者，断灭，犹言损去。尽一切痴，尽者，灭尽，亦损去之义。终焉寂灭，浩然至乐。《涅槃经》言："寂灭为乐。""渟水静，喻惑痴已损。寒潭清。"喻得道也。此之谓欤！老子以为道是日损之学，古学百家孰有外此以为学哉？

　　老子平章学术，有日益、日损之分。平章，犹分辨也。余据此以衡定古代哲学与近世科学各为一类,庶几允当。有问:"古哲为道之学似可采用宋时道学之目,(目,犹名也。)不必称以哲学。"答曰:学术分门别类,何可胜纪。若总持大别,则有哲学、科学两大类,殆如约定俗成。古哲为道之学,(为道,犹云修道,他处未注者仿此。)其于宇宙人生诸大问题皆从理智解决。虽其所自信已解决者,后人从其遗书而详究之,不尽赞同,然决不可轻侮古圣,谓其全无是处。姑举一二例:如佛氏反对大自在天变化之说,则创明缘生论,即以万物互相为缘而生。(参考《体用论·佛法章》。)晚世哲学家谈关系论者乃远在其后。老子云:"天地不仁,以万物为刍狗。"(辅嗣《注》云:"地不为狗生刍而狗食刍,天不为人生狗而人食狗。")其论宏深,独惜未闻孔子裁成、辅相之大道耳,(参看《原儒·原外王篇》)然老子斯言足令人兴大道之思。华梵古哲或于宇宙作空寂虚无观,(佛氏观其空寂,老氏观其虚无。)或于人生作黑暗观,(佛、道皆然。但佛氏有弘愿与强力,非道家所可及。)皆有理趣。古学自当归诸哲学一类,别称道学,毋乃多事。**古学如道、如佛诸大派,虽其思想各有独到处,不可混同,而两家皆为日损之学,则于不同之中仍有同处。此无可否认也。日损之学,其精神所注,唯在人生之修养与改造,故专致力于内心之自缘与克治杂染。**自缘一词,借用佛典,其义即心之自明自了,俗云反省者亦是。杂染一词,见佛典。杂者,杂乱。染者,染污。此词含义宽广,凡私欲、私意忽然微动时便是杂染,凡浅见、偏见、邪见持之而不舍者皆由一向杂染深故。**人生在宇宙中不是孤立,古哲自亦不能完全忽视物理世界而莫之察,然其察物也,则亦涵养其内心炯然大明,将任万物之来,感而遂通,不当驱使其心以外逐乎物,扰乱神明也。**朱子曰:"心者,人之神明。"**古学不独道家如是,理学诸儒无不如是者。物来扰心,是其所必损也。佛家更以眼耳等识摄取色声等物时,即留有色声等物的影像。这个影像并不消灭,恒伏在另一藏识中,成为杂染种子,**藏识,详篇下。**常乘机现起，足以障碍吾人的清净本性。出世法以断灭藏识中杂染种，为其策动苦修之唯一主因。是故日损之学至佛家大乘菩萨，可谓荡然损尽一切矣。佛家有大定之功，明睿照物，往往洞达理要，但不曾留意于即物穷理之术。因明学仅为辩论斗争之工具，亦不向格物处发展也。然其穷高极深，有独到处，万不可忽而不究。

科学肯定物质为实在，物质有无本原，科学所决不过问，唯肯定物质宇宙是实在的而已。其研究的对象是大自然，唯用纯客观的方法，即以主观从属于客观。此与日损之学信任内心炯然大明、感物斯通者，乃极相反。由科学言之，可说知从物发，不是因心成知。心虽有知的作用，若未能循物无违而只纵任主观，则用其浮明以为知，心本灵明，然或离物而孤用其明，却是浮明。王船山常以此斥儒之学禅者。或驰乎空，所谓空想。或流于幻，所谓幻想。或陷于谬。谬者，谬误。空、幻、谬，皆不可成知识也。科学的知识是以主观从属于客观、循物无违而得成，循物无违四字吃紧。循者，率由义。心感物而起知时，必博征于物，而彻其本质，明其规律，一切率由乎物理之实然，（然，犹云如此。他实是如此，非不如此，是谓实然。）而无有一毫误解，不至与物理之实然者相违反，是谓循物无违。纵任一词，有时作胜义用，有时作劣义用。此中是劣义，即轻肆之谓，言其不务以客观的方法详征于物也。故其知识精严、细密、正确、分明，得物理之实然。夫唯得物理之实然，乃足以操纵、改造、变化、裁成、征服、利用乎万物。大自然本是无尽藏，不会有匮竭。科学进攻自然，亦随之无停止，此科学所以为日益之学也。

古代哲学与近世科学，各自有其根柢，不可看作是新旧悬殊。新旧不同者，只是旧学简单、新学宏博。犹如一人，当青年期知识未甚发达,中年而后知识日益丰富,然综其平生,则旧业、新知后先一贯、根柢无二,但发展大异耳。此例分明,无足深论。根柢各别者,两种学术各有根柢,向下发展不得不万殊。譬如桃李不同种,其根干枝叶花实可得而同乎? 余以为科学日益之学,其根柢在物,不独以发见物质宇宙的秘密为务,而其变化裁成乎万物,俾宇宙富有日新,是其任甚重也。古哲日损之学,其根柢在心,盖损除一切碍心之物,不容自欺自蔽。碍者,障碍。物字指私意、私欲乃至佛氏所谓痴、惑等等而言。凡言乃至者,以其中间尚多不便悉举故,此用佛书辞例。他处未注者准知。原夫吾人有生以来,常有无量数的杂染势力隐伏于吾人所不自觉的深渊,结集一团,恒障碍吾人本来清净的生命,俾不得显发。此等杂染势力直横行而主乎吾身,吾人乃丧失灵性而陷于迷乱之惨境。灵性,谓本来清净的生命。老子曰:"人之迷,其日固久。"《老子》下篇五十八章。庄子曰:"人之生也,固若是芒乎? 其我独芒,而人亦有不芒者乎?"芒,惑也。《庄子·齐物论》。佛说:众生无始时来颠倒,无始时者,时之开端,不可推知,故云无始。颠倒,犹迷惑也。众生远从无始时以来,即是颠倒惑乱。众生长夜。长夜,迷暗也。佛说众生从无明而生,无明即是迷暗的势力。是故日损之学,要在一生之中时时在在于生心动念、举手下足乃至履万变、当大艰恒不忘反己照察,反,犹返也。俗谚云:张眼向外看人,何不返看自己? 肃清内伏之一切杂染恶根,直以猛力歼灭,无俾遗种。言必灭尽,不令杂染势力尚有残余种子遗留下去也。以上融会道、佛二家大旨而谈。佛氏本出世法,其修行工夫与道家不尽合,此中但就两家可会通者而谈。人生爱护其本来清净的生命,必发起大雄无畏力量,以与本身隐伏之无量强敌斗争。故日损之功发于自我改造之本愿,所以全性保真，毋失人生至高无上价值。日损之学不堪废坠者，诚在此耳。但有不可忽者：道、佛两宗其对于生命作何体会？佛氏所认为必不可留之一切惑与痴，道家所认为必不可有之知与欲。吾侪是否可全承其说而不复审问，此当询问旧学家耳。

全性保真是道家主旨。古籍言性，犹生命也。但凡夫迷执小己，便无从认识生命。道家盖以个人的生命即是宇宙大生命，宇宙大生命亦即是个人的生命。庄子云："天地与我并生，万物与我为一。"此证真之谈也。洞彻真理，无有虚妄，曰证真。这个生命正是本来清净，无有杂染。可详玩老、庄二子书。惟凡夫迷执小己，便发生种种痴惑，而障蔽自我与天地万物为一的生命。易言之，则失去本来清净的生命，是不能全性也。保真者，亦谓本来清净才是真实的生命，所以须存养而勿失。保，犹存养也。存养一词，可考《孟子》等书。杨朱亦言全性保真，却是胡乱。孟子责其不肯拔一毛以利天下，此乃凡夫贪护小己、不识真生命也。余以为个人的生命与宇宙大生命不可分而为二。儒、佛、道诸大哲皆同见到，但同中有异，却须严辨，其相异处只看各家于实体有正确认识与否。注意。孔子落落实实见得即体即用、即用即体，才是正确。详玩《体用论》。故《大易》以"大生"、"广生"赞生命之盛大。生命，本就用上说，而用由体成，（譬如众沤由大海水成。）用即是体，故生命充实盛大。佛家虽说诸佛与众生同体，但其因缘法是幻化，真如是寂灭，由此衡之，毕竟毁绝生命。参考《体用论》。道家说精神即是生命，精神省称神。但其所谓神乃自太虚而生，故其学以返归虚无为宗。本源既失，虚无不可谓为实体，故失。向下都谬。失其本矣，便无往不误。道家的世界观只任自然的运化推迁，无有自我作主，更无圣人裁成天地、辅相万物之大道。圣人,谓孔子。道家虽不毁生,生者,生命。其生命托于虚无。老子,道家之祖也。其所谓道,即是实体之名。而彼以道为虚、神、质三者混然为一,故名混成。道虽由三者混成,究以太虚为神、质之本,神与质皆从太虚而生故。(可详玩《原儒》下卷《原内圣篇》。)老子言修养,以致虚极、守静笃为主,即是以生命寄托于虚无也。余谓二氏对于生命之体会都不符合于生命正常之德。德者,得也,言生命之所以得成为生命也。如前所说,生生、刚健、充实、盛大、通畅、炤明等等德用,皆生命之所得以自成也。二氏,道与佛。道家厌世,佛氏出世,此二家之人生意义所以反乎生命的正常也。

附识:有问:"道家说精神即是生命,有明文可证否?"答:《老子》上篇第六章"谷神不死,是谓玄牝"云云。按神者,精神之简称。以其主乎吾身言之,亦名为心。此中言神而冠一"谷"字何耶?王弼《注》云:"谷神,谷中央无谷也。"按王《注》太简,今衍之云:高山之下有谷,谷中央空洞,无所有,故谓之谷也。此以谷为太虚之譬喻,犹《易》之取象也。张子《正蒙·太和篇》曰"太虚为清,清则无碍,无碍故神"云云,此乃祖述老氏神生于虚之旨。神生于虚,故称谷神。谷字取义,余与王弼不同。王弼盖取养生家言,兹不及论。元,犹大也。牝者,母性,乃生生之义。此以元牝为生命之譬喻,亦犹《易》之用象也。《大易》以乾为神、为生命,心灵、生命不可离而为二,已说在前。吾实据《易》义。老子于此等大义犹承《易经》也。问:"《易》以乾为生命、心灵,坤为物质。如此则生命、心灵与物质分开,可乎?"答:心、物本是浑沦一体,不可

155

剖分，已如前说。吾书凡举物质，即摄能力在内。至于生命、心灵，有时二名并举，有时单举心，即摄生命在内；或单举生命，即摄心在内。《体用论》中亦著此例。但心是统御乎物质，故特别提出心来说时，便显出心与物自有截然不可混同者。譬如脑与五官百骸本是一体，但脑之活动是统御五官百骸的。如汝讲神经系统时，将脑特别提出来说，试问汝是将脑与五官百骸各各分开、使其互不相属乎？设有痴人向汝诘难，汝必不以为然也。《大易》《乾》《坤》二卦何曾将心、物破作二片？望善思之。

为道之学，为，犹修也。其本在心。养心全性，莫切于损除私累。生心动念乃至一切行事，稍涉乎私，便是生命上的一种污垢。污垢即是累，由私成累故。损除私累，至为切要，未有更切要于此者也，故云莫切。老庄去知去欲，佛氏断痴断惑，断，犹灭绝也。同是日损之学。日损工夫不可无，余亦承认。然衡以孔子之道，则二氏皆有重大过失，注意。不可不救正。

含养心性，性，犹云生命。含养心灵，即是充实生命力。要在日就弘实，弘者，扩大。实者，充实。不当专以日损为务。孔学主求仁。仁心之存于中者，明睿澄然而绝系，恻隐油然而无缘，忧乐不违，动静匪二。存于中者，就仁心之自体而言也。仁心不止是恻隐之情，而明睿之智恒与恻隐俱存也。绝系者，大明无有滞碍，故云绝系。恻隐者，仁心不系于天地万物，亦自不离于天地万物。常恻隐若有所不忍者，位天地、育万物之愿是也。（注意若字，非猛动也。动之猛即不是仁心之本然也。）油然，不容已之貌。无缘者，不忍之几并非有所为而始动也，（为字读若卫。）直动于其所不容

156

已耳,故云无缘。仁心常恻然若忧,而忧不失乐;仁心常荡然至乐,而乐不忘忧,故忧乐不相违。仁心即动即静、即静即动,故动静匪二。仁心之自体如是。

其随感而通也,常于一己之外知有人伦,伦,犹类也。**于一身之外知有万物。知有物,故格物而不肯自锢;**《大学·格物》朱子《补传》,确不失圣人之意,陆王甚误。**知有人,故爱人而不忍自利。**爱人,故导人类以互相扶助。俾天下之人人皆有以成其德,尽其能,遂其生,畅其性,人类乃成为一体而臻至治。盖导之者,首以屈己利群为天下倡,而卒归群龙无首,此孔子《春秋》太平义也。论语"樊迟问仁。孔子曰'爱人'"云云。爱人,必有实事在改造群制,此《春秋》所为作。**是故孔子为道之学以求仁为主,明睿之智日扩而大之,周通万有;恻隐之几日扩而大之,不隔群伦。**与群伦同休戚,不相隔也。**故学道在日新,非可以日损为事也。但孔子亦重日损之功,其严于克己,**颜渊问仁,孔子教以"克己",详在《论语》。己者,小己。凡人生心动念乃至一切行事,皆以小己为主体。利于小己者则乐图之,于小己无利者则弃而弗顾。故小己者,万恶之所从出也。克,犹攻治也,古者战胜曰克。人生必以大勇攻治其偏私小己之痴念,(偏私小己正是佛氏所谓痴。)否则不成为人。《论语》所记孔门之徒问成人之道者不一处。人既生而为人,必须以自力发扬人性,弘大人道,才得成为人。否则虽具人之形,犹未成乎人也。仁,人之性也。人道在扩充其仁。扩充其仁,唯在克己。不能克己,即陷于不仁。人而不仁,其可谓成人乎?孔子曰:"志士仁人,无求生以害仁,有杀身以成仁。"(见《论语·卫灵公篇》。)其克己之严如是。意、必、固、我俱绝。《论语·子罕篇》曰"子绝四:毋意,毋必,毋固,毋我"云云。按四者俱灭尽曰绝。毋字《史记》作无,言四者皆已无有也。意者,私意。生心动念自然有则而不过,故云无意。(则者,法则。心之动而越过乎正则便是私意,圣人所无者私意耳。)必,期必也。圣人处事一循乎人事物理当然之则,计定于先,以实力贯彻终始,此外不参加一毫期必之念,譬如农夫不问收获,但问耕耘,故云无必。(有所期必,即计较效果而乏直前之勇,是私意起而乱之也。)若乃有志乎大道之行,则唯有既竭吾才,敦笃吾顾,(既竭吾才,见《论语》。)此外决不期必于道之将行,亦不过虑于道之将废。圣人载道以躬,更无余念。(余念,犹杂念也。有所期必,即是杂念,已失道矣。)无必而至此,止乎至善美。固,执滞也。义匪一端,事有万变。胶执一方,动乖大道。圆神不滞,随缘作主,(圆神,见《易大传》。心无偏系,如日大明,无亏无蔽,是谓圆神。心圆明故,则随其所感之外缘屡变,常能随缘作主,御万变而不失其正。)故云无固。我,小己也。人情偏私其小己,遂为一切迷暗之根。(迷暗,犹痴也,见佛典。)故自私意以至期必、执滞,皆由其有偏私小己之痴根在。圣人直于小己而识得大己,(识者,认识。圣人真知小己的生命与宇宙大生命为一,本不可分,是于小己而认识大己也。)既已认识大己,决不会忽然迷暗,又分裂出一个小己来而偏私之,当作独立的自我也,(既已认识四字,至此为句。)故曰无我。(圣人实见到不是于大己外别有小己,其日常生活无私无染,唯实现大己而已。)四无之义,后儒罕有真解。杂于禅者,则以不起意为宗,而托于圣人之无意,是邪见也。杂于老氏守柔处后之术者,以事求可、功求成为戒,而托于圣人之无必,则陷于罪过而不自觉。圣人无必,是不问收获,但问耕耘,岂是事不求可、功不求成、一切颓废之谓乎?圣人随处是充充实实,哪有虚妄?朱子《论语集注》于此章释辞不误,而义旨欠发挥。无我,是圣人洞见大本,一直立定。圣学全体大用真髓在此。朱子从字面上训释过去,不着实际,犹未透在。**圣学以敦仁立日新之大本。**敦仁,见《易大传》。敦,笃厚也。**仁之为德,明睿之智、恻隐之情兼备者也。贞观以发智,体物以导情,二者之功不息,皆所以笃厚其仁也。**贞观者,为道之学是智慧之学,首重贞观。心常提醒,不失清明,故云贞。观者,观察。体物者,体谓体察,物谓凡有血气心知之类。导者,引发义。**深察万变万化万物之所由始**,**制割大理**,制割,借用《荀子》语,分析曰割,董理之曰制。大理者,昔贤论事,有大条理、小条理之分。余以为万物散殊,莫不具有条理。(条理亦简称理。古籍理字含义宽广,与规律、形式、法则及原理、原则等词皆可相通。)从万物的散殊而言,便有无量小条理;从万物各有类型而言,则各类之中又必各找出大条理来。若乃各类中之大条理皆不足会通万有,则必综观宇宙而找出最普遍、无所不包通的大条理,亦谓之大理。为道之学,要在深察万物而得其大理。**洞彻本原,**本原,谓宇宙实体。为道之学以求证实体为极。(证,犹知也。但此知字之义甚深,今不及详。)**方是智之至。**至者,至极。**万物之忧患与欲乐,**万物,谓凡有知之类。**常随在体察而深了其情实,体察愈深,同情自不容已,乃至恻然而兴位育参赞之愿,方是情之至。**位育者,《中庸》言"位天地,育万物"云云。按历史所载,世乱人相残杀,暴气横流,足以倾天覆地,是天地失位、万物不得育也。参赞化育者,万物极不齐,以大化非有作意安排故。(如地势有险夷,动物有灵蠢之类,种种不齐,何可胜穷。)参赞者,谓以人工参预赞助乎大化,而匡正其不齐,以长育万物也。**智造乎深广,**深者,深微。广者,广大。**情得有启导而能生动。**古之遗诫曰:"麻木不仁。"麻木者,由于无智,不能于一身以外体察同类之疾苦也。体察本是智,而足以引发情,令其生动。**情养之浓厚,智赖其滋润而能体物。**体物,见前注。偏向知识发展而不务养其体物之情,则可习于自私自利,知识分子之患在此。**智与情交相养,仁德之日益笃厚,正在是耳。夫明睿之智、恻隐之情,吾人禀于天者固皆有其端。**此中言天,只是将自家本性推出去,说名为天耳。**而扩之使大,养之弥熟,以完成一心之仁流行无间、发用无穷者,此乃人之成能所以弘大天性也。**成能,见《易传》。**人道其盛矣乎?**

　　附识:余在此中所谓智,确与知识有别。世俗所谓专家的知识不是此中所谓智。有问:"此智可谓之通识否?"答曰：通识一词，世俗用得滥，不得已而略言之。余所谓智，自是根据《论语》。《论语》每将仁、智分开来说，其别于仁之智，大概可略说二义。一义，此智与仁的境界犹有隔。仁是明睿之智，与恻隐之情都发展到极高而浑然为一，故名为仁。《大易》以乾为仁，而言"大明"，此有明证。乾为仁，古《易·象》中载此语。大明，见《乾卦》。既曰乾为仁，又以大明赞乾之德，是仁中具有智也。若徒有智而未至乎仁，则此智不得不别于仁而言之。《论语》将仁、智分开，即此故也。二义，此智自是富有通识，此云通识，与世俗习用者不同。如孟子所称"舜明于庶物，观于大自然，而明其理也。察于人伦"云云。伦，类也。察伦有二：一、人性之参究及己立、立人、己达、达人之道，察之精而后躬行有本也；二、民群万变，皆有前因后果可寻，能深察之，利于变通也。此从物理人事各方面极复杂的经验，而得到很宽广且甚深的理解，此正是古哲所谓智，今犹不能易其义也。若夫为道之儒，对于宇宙人生诸大问题尽其理智、思维与体会之能，得有明白正确的解决，此亦只是智，未可遽许以仁也。明夫仁、智有分，则学校之教与个人自修当于培养恻隐之同情注意，不待言已。世运方趋天下一家，未可忽于此也。圣人立教，方春不折。《礼记》曰"伐一草一木，不以其时，非孝也"云云，纯是培养同情，用意深远矣。周茂叔窗前草不除，曰"与自家意思一般"。美哉言乎！有问："伐一草一木，不以其时，何为以不孝责之？"答曰：方春和时，吾人皆有生生佳趣，草木亦欣欣向荣，茂叔云"与自家意思一般"是也。若有人焉，于春季伐草木，是不仁也。不仁者不足列于人类，辱其亲矣。

佛氏日损之学，其照察人生痴惑可谓极深极密。人心中一切坏的东西，（此中东西一词，为心作用与心的造作之代词。）佛氏通名之为惑。故惑之一名包含极宽广。痴亦名惑，但以其势力甚大，特从惑中提出而别言之耳。照察，即是内观的工夫，照到极深，则一切惑之窝藏处毕露无可掩；照之极密，则惑种之乘机窃发于不自觉者亦可察识。（惑种，谓惑的种子潜伏于下意识者也。不自觉，谓下意识。）至于一切惑之种类复杂，亦皆可辨晰。凡研佛籍而能不浮泛浏览者，殆无不感到佛氏此种伟大精神。小人安忍自欺，未有能自照者也。安忍者，生活于重惑之中而不感苦，故云安。或偶有一隙之明，亦终不自拔，故云忍。余以为佛法真有不可朽者，即在其内心自照之真切，此其对于人生之殷重启示，吾人诚不可不反己猛省也。有难："照察不必遽能断惑，人固有自知动念是痴而仍随顺痴念以行动者。"答曰：此是照察不严密，故痴念得逞其势耳。照察常不间断，则痴念自伏矣。伏者，被摧伏而不得存也。

余于佛氏日损之学，确信其于人生黑暗的方面发见到极幽深、极细密处。人皆以此自鉴，则互相勉于去惑而趋善，真人道之休也。余初好佛而卒归宗孔子，此何故哉？人生自有炤明、纯粹之本性在，《易》以乾为生命，即人之本性也。乾有炤明、纯粹诸德。（乾为阳，阳者炤明义。无杂乱曰纯，无染污曰粹。粹，美也。）佛氏所谓一切惑皆是杂染。孔子作《大易》阐明人之本性炤明、纯粹，本无杂染。痴惑毕竟不能障性也。痴惑不能障性，譬如浮云不能障日。孔子敦仁之学直以本性为依据，从人生真善美的方面发展，《中庸》《孟子》演《大易》之义，皆言"诚"。诚，真也。《大学》言"至善"，《孟子》言"性善"，皆本于《易大传》。《乾卦》言乾德纯粹。粹，美也。本源既盛，倒妄不生。倒者，颠倒；妄者，虚妄，皆痴惑之别称。其犹赫日丽天，浮云消尽；佳禾滋长，莠草难存。孔子创发裁成天地、辅相万物、止于至善之大义,绝口不谈众生痴惑,不教众生度脱生死海。绝口二字,至此为句。孔子不从坏处看人生,盖洞见人生本性无有痴惑。释迦氏十二缘生之论,当于篇下叙述。若以《大易》乾坤之义相衡,则其所见与人生本性不相干,可断言也。此中其字指释迦。余亦不谓释迦氏之说无有是处。人生诚有黑暗的方面,孰是有智而堪否认?但痴惑从何处起此一问题,释迦氏与其后学始终不曾提出。注意。余以为,这个问题本当发生于中国人,而中国人之接受佛法者只有一致崇信,绝无疑问;其反对佛教者则于《六经》无深得,于佛法更不研究。真可太息也!《大易·乾卦》之《象辞》曰象者,发挥此一卦之义也。"乾道变化,各正性命"云云。按乾道,犹言乾德。《大易》以乾元为乾坤之实体,乾坤为乾元之大用。体既成用,即用外无体。此义详在《体用论》。用有乾坤两方面,只是两方面,元不是两体。而乾能保持乾元本体之刚健、焰明、纯粹诸德,乾元本体四字作复词。有问:"刚健、纯粹皆乾德,《乾卦》有明文。焰明似无文可证。"答曰:云何无证?乾为阳,坤为阴,阴即暗义,阳即明义。且《乾》之《象》曰:"大明终始。"言乾具有大明之德,万物皆禀受明德而有生,是以大明始也。及万物之终,则完成其所禀受者,而无亏缺、无遗憾,是以大明终也。汝不解"大明终始"义,故妄疑无明文耳。坤则化成物,详《易大传》。有丧失乾元本体之嫌。坤既成物,便失去其本体大明之德,故云"丧失乾元本体"。唯乾德刚健、大明,乃得为主动,以开坤之暗。圣人故于《乾卦》特言"乾道变化,务正性命"。此明乾德开导乎坤而成变化。万物各各禀受乾德之大正,以为其性命也。明,说明也。大正之言,正是说明乾德焰明、粹美,无有痴惑诸杂染也。性命,犹言生命。吾在前文已云,《大易》将生命说在乾上,此是明文可证。盖

坤化成物,物既成,便是生成运用的工具,而不即是生命。**据此而谈,人的
本性元无一切坏根。**言本性中不曾含有一切坏的根也。坏,谓痴惑诸杂
染。**而佛氏悲愍众生常在痴惑中,吾人亦不可谓佛说全是虚妄;
然则痴惑从何处起,此一问题未堪忽视,余且俟篇下再作解答。**

    附识:有问:"公言乾德炤明,虽宗《大易》,而《易》之乾
在尊论中则说为心,言心即摄生命。但生物未出现时,心尚隐
而未见,见,犹现也。而乃推论其有炤明之德,似无实据。"答
曰:心的本身元是生生、健动的力,此谓生命,亦可称之曰
生命力。物质层最先成就,生命力虽潜运于其间,而生物出
生之条件未备,生命力乃潜隐而不得发现。及生物出现,生
命力始破除物质之锢闭而显其炤明之德,炯然了物而不谬,
了者,了解。不谬者,明于物则,无误解也。卓尔宰物而不困。卓尔,
特立之貌。宰,犹主也。心与物本为一体,而心能改造物故,即心是物之
主也。不困者,心了乎物而为之主,则不为物所困。如视思明则五色不
能盲吾之目,听思聪则五音不能聋吾之耳,乃至变化裁成乎万物以利用,
皆不困之谓。此皆心德炤明之特征,而汝云无实据,岂丧心病
狂欤?

    佛氏严于自照,与孔门慎独之功亦有相近处。独者,人所不知
而己所独知之地也。慎者,戒慎,防其有非几之萌也。几者,动之微。非者,不
善之几。非几才动,当下斩绝,便省事,善几则扩而充之。此孔门克己之法门
也。**然佛氏骨子里,确与孔子之道全不相通。孔子洞彻人生之
本性,**其道以敦仁为宗,仁道广大,无所不包通,成己成物,一切皆依于仁。

（成己者，成就自己。成物者，于所亲近之人，皆相扶勉而成就之。乃至位天地、育万物，皆成物之事。然己与物本是一体，成己必须成物，成物即是成己。）专向至善发展。《大学》言"至善"，只是以仁成己，以仁成物，做到至极处，名为至善。实则至善是所悬之的，究不可说有一定之至极处可息肩也，故《大易》言"自强不息"。慎独工夫固以扩充善几为主，善几，即仁之端也。而谨防非几之萌有碍于仁的发展。此圣人敦仁日新之学所以异于二氏之日损也。佛氏只说众生由痴惑而生，此义当详于篇下。其道以断尽一切痴惑为主，而其修行万善皆所以对治痴惑。此一语是佛法宗旨所在，儒、佛天渊悬隔正在此。对治者，如医师用药，对症而治之也。如贪是惑之最大者，则特修无贪的善行以对治贪惑；痴是惑之最大者，则特修无痴的善行以对治痴惑。举斯二例，可概其余。佛法的全副精神只是对治。学佛者必了解佛法是对治，方许见佛法真相。今当说明如下：一，佛氏专从坏处看人生，其道在反人生，抗拒宇宙大生广生之洪流，所以专力对治一切痴惑，务令断绝，此与孔子从人性之善端一直向至善发展无已止者，根本不同，无待言。二，孔子是从人性固有之善端扩充而成万善，有本固不竭也。佛氏只从一一惑相相者，相状。作一一对治，其所行万善不是从本性发出，而是因惑起修。吃紧。如因有贪惑，便修一种无食的善，以作对治。其他善行，皆此类。三，佛氏视一切痴惑皆如幻事，所以皆可对治，令其断绝。至于痴惑灭已，则其由对治而修之善，亦如幻事，亦复不留。如上三义，第一义是根本。佛氏见众生从痴惑生，故导引众生修善以作对治。此乃佛氏根本错误，而从来学佛人莫之省耳。孔子之学认清性命，性命，犹云生命。而以慎独之功防治内心之贼有害于灵性之发展，灵性，谓性命。内心有不善之几生，即贼也。此是生命力战胜寇贼而益发展，是可贵也。佛氏以为众生从痴惑生，是则众生无有焖明纯粹的本性。诚如此，痴惑遇对治而灭尽，众生毕竟空。苟非有抗拒造化之奇想，何至发此怪论乎？造化，谓宇宙大生广生之洪流。

　　有问："大乘菩萨不住涅槃，涅槃者，寂灭义，即是实体之名。佛家所谓实体，是寂灭性故。寂者，寂静，无有变动。灭者，诸惑灭尽，实体离障故。何可说佛法是反人生？"答曰：大乘菩萨不趣入寂灭者，为度众生故，不是改变出世法之本旨也。抗拒造化，是出世法之本旨。《大乘庄严经论》卷三云："不住于涅槃，由众生无尽故，无究竟。无究竟故，不住涅槃。"又云："诸佛如来于一切时随逐众生。何以故？大慈大悲无断绝故。"按大乘反对小乘之自了主义，故提倡菩萨道，发大慈大悲心，长与众生为缘而度化之，众生无尽，我愿无尽，不舍众生，是为菩萨道。菩萨，犹云正觉。此其所以为大也。倘疑大乘改变出世法本旨，则大乘有一法印曰实相印，详见余之《体用论》。实相毕竟是寂灭相，无为无造。此中下一相字，是相貌之相。大乘化导众生同得实相，还是共趣寂灭耳，而谓其改变出世法可乎？龙树《中论·观四谛》等品，说"涅槃即世间，世间即涅槃"云云。此谓众生如果断尽一切惑，尔时众生沉沦生死之世间便已灭尽，故说"世间即涅槃"也。有众生沉沦生死之世间，故导众生求得涅槃。（得涅槃，即离生死。）若无世间，涅槃亦无，故说"涅槃即世间"。其辞高浑，与贪、嗔、痴即是菩提，同一美妙。惜乎学人每兴误解。问者之意以为不住涅槃即是不舍世间，殊不知佛氏以人间世为众生沉沦生死的苦海，何可云即是涅槃乎？

　　问："佛氏断绝痴惑，即一切灭尽，岂不同于空见外道？"印度古代有空见外道，说一切都空。答：否，否。佛氏力破空见外道，经籍可考。**大乘有实相印,**实相,犹云宇宙实体,真如、涅槃、法性、法界皆实相之别名也。**离生死而得实相,**离者,脱去。佛氏以世间为生死苦海,众生沉沦于其中,生而死,死而续生,生死轮转不断绝,苦之至也。**舍杂染而证清净,**舍者,灭尽之谓。杂染,谓痴惑。实相本来清净,既得实相,即自证清净之乐。证,犹知也。**何至堕空见乎?《大乘庄严论》曰"诸佛于无漏界建立第一我,是名法界大我"云云。**无漏,清净之谓。漏,谓痴惑诸杂染。譬如破器常有漏落,不堪容受。一切杂染不能容受清净,故名有漏。清净者,杂染之反,是名无漏。法界之界字,佛书中作体字释。法界,犹云万有之实体,乃实相之别称也。佛氏舍弃杂染的宇宙而有清净的法界,即于清净界建立第一我。第一者,言其至大无外,非数目之一,乃绝对义也。法界大我四字作复词看。法界即是大我也。佛氏盖以众生的生命是杂染,是如幻如化,本不实在。唯宇宙实相,是一切众生的大我。佛氏以大雄无畏对治一切痴惑,消灭虚妄的小我与不净之世界,其所求得者,法界大我耳。**《涅槃》《华严》诸经皆以实现大我为归宿,此无着所本也。**《庄严论》,无着所造,印度人明友于唐贞观初年来华译出。此论颇有大义,为世亲一派所莫能及。有问:"佛家断绝有漏之小我,只承认法界大我,更无小我乎?"答曰:如无着学派之说,有漏小我灭已,仍有无漏小我续起,无垢识是也。但此中不欲牵涉太多,姑弗详。

　　佛家在宇宙论中将性、相割裂为二界,性,犹云实体。相,犹云现象。实体是不生不灭,是真实,是清净寂灭。现象是生灭,是杂染,是如幻如化。故说裂成二界。详在《体用论》。**明明与《大易》体用不二义互相违反。据体用不二而谈,人生之本性即是乾元实体,**乾元实体四字作复词用,《大易》以实体名之为乾元。**故斯人本性皆有炤明、纯粹诸德,**此皆乾德。万物皆禀受乾德,以为其性命。见前文。**不可说人生从痴惑而生也。孟子昌言"性善",其根据在《大易》,**汉人称孟子通《易》。**荀、杨性善恶混、性恶诸说,皆未达本原,不足攻孟。**本原,谓人之本性。吾当申辨于篇下。

佛法根柢究是宗教思想，自释迦氏开宗，传至小乘，皆以众生各有神我，沦溺生死苦海，急图拔出，是为其本愿。佛法虽破外道之神我，而彼实与外道同持神我论，但其成立神我之理论确有胜于外道，此其所以破外道而立自宗也。佛氏不用神我之名而别立名称，兹不述。及大乘菩萨崛兴，盛宣五蕴皆空之论，蕴，犹聚也。释迦至小乘，皆将心、物两方面的现象总为五蕴。俗所谓宇宙万有即此五蕴，所谓人亦即此五蕴。大乘空宗诸师乃深观五蕴皆空而盛张其说，仍以释迦为宗。上穷宇宙实相，穷者，参究之谓。直承认实相为大我。言大我者，以其为众生所共有的，故名焉。今以大乘义与释迦氏原始思想注重救拔神我者两相比较，则大乘离小我而皈大我，确乎视释迦为超旷矣。小我，谓各人自有的神我。大乘传至有宗，一方仍承空宗，归本实相大我；一方注重赖耶，即神我，保存释迦根柢。世亲唯识一派，此种意思显然易见。奘、基师弟即世亲嫡嗣也。昔与友人林宰平志钧谈此事，彼亦云然。

大乘虽深穷实相，不拘限于神我之论，但其理论终有不可弥补之缺憾在。彼之实相是不生不灭，无有变动，而心物诸行是互相为缘而生，不由实相变动而成。诸行，犹云现象，参看《体用论》。然则实相超脱心物而独存，何可说为心物诸行之实相？此殆横通之论也。世俗斥无理之谈，曰横通。以其为说于理不可通而强通之，故谓之横。大乘经论固以虚空为实相之喻，喻者，譬喻。实相虽不变成心物诸行，而遍容受心物诸行，故可说为诸行的实相。譬如万象在虚空中显现，虚空遍含万象，可说万象以虚空为体。大乘之意如此。然其虚空之譬，适自彰其败阙。论非能立曰败，有过曰阙。所以者何？虚空本来空空洞洞，无生无造，未尝变作万象。万象不碍虚空，亦不待虚空含受。虚空与万象，各循自然之分。今若谓万象以虚空为体，此乃意想作是主张，而实无此事理。是故佛氏以虚空之喻藉显实相，显，犹说明也。藉虚空之喻，以便说明实相也。适乃明示实相如虚空，未尝变作心物诸行，不可说是心物诸行之实相也。总之，大空之学大乘空宗之简称。超出释迦神我之范围，又力破天神之教，而上穷宇宙实相。佛教之成为哲学，自龙树开基，龙树为大空学派之祖，首以实相一印表示大乘学之宗主，以自别于小乘。其功不可朽也。独惜其未悟体用不二，其实相竟是不生不灭的寂灭境界。龙树继承释迦氏反人生的思想，专以日损的方法为道，不究乎寂灭不止也。不生不灭、寂然不动、无生无造的实相，不谓之空，而将何说？

余之《体用论》只印二百部，而信佛者见之，便纷纷詈余毁佛。有来诘难者曰："先生何故说释迦是反人生的思想？"答之曰：老夫无精力作长谈，姑举《杂阿含经》卷二有云"信心善男子，于色多修厌离住，五蕴首色蕴。色，犹云物质。自吾一身以及周围的物质宇宙，佛氏通称为色法。佛书中法字，是万物或万有之公名。此教学者对于自己的身躯乃至物质世界，常修习厌和离的观想。（离者，出离，犹俗云脱离。）住，犹止也。厌和离的观想既起，却要不间断，须常住止于此种观想而不放失，修习工夫只如此。于受、想、行、识多修厌离住，五蕴，色蕴列在首；次受蕴，即心作用的感情方面；又次想蕴，即心作用的知识方面；又次行蕴，即心作用的意志方面；又次识蕴，指心的自体而言。前一蕴总括一切物质现象，后四蕴略析一切心理现象，故五蕴不外心、物两方面。所谓人者，只是依此五蕴而唤作人耳。于受等四蕴修习厌和离，与厌离色之修法完全一致。故于色得厌，由于自身乃至一切物常修厌故，乃于物得厌患之，而不染也。于受、想、行、识得厌。准上可知。厌已，已，犹了也。离欲，对于五蕴不起欲故，曰离欲。解脱。众生有欲故，遂为五蕴所缚，离欲便解脱。离欲、解脱，知见我生已尽，已于五蕴离救、解脱，即我已断尽此染污的生命。梵行已立，清净之行已立定。所作已作，清净之行所应作者皆已作。自知不受后有"云云。死复再投生世间，即是受后有。今灭染修净，故自知不受后有。

上引经文，余更申叮咛之意：一，此类语句指上所引。在全经中重复不已，释尊自发心以至成道，发心是修道之因。其根本义旨确在此。古哲经籍多重复语，不独佛书如是，中国古典亦然。董仲舒曰："言之重复，其中必有不容已者焉。"仲舒当西汉初期，见古书多，故有此言。余谓读书至重复处须深心寻玩。二，此类语句前贤翻译决定无有错误，因其明白指定于五蕴修习厌离，不曾涉及玄机妙趣，何至有误？三，于五蕴修习厌离，易言之，即是于自己的身心起厌求离。身躯是物质，属于色蕴。又明明说"我生已尽，不受后有"，此是反人生否？是毁宇宙否？对于色蕴修厌离，则不唯舍弃一身，而物质世界皆其所必舍。是抗拒造化否？造化，谓宇宙大生广生之洪流，非谓有造物主。余在《体用论》中尝言佛氏出世法与厌世思想绝不同。厌世者，深感"天地不仁，万物为刍狗；圣人不仁，百姓为刍狗"，而乃自为苟全之术，以弱为用；深知人情险诈，而不务扶导善类以消奸慝。此所以悲观世运，寄怀古昔，反知而訾文明，绝欲而思朴素。道家皆是此流。佛氏则观察众生性命元是一大迷暗势力，性命，犹云生命。生命不是迷暗性，佛氏不悟。遂乃决定直从根本消灭，便于五蕴起厌求离，单刀直入，绝无系恋。真切勇猛，感召人天，诚至德哉！小乘犹是自了生死，大乘菩萨为众生起大悲，永劫不舍众生,化度不倦,弘愿、强力,无得而称矣。然佛之出世法甚偏而不可以训,余服膺其愿,而未敢以为宗也。佛法东来,垂二千年,僧徒居士一致崇信,不生疑问。佛法主旨究何在? 其为启示人生正常之大道欤? 抑为反人生、抗造化之非常异义欤? 中国学佛人,自后汉至于近世,确无有发此疑问者。崇信者莫知所以而崇信,反对者亦莫知所以而反对。理学诸儒反佛者亦只坚执五伦之教条以相拒耳,而绝不研究佛法,且虑一读佛书易为所诱,其颛固如此。余判定佛法为抗拒造化生生之非常异义,深求之佛典,确实如此。人类本有灵明、正大与黑暗、污杂两方面。佛氏从黑暗、污杂方面看去,毅然抗造化,亦足表现人生有自决之智慧与勇气,未可轻于非议也。然以此道度尽众生,则终成虚愿而已。孔子主张裁成天地、辅相万物,如此作去,自有实效。众生将皆离黑暗而发其灵明,远污杂而归诸正大,远者,屏去之谓。毋须抗造化,而造化实由吾人掌握,岂不休哉!

佛氏日损之学,以断尽一切惑为极则。其实彼所谓惑,尽有不必是惑,而彼不复辨,乃一切以惑视之,以为非断尽不可者。两彼字皆指佛氏。姑举一例。佛氏分析一切惑以贪为首。贪复有多种,略举其要:一,自体贪,此言自体,相当于身躯的意义。谓于自体爱护备至。自微虫以至人类,皆有此贪。二,后有贪,谓求续生不断故。人情贪长寿,即此贪也。宗教家迷信有神我或灵魂者,则希望死后再生于人间世,亦是后有贪。三,嗣续贪,谓求传种不绝故。四,男女贪,谓男女相恋慕故。五,资具贪,谓乐聚敛多财故。如上五贪,在佛氏皆视为人情之大惑。然试平情以思,凡有生命之物莫不有此五贪。倘五贪灭尽,则生物将绝其类,而宇宙大生命,所谓大生广生者,自当随生物俱绝。洞然太空,濛然大荒,宇宙如可使之至此,余亦何系之有?然天文学家推测诸天体成长之年龄,若不必是妄,则更可推想现有的诸天体未成长以前,太空原有无数天体在前期毁灭,曾成一段洪荒无物时期,然后吾侪现见的诸天体又诞生出来。太空从无始以来,天体之成而毁,毁而复成,不知多少次。余相信宇宙不是无生命,其成毁不停,生灭不已,正是生命力常在舍故创新中无穷无尽而已。是故大乘菩萨观空,余且观有。有乾元,有生命、心灵,有物质、能力,乾元者,宇宙实体之名。生命与物质,皆实体之功用。宇宙其可空哉!上文言"宇宙大生命"云云,今补注于此:万物各有的生命,即是宇宙大生命。宇宙大生命,即是万物各有的生命。先儒有天地万物一体意思,正透此理。学者切勿误作两层会去。

五贪为有生命之物之通性,前二贪凡物皆有,不待说。草木保护其种子,犹动物有嗣续贪也。花蕊有雌雄,犹男女也。植物吸取土膏等,动物多积资粮,犹人之敛财也。皆本于生命力之推荡不容已,而亦自然有则。则,犹理也。如自体、后有二贪,固有生之物所不能无。然激于义愤,则有杀身以成仁,无求生以害仁。赵构作儿皇帝,杀岳王以事虏;而岳王庙祀,千古崇隆,赵构则后人唾弃。可见人性不以苟生为然。生命神圣不可污。人非习于卑下,则无肯违生命之正则以图苟活者。乞食之饿夫,若遇人以侮辱之态度而授之食,宁饿毙而弗受。孰谓人生只有自体贪、后有贪,而无正理存于其间乎?嗣续贪,本自然之理。万物莫不贵生。岳峙渊停,水流花放,何处不是生机洋溢,此乃天德至盛,不可遏也。《中庸》以天为实体之称,非谓上帝。天德,犹云本体之德。人道莫不乐于有嗣,无嗣则亦安之，人类决不断绝，何必吾有子而后快乎？个人嗣续有无宜任自然，但不可以嗣续贪为惑耳。男女之爱，人道之基也。孔子删定《诗经》，《关雎》居首，乐得淑女为匹，终不可得，仍不失其崇高之爱敬而无邪僻之私，此人性之大正也。圣人存此诗，意深远矣。此诗旧注皆谬，详在《原儒》。男女贪，亦是自然之理。人类正夫妇之礼，互助为要，合群之爱，自此开端，不可谓惑也。资具贪，为人生发扬其生命所必需。民生在勤，勤者，劳动生产。勤则不匮，古之训也。但古代统治阶层剥削劳动群众以自私，人失其正性。孔子始倡天下为公之论，后哲理论愈精，规制愈密，今后人类当共跻于大道无疑也。是故五贪皆不可云惑，而佛氏悉目之为惑，此其反人生之思想不得不至乎是也。五贪，可参考《缘起经》及《瑜伽师地论》五十五。

有问："佛家修行，严密至极。如修戒、修定、修慧等等，通称修行。德用盛大，不可称量。德用者，修行之所成也。不可称量者，不可得而道，不可得而计量也。公乃谓佛法只是日损之学，可乎？"答曰：佛氏为对治一切惑故，始起一切修行与德用。为字读若卫。《庄严经论》云："譬如强幻王，击退余幻王。"强幻王，以比喻一切修行与德用。其强力足以摧惑，故称王。幻者，言此修行、德用不可执为实在，故视为幻。余幻王，以比喻一切惑。一切惑都不是实在的东西，故亦言幻。有势力故，亦称王。一切惑被修行与德用所击破，故只可称幻王而不曰强。参考《大乘庄严经论》卷四。此论无着菩萨造，印度高僧明友译。序称大、小乘悉以此论为本，于此不通，未可弘法。据此，可见佛氏一切修行、德用均为对治一切惑而设，易言之，修行、德用只是对治一切惑之方术与工具而已。若乃孔子敦仁之学，则其存之为德、见之于动者，一切皆是刚健、焰明、纯粹之生命力充塞流行。《大易》以"雷雨之动满盈"形容性命,《中庸》以"渊泉时出"形容仁,至矣哉! 余无得而赞之矣。《易》言万物皆禀乾德为性命。性者生生义,命者流行义,性命犹今言生命。《易》以乾为仁。仁者,生生不息真几,此即生命之德。《易》于乾言知,言大明,(知与大明即是心。)生命、心灵不可分而为二。《乾卦》宜玩。充塞,言生命力无在无不在也。"雷雨之动"云云,说见《体用论》。渊泉,如地下伏流之冥海,其随时流出地面者永无穷竭,此以形容仁心是无尽藏,其流通无匮也。圣人之仁直与并时以及未来世有生之类相贯注而不舍。然人人皆有仁心,但为小己之恶习所蔽,不易发现耳。

佛法自释迦氏说五蕴而修厌离,见前。说十二缘生而趣寂灭,不随流转,流转者,即流转于生死海之谓,俗言轮回是也。所以为日损之教,断尽杂染。小乘之徒自了生死,卒归自利,非至德也。大乘空宗崛起,始提出实相印,倡导大悲,不舍众生,不舍世间。佛法至此确是一大变。有宗继兴,建立法界大我,仍申空宗之旨。法界即实相之别名。然众生的生命是生灭,是杂染,是如幻如化;法界大我是不生不灭,是清净、真实。据此而谈,法界大我与诸众生各一世界,互不相涉,众生本无善根。众生与法界大我本是各别的。众生不是从清净的大我而生,所以说众生无善根。此与《大易》体用不二之论绝无一毫相近处。佛法开端是度脱生死海之宗教思想,大乘空、有两宗犹保存其根柢。余衡以体用不二之义,佛法毕竟反人生。

《庄子·天下篇》以关尹列在老聃之首,二子当是道家之祖。而六国季世,渐有黄老之称,不及关尹。唯《庄子》书中间称引关尹及列子语,并有神妙不可测之趣。秦汉之际,道家已定老氏为一尊,黄老并称益普遍,盖假黄帝以重老也。道家一致宗老,其所由来今亦不可考。

老氏为日损之学,以去知去欲为不可易之规。关尹、列子之徒,其道术当不异老也。道术,犹言修道的方法。凡道家言,皆以养神为主,上极于全性保真,独与天地精神往来,可谓至矣。神凝敛则气充,神清明则气定。故言养神,而养气在其中矣。性者,性命。人禀精神以有生,故精神者,人之性命也。神得其养,无亏损,无障蔽,即性命全。保真,犹全性,复词耳。与天地精神往来,此《庄子》语也。人若为形骸所役而丧其神,则与天地万物便完全隔绝,无可相通。有道者充养其神,不为形骸所困,乃与天地精神往来。往来,言不隔也。道家以为,养神莫急于去知,好知则强于逐物,而神不得敛于内矣;庄生责惠子强于物之言,可玩。养神之道,须向里收敛,道与佛皆有静定工夫。养神莫急于去欲,从欲则迷以狂逞,而神不得正其位矣。《管子》曰"心之在体,君之位也"云云。(心,神也。体,犹身也。君,主也。)按此言神主乎身,故曰君之位也。众生从欲而动,无有餍足,迷乱狂逞,则神受障碍,而不得立乎主位。道家绝欲、黜知,非不持之有故,黜知,犹云贬斥知识,而不以求知为务也。独惜其边见太过。佛家力破边见。边,犹偏也。边见未可入大道。夫神之主乎身,感物而动,自然有知也,自然有欲也。任其自然之知,则可以养恬,何劳之有? 从其自然之欲,则无过分之求,何迷之有? 老子之言道也,曰"冲而用之或不盈"。余年六十左右,时有疑问发生,自觉从前好为强探力索,往往悖于正理,忽体会到老子"冲而用之"之旨。自此以后,每遇难决之疑问,则游心于虚,未尝以疑问滞胸际,多方索解,亦未尝舍弃疑问,惟纵心所之,不系于一方。不固执过去的见见闻闻为定案,亦于未知的事物虚怀体会。古德云:

"恰恰无心用,恰恰用心时。"正与老子"冲而用之"者相合。吾每于此有新得也。善用思者不须竭尽心力,要当不自动私意或成见以阻碍本心自然之明几。实事求是毕竟离不得主观,主观方面有障非澄清不可也。譬如镜子上有尘垢,照人物必不可得真相。心之动也神,不测之谓神,此中不及详说。不同于机械之动。机械发动必发得满足,譬如案上钟表,其发条之开拨必到足数才可走动。心则不然,须顺其自然。顺自然者,冲而用之也。强探力索之功有时固不可少,而神解焕发恒在冲虚之时。使用心力而务满盈,此际正是粗心浮气乘权而神已丧。粗心浮气何可周察事物而得其理乎?总之,养神不可废知,不可遏欲,神不离物独存,何得无知无欲乎?无知无欲,神亦死矣。老子应教人以用神之道,冲而用之则知不劳而欲不过。绝欲、黜知非所以养神,将丧其神而已。老子曰"五色令人目盲,五音令人耳聋"云云。此老子所以反知也。老氏盖谓求知则用心于逐物,逐者,追求义。而耳目等官实为逐物之工具。五色交于目而目盲,五音交于耳而耳聋。聋盲之害,经耳目而入乎心,此乃修道之大障。是故无事于求知,则不用耳目以外逐于物,栖心于内,《老子》十六章云:"致虚极,守静笃。"心不外逐也。"光而不耀",此《老子》五十八章语。王弼《注》不必符其本旨。光者,庄子所云"自明"也。不耀者,不驰散也。返其所始。所始,谓道也。道者,人之所从生,故云所始。此用王弼《注》。老子云:"不窥牖,见天道。"详在《老子》四十七章。是其反知之密意也。《老子》四十七章与释迦守护根门及禅师返己之旨,确有同符。庄子之道术亦本于此。王弼《注》虽不无是处,而未窥真髓。老子之学确与禅通。

道家去知,殆将黜耳目、遗视听以绝物,此大悖孔子之道也。

孔子曰："视思明，听思聪。"见《论语·季氏篇》。思者，思维。此则五官感摄外物时，心实尽其思维之力以明了与制御乎外物，而显其主动之胜能。如目接万物之色时，心则运其精思，谨于析物之术，明解事物之规律，深彻事物之底里，是谓视之明，不至有目盲于色之患也。耳接万物之声时，心之精思于物，必多方以考核物理人事之情实，而后可审决吾所听闻之妄与不妄，决不至以习闻古今人之陈说、谬论，先入为主，受蔽而不觉。至于所闻事理，对于自己过去先入之见或有不合，则不宜遽作否定；对于自己一时意想或有所合，更不宜轻于印可。偏听而不思，必违于正理；轻听而不思，必离于实事。轻之过尤甚于偏。慎思而不轻，未有流于偏者也。慎思不苟，无轻无偏，是谓听之聪，不至有耳聋于声之患也。是故刚健、焜明之心，揭然常存而不放失，则其运用耳目等官以酬酢乎天地万物者，无在不致其精思、慎思，恰得万物万事万理之真是。无在不三字，一气贯下。慎思者，详究方法之当否及征验之是否充足，故谓之慎。精思者，探索造乎深远，分析极其细密，故谓之精。是故孔子日新之学，敦仁以立其大本，爱智、格物以行其达道。大通之道曰达道。道家反知而绝物，岂不悖哉？

道家言去欲，而于欲无所简别，便一切去尽。佛氏抗拒造化，归诸无生，谓一切欲皆是惑，固无足怪也。无足怪者，佛法归无生，自当绝一切欲。道家本异于出世法，胡为去一切欲，此道家之大阙也。六经残缺，孔门论欲者今难详考。然孟子有言"可欲之谓善"，见《孟子·尽心篇》。此必七十子后学相传之辞。孔子教学者以其可欲，则唯恐其欲之不强。如《易》《乾卦》曰"君子进德修业，欲及时也"云云。此欲如不强，其能成就德业乎？《论语》"子曰：子，孔子也。曰，孔子说也。**仁远乎哉？我欲仁，斯仁至矣**”云云。朱子云："**仁者，心之德，非在外也。放而不求，**（放，犹失也。）**故有以为远者；反而求之，则即此而在矣，夫岂远哉？**"程子曰："**为仁由己，欲之则至，何远之有？**"余谓此章之意重在一"**欲**"字。人或习于卑贱，无求仁之欲；或偶动此欲，而不能继续，乍起乍灭，则其欲不强，终无由至于仁矣。又《大学》曰"**古之欲明明德于天下者，先治其国；欲治其国者，先齐其家；欲齐其家者，先修其身；欲修其身者，先正其心；欲正其心者，先诚其意；欲诚其意者，先致其知；**知字，阳明训为良知，极是；朱子训为知识，大误。致者，推致出来之谓。**致知在格物**”云云。格，至也。物，谓物质世界。格物者，言良知要推致到一切事物上来。朱子《格物补传》极是。象山倡异议，以格去物欲为释，却变乱圣言，大误后学。**据上引经文，五个欲字义极深广。**《大学》第一章，朱子审定为孔子之言而尊之为经，余从之。余确信全人类皆有此五欲，今后发展益强。格致诚正、修齐治平之盛德大业，极乎天地位、万物育，一切无不成办。**欲其可绝乎？** 又考之《孟子》书，有云："**得天下之民有道，所欲与之聚之，所恶勿施尔也。**"天下之民，谓世界人类。得者，言领导人类者必欲天下之人人皆鼓舞兴起，相与戮力改造世界，如孔子云天下一家，此谓之得。何由而得乎？领导人类者必顺人类之所共欲而竭诚扶勉之，使众志合作，将一切所欲，如求财富、求知识技能、求安全、求快乐、求作业乃至种种所需，都集聚完备，无有一毫缺乏，俾其公同享受。至于信仰、思想、言论等等自由，皆无阻碍，但宜互相批评，导之于正。庶几所欲毕聚，人道大畅矣。总之，欲不可遏，引归正当发展是不可易之道也。所恶勿施者，人类之所共恶，如剥削、压制、侵侮种种作法，实不可施之于人。施，犹给与也。给与天下人以所恶，害人终以自害。今之帝国主义国家危亡莫救，是其证也。以上参考《孟子·离娄篇》。孟子虽曾闻《春秋》，而仍守小康思想，详在《原儒》。孟子主张圣王治理天下，

177

却是谬想。然其言使民完聚其所欲，勿施以所恶，则根据《春秋》太平义也。余故酌采而引申之于此。余观老子以使民无欲为至德，而孟子述《春秋》之旨，则期于人类合作以完聚其所欲。孟学孔而老反孔，故两家论欲不同也。儒学以成己成物为一贯，凡人之欲从大而戒小，此中大者，即孟子所云大体也。小者，即孟子所云小体也。吾人与天地万物元是一体，此谓大体。个人是大体中之一分，此谓小体。所欲务从大体而以偏私小体为戒，则大体利矣，小体自无不利。若乃人各纵其小体之欲，则大体将溃亡，而小体能独存乎？从公而戒私，准上可知。则欲即是理，未有不善也。成己成物唯在导其欲于大与公，为正当发展而已。若去欲务尽，则乾元真性、生生不已之几其将熄乎？

古哲日损之学，至博大者莫如二氏。二氏，道与佛也。上来论二氏，而皆以孔子之道绳正其失。兹不复赘。

科学日益之学，前曾提及，今更有言者。中国科学思想，自伏羲画八卦，已启萌芽；至孔子作《六经》，天道、物理、人事皆备焉。《中庸》赞之曰："致广大，尽精微。"又曰"大哉圣人之道！洋洋乎发育万物，峻极于天"云云。圣人，谓孔子。言《六经》之道洋洋乎盛大，发育万物，其高峻至极，直与天同德，无所不覆盖包含也。又孔子之天通论，是以体用不二义推翻上古天帝的迷信。孟荀二子虽属小康派，而于天道犹不失孔子本义。至汉儒，则恢复上古天帝之教，而变乱孔子之天道论以拥戴皇帝。宋儒犹不悟也。陆王不惑于汉儒，又染禅宗之唯心，莫辨体用。此中不及详。庄生称孔子之学有内圣、外王两方面，余甚赞同其说。内圣学一词，当俟后文随机解释。粗略而言，不妨说内圣学是为道之学。天道论即内圣学之根柢也。此中姑不论。今所欲明者，孔子首倡导科学，实从其内圣学中体用不二之根本原理而来，唯其洞见即根源即现象，两即字正明其不二，下仿此。即真实即变异，即无对即有对，既非无源之论，亦不向现象以外寻求根源。因此，不离现实以皈仰天帝，不离现实以返虚无，不离现实以趣寂灭，此科学思想所由兴也。孔门经传千万数，经，则孔子所作，或孔子口说而弟子记之，亦称经。传，则弟子承师说而推演者为多。千万数，见《史记·太史公自序》称其父谈所说。汉廷废之而不传，遂尽亡失。参考《原儒》。其中有无科学思想之专著，今无从考定。《易大传》有倡导科学之论，余在《原儒·原外王篇》采集其文而附以注，可参考。其义旨宏深至极。近代科学发展之伟绩，颇与先圣孔子之远见有相符者，岂不奇哉？"范围天地之化而不过，以吾人之知能制驭与改造大自然，使其变化，无有过失。曲成万物而不遗"，物质则操纵之、改造之，使其质与能起重大之变化；动植物则变其品种；人类则互相扶勉，皆得发挥其德性才能。凡此皆曲成之事，而不遗，尤难矣。此上二话皆见《易大传》。今后科学之任务正向范围天地、曲成万物而努力，圣人之理想终必完全实现，无疑也。

孔子倡导科学之论出，而后墨子、惠子、黄缭之伦并以格物之业风动一世，科学萌芽已油然生矣！独惜老氏以无知无欲鼓吹于当时，天下闻其风而好之。庄子以奇才奇文，承老氏之学而盛衍之。自是道家几夺儒者之席，又逢吕政开专制之局，而科学萌芽斩绝矣。

庄子与惠施为至友，惠子盖有科学天才，惜其书不传。庄子责惠子为逐物之学，今人鲜不谓其反对科学。然庄子之于科学，犹不是极端排斥，较之老氏专主无知无欲则宽容多矣。惠子，《汉书·艺文志》列在名家。今考之《庄子·天下篇》，称南方畸人黄缭畸，异也。北游，访惠子，"问天地所以不坠不陷，风雨雷霆之故。惠子不辞而应，不以其问之难答而辞避之，乃直应之也。不虑而对，遍为万物说。惠子为黄缭普遍广说万物之理也。说而不休，多而无已"云云。据此，则惠子乃科学家。黄缭所发之问皆自然科学中之大问题，北方称黄缭为畸人，亦是著名科学家也。今录庄子责惠施之言，约为二义，如下：

一，"散于万物而不厌"，"逐万物而不反"。

二，"弱于德，强于物，其涂隩矣。"隩，曲也。曲者，偏义。

如上所述，第一义，庄子所责惠子者，正是科学之特殊优点。科学所治之领域本是宇宙万有现象，广漠无量，复杂无穷，故研究重在分工，划分无数部门，而各选择一部门，以专力于其间。然每一部门之内还是复杂至极，宛尔一小宇宙。累世学人继续钻研，随时改正旧误，随时创发新知。积世、积人、积智之所发见，尚无几何，总觉小宇宙亦是无尽藏，何况无量数小宇宙互相联系而为一大宇宙，其至赜大有，可得而形容乎？至赜，见《易大传》。赜，犹繁也，多也。至，犹极也。《易经》有《大有》一卦，大者，赞词，宇宙繁然万有无穷尽也。凡研科学者，莫不将其心力分散于万物，钻之弥坚而卒摧其坚，索之甚隐而卒洞其隐，析之细密而终入其密。彼之所为既勤亦苦，然其乐为而不厌者，游乎无尽藏，时时有新获，足以偿其勤、慰其苦。如农夫终岁劳动，而庆仓库之丰盈，利在日益。情无厌倦，固其宜也。

逐万物而不反者，反，犹返也。逐，追求也。庄子以谓，凡为日益之学者专集其心力以向外追求于万物，不复能返到内心，体认我生固有一大宝藏是为吾人生活之源泉。不复能三字，一气贯下为句。

我生,见《易经·观卦》。固有者,本来有故,非后起故。一大宝藏者,谓我之生命即是宇宙大生命,是乃有实体而非虚妄。(譬如腾跃的众沤,有大海水为其本身,而非空幻。大海水比喻实体,众沤比喻大生命。)宝藏一词,借用佛典。生命有实体故,其生生不息,德用无竭,故赞之曰宝藏。庄子悲夫世人之聪明只用之以向外逐物而绝不反己,故其书有曰"吾所谓聪者,非谓其闻彼也,彼,谓万物,下彼字皆同。自闻而已矣。吾所谓明者,非谓其见彼也,自见而已矣"云云。不自见而见彼,不自闻而闻彼,庄子谓之丧己于物。参考《庄子·外篇》。有问:"庄子必欲人之皆以其聪明尽用之于自闻自见,将遗弃万物而置诸无何有之乡,一切不闻不见。以是为道,奚其可乎?"答曰:汝未得庄子意也。庄子悲夫世人尽用其聪明于万物而绝不反己。庄子所谓反己之己字,是会通天地万物为一体而名之曰己,非俗情所私之小己也。会通天地万物而名曰己者,此不是一个意想或一种理论,盖确实见得、信得我之生命即是宇宙大生命,宇宙大生命即是我之生命。(此中宇宙一词,乃天地万物之总称。)庄子云"天地与我并生,万物与我为一",(曾引在前文。)是其明证,非余以己见附托庄子也。此等大道理,儒、道皆有大同处,而大同之中又不无大异。其所以同而异者,则视其于体用是否真洞彻耳。兹不及详。反己之反字,是对向外逐物而言。科学本是向外逐物之学,其研究之对象即是物理世界,其方法博而精、严而密,毕竟以实测为基、分析为要。宇宙大生命宇宙大生命即是我之生命,此理已见上注。不是科学实测之术所可施。分析术只可用之以穷物理,断不可以分析而见生命。吃紧。生命是全体性,斡运乎物质中而无迹可睹,如吾园内丰草长林皆有生命之物也。今若随取一株,而将其形、色、味等等一一剖析而观之,其有生命可得乎?生命不可以剖析而得,遂疑万物无生命,可乎? 客难曰:"剖析则物死,诚不可得生命。若取动物而刺之,以观其受刺时所发生之动作,犹可察其生命之情。先生必谓非实测与分析之术所可施,无乃太过乎?"答曰:汝之来难,吾非不知,但汝实未彻了生命,故难会吾意耳。夫生命由潜而显,本在生物出现之时。生物未出现以前,生命只潜隐于物质中。草木皆有生命,但其显露之征不过生活机能而已。及由植物进至动物,乃于保留生活机能以外,更渐渐发展知觉与本能等作用。本能者,过去经验之储集而成也。凡有生命之物都能保留其过去的一切经验而不丧失,如鼠生而即知畏猫,此从种族的经验遗传得来。佛书中曾说及此。高等动物进至人类,则一方仍保留动植物时期之生活机能与知觉、本能等作用,一方更发展最高的智慧、道德与一切特殊的知识等等高级心灵作用。此中以科学上专精、细密、准确的知识,谓之特殊。知识与智慧究不同类,兹不及详。动植物的机体构造太粗笨,生命犹未得完善的工具以资发展。生物的机体即是生命运用的工具。动植物的机体犹未达于完善地步,故生命之发展不能顺利。在此期中,此期者,谓动植物时期。生命尚未得遽离物质的障碍。如植物之生活机能,动物之知觉、本能等作用,皆受形躯之影响最重,而生命之自动力颇微弱。形,谓植物之形干。躯,谓动物之躯体。故研究动物心理者可从动物之躯体而实测其心理活动的状态。吾主张心与生命是一而不二,《体用论》中即明此旨。故心理活动即是生命力的活动。然而动物的心理活动实际上却是生命力为躯体所役使而无有自动,因此,应说动物之心理活动只是躯体的活动。即物理的活动。儿童的心理活动亦近于动物。客之来难,以为可实测者只此耳。人类的机体始足为生命发展的优良工具,故自人类出现,而生命的德用乃可以完全显露出来，生命始能不受躯体的役使，而显发其刚健、焀明的盛德与胜用。"生命始能"云云，言其可能也，实则犹须吾人努力，爱护生命，而以自力发展之。孔子云"人能弘道"是也。人生元有两方的可能：一方仍保留动植物受锢于形躯的余习，一方因自识其生命而能爱护与尊重生命，不忍自甘暴弃。由前一方言之，人生有下坠之可能；由后一方言之，人生向上之可能毕竟强大。动植物为躯体所限制，生命犹受障碍，即本心未得露出。人的躯体既足为生命、心灵所凭以显发之利器，下以即单用心灵一词，生命一词或不重举。凭者，凭藉。利器，犹言工具。人已能从心灵认识吾人与天地万物本来一体，故人类不当保留动植物受锢于形躯之余习，当顺从本心而全其天地万物一体之量。心灵亦称本心，此心是本有故。全者，言不可亏损之也。余尝见农村妇人偶破损一杯子，猝尔变容，连发太息之声。余曰："此小物也，购之易得，所养无几。"彼笑曰："我并未想及再购，只怜惜他破了。"余曰："杯子破，尔心乍动，殆若伤汝一指，未觉杯子是外物也。此何故欤？"彼复笑而无言。余私叹曰：人皆有本心在。本心视天地万物皆与我一体也。妇人怜惜杯子之念，直发于其本心之不容已耳。彼本无存养之功，人虽皆有本心，却须存养而勿失之，否则私意常起来作主，而本心亡矣。偶尔天机乍动，终不能常保也。天机，谓本心自然之机。人之本心固常在，但为私意所蔽而不得显出，则谓之亡。（譬如太阳本常在，而为云雾所障塞时，则人皆曰无太阳。）人虽以私意障其本心，而本心究未尝不在，故其自然之机或随感乍动，独惜人知存养者殊少耳。

人类出现时期，心灵之刚健、焀明等德性确已显露，则以人的机体不甚障碍心灵之发展故也。动植物之形躯，其构造犹未精利，生命无好工具，未能遽破物质之固闭而显其德性。人的机体便大不同于动植物。

有问："生命斡运乎物质中，当能改造机体。"答曰：生物自植物、动物以至人类，步步改造其机体，此是显著的事实。生物机体的改造，自是生命力主导乎物质，但不可妄猜他是有意识地设计怎样改造。

有问："人固皆有心灵为其一身之主，而人复有造恶，其心不能统御乎身，何耶？"答曰：心必以身为工具，而心有时亦为工具所利用。如动物有知觉运动之灵，谓此灵不是从刚健、炤明的本心发用出来，此灵何从生乎？谓此灵即是刚健、炤明的本心之德用欤，而此灵则于护持躯体以外，却是顽然冥然一无所知。故应说此灵只是躯体的活动，究不是刚健、炤明的本心也。心为工具所利用，正好于此处体会。工具，谓身。朱子于此颇有见而不甚明了，王船山于此体会较深而其文辞欠晓畅。人的身体构造完善，虽已超过动物甚远，而心作用往往为身体所利用，不得自行其主动之权。如临财欲苟得、临难欲苟免之类，不可胜举。古人有"心为形役"之言，虽未详明其理，而其对于生活的颠倒状态确有体察，此宜慎重服膺而不可忽视也。心为形役者，形谓身体，此言心将受身之役使也。心主乎身是为正常的生活，心为形役便成颠倒。佛说众生常在颠倒中，足资警省。人道本当爱护生命，存养心灵，不可保留禽兽受锢于躯体之余习。而人之能危然处其所而反其性者，盖求之千百人中而未易一二遇，此真人道之戚也。"危然处其所"云云，《庄子·外篇》语。危然，郭《注》："独正之貌。"处其所者，立乎人道崇高之地不下坠也。性者，性命之简称，性命犹生命也。锢于身躯，即丧失生命。存养心灵，即生命无亏损，是返其性。

心虽未免为身躯所役使，即是为工具所利用。此患究不在身躯,而实由于吾人之不自爱、不自强,所以随顺身躯顽冥之动与下劣之欲,遂至昏然亡失本心,而无自悟自拔之期也。欲之类无可数计,小之如饮食、男女、财货、名声种种希图,其变态何止万状;大之则权力欲,如济以宏才,则可横溢而成滔天之罪恶。但欲不可一概谓之下劣,凡不背于公、不损于人、不违于正义者,则欲无大小,皆莫非善也。若其欲至于背公、损人、违反正义,则无论大小,皆下劣至极也。问:"禽兽只有维护躯体之欲,不知其他,亦是下劣否?"答:当然是下劣。但禽兽虽因欲动而横噬,亦不能加以罪恶之名,彼本无知故。人类造罪,则不可宽恕。**老子说,人之大患,在于有身。佛氏以萨迦耶见为万恶所从出。**萨迦耶见,若译其义,则为身见。以众生恒有爱护其自身之见念念不舍故,是名身见。此乃自私之根,万恶从之而出。**佛老对于身躯只作坏东西看,此大错误。**殊不知形虽可以役心,上文云"心为形役",可复看。而离形又哪有心可得乎?生命、心灵与物质本同体故,无可分开。**身者,心之藏也,心之具也。**心以身为藏蓄处,譬如稻禾的生机即以稻禾的根干等为藏蓄处。工具,简称具。心的流行发现即以身为其工具。**身载心,而心则备具生生、刚健、焌明乃至无量德,身之所负荷大矣哉! 至尊严而不可亵者莫如身。孔子既作《六经》,别为《大学》一章,总括《六经》纲要。其结论云:"壹是皆以修身为本。"**壹是,犹一切也。**皇矣圣言! 万世无可易也。**

人身最可贵者,即在其构造达于完善,而心灵得以赫然显露出来,常为吾身内在之监督者。人之所以修其身者,无他道,此中道字,犹术也。术,犹俗云方法。唯在不违本心之监督而已。本心,见前。违,犹背也,叛也。不违者,不背叛吾之本心也。**孔子曰:"君子无终食之间违仁,**仁者,本心之名。本心备具生生、刚健、焌明、通畅诸德,总括而称之曰仁德，故本心亦名为仁。终食者，一饭之顷。仁心，吾身之主也。君子一生之中常顺从仁心之监督，虽一饭之顷为时至暂，犹无敢背叛于仁也。**造次必于是，颠沛必于是。**"造次，急遽苟且之时。颠沛，祸乱流离之际。两是字皆指仁。言人当造次颠沛极不易保持仁心，君子则必守其仁而不忍失之也。参考《论语·里仁篇》。有问："仁之德即是生生，此于古训无不合。刚健等德亦属之仁，此乃先生创说耳。"答曰：汝若深玩《乾卦》，当知非余之创说也。乾为仁，此汉人所存孔门流传之古义。乾德生生，不待说。生生不息，正是刚健。不刚健何能生生不息？故《易》称乾德，特以刚健为主。乾之为仁，正以其刚耳。乾有大明之德，炤明犹大明也，仁德岂是迷暗性乎？通畅即是乾之亨德，此德正与闭塞相反。宇宙大化流行不能偏从反的方面去看。没有反，固无从起变，然相反，乃所以成其太和，太和即通畅之谓。相反不是相仇。若一味相仇，将闭塞不通，而大化熄矣。宇宙以乾坤相反而成化。乾为心，坤为物。乾主动以开坤，即是心主动以开物。明乎此义，当知心不是闭塞性，而是通畅性，通畅谓之仁。失其通畅，即失其本心。汝须在日常生活中体察自心，方信吾言不妄。孔子亦言"仁者爱人"，爱人正从生生与通畅二德发出。生生之德，故能爱；通畅之德，故能爱。朱子说仁是柔嫩的意思，便以温情为仁，大有病在。仁固有温情，而温情不必是仁，甚至大违乎仁。仁德中包含刚健、炤明二德，岂迷惑的温情、姑息的柔嫩意思亦可谓仁乎？且仁德不容私欲私见等，非刚与明，何能去私？又仁是积极性，孔子许管仲匡正天下之功为仁，可见仁德广大。宋儒杂老庄之虚静以言仁，殊不知仁心未尝不虚静，而沦虚溺静却非仁。《论语》此章极重要。汉宋群儒皆不识一仁字，吾举《大易》乾德以明之。学者知乾为仁，则知仁德即是乾德，实统万德万善，而生生、刚健、炤明、通畅诸德尤为仁德之主干。非返己而自识生命之德性者，难与言仁。**孔子此言，托于君子而不自居，实则自道其存养之功耳。其庄敬日强，直无有一瞬一息松懈，至于真积力久，则亦行所无事矣。**有问："孔子似是专作存仁的工夫。今人求学问、求知识遑然常苦不及，且事业日繁，人无得安坐者,何暇专力来存仁?"答曰:吾子以为于日常求学求知及任事操业之外别有存仁的工夫,此大误也。须知仁即是汝之本心,此心不是离一切事物而独在。汝求学求知时,即此仁的本心用在学问知识上。汝心只是好学,好求真知,动于不容已,别无为名为利的私念,(两为字均读若卫。)此便是仁。有一毫名利念头起来,立即斩断,此便是存仁。求学求知常遇到极困难而不易解决的问题,此时若起畏难、短趣、退屈等念,便不是仁。克治困难才是仁。孔子曰:"仁者先难而后获。"富哉斯言!(获,犹得也。先要历尽千难万难而后有所得。若不务深思,安于偏见或浅见,不肯实事求是,妄冀不劳而得,苟且以求速成或小成,又或半途而废,凡此都是麻木不仁。)学人识量要大,德量要大。孔子曰:"博学以知服。"(此语见《礼记・儒行》,盖孔子之言而七十子后学辗转传述。)学博则识广,方能见得、信得理道无穷。我所研究之范围在无穷之理窟、无尽之道奥中,(奥者,幽深处。)其狭小殆如蜗角中之建国者耳,(蜗虫,至小之虫也。其左角中有建立国家者,右角中亦有建立者,两角之诸国相攻,伏尸百万。此《庄子》书中之寓言。)何足以此自是而轻他?故博学者必于我所研究之范围以外知有其他学术而绝不敢忽视。知业哲学者或轻科学,业科学者或轻哲学,皆未可也。即在同业之中,尤宜虚己服善,不敢萌一毫自足之念,不敢挟一毫标榜之私。(标榜即私结徒党以竞于世,而实学将绝。)学术界实当培养博学知服之仁风,亭林船山诸老先生其遗范可师也。(亭林虚己奖善,人皆知之。船山则人疑其批评古人过严刻。殊不知汉以后学风太陋,船山激于世变,不得不绳正前人之失。后之议者无其卓识,故以为严刻耳。船山于方密之以丈人事之,甚敬爱,非不服善也。)学术分途,各有所明,即各有所蔽,彼此不能无是非。如此执所长以攻彼,能中彼之短,诚是幸事。倘不获中彼之短,则其过在攻者,当时后世不患无辨正之人。余以为批评不可无,但不可挟宗派之私见耳。总之,求学求知随时随地皆当返而自问:吾用心处是发自仁的本心,抑发于私意私见? 不违于仁,则更扩充之。挟私而失仁,则痛戒之。存仁之学,如是而已,岂是教汝废尽其他一切学术,归于无知,而可谓之存仁哉? 吾已就求学求知说明

187

如上。至于任事操业,则于事业中随时随地皆当返问:我于事业克尽其仁心与否?此则不待详说。凡人毕竟皆有仁心在,不难自发见也。圣人之学不可视为过高,而不切于日用,更不可视为过去,于今全用不着。大道毕竟是平平常常,如布帛菽粟然,古人不可一日缺,今人乃至未来之人还是不可一日缺。老夫之勤勤于圣学而不避迂固之讥者,诚见其为道之所在耳。**圣人存养工夫深密,故常不违仁。**常字,注意。**一般人则犹保留禽兽锢于身躯之余习,其一切知识乃至权谋机智,凡所运用施为,皆以维护与扩大其小己之私图为本。**人皆认定其一身为自己,是谓小己。**恶习日深,则不止违仁而已,终必丧尽仁心而无自悟之期,真人类之悲境也。**如近世帝国主义国家之当权者,犹欲保持其侵略与剥削弱者之威权。今若推究此等罪恶之所从来,虽旧制度之不良有以酿成之,而主因究不在制度。人类颇保留禽兽之余习,常纵其小己之私欲与野心,虽已临覆灭,犹不悟耳。

禽兽非无仁心,但其躯体组织未臻完善,心灵尚未得显露。心灵,亦名本心,亦名仁心。**故禽兽之知觉与本能只是躯体的活动,于遂其躯体之欲以外不知其他。人类则因其身体构造精利,仁心已显发出来,实主乎吾人之身。然仁心即是生命力之发现,此不唯在吾身,亦遍在天地万物。**吾人与天地万物,从形体上看来,自是各各别异,不可言同;若从仁心发现时而体会生命,便识得吾人生命与天地万物的生命浑然为一,本来无二无别。浑然者,不可分之貌。**故仁心之主乎吾身,常于吾人一念乍萌乃至著乎行动之际,恒诏示吾人以可与不可。其可者,必其超脱乎小己之私图,高履公道、正义者也。其不可者,必其同于禽兽只遂躯体之欲,不知其他,背公道而叛正义者也。大凡上智之资,直率性而行。**古言性者,犹云生命。吾据《大易》以乾为生命,即生命与心灵为一,是生生不息的一大势力。此义本见前

188

文,吾不避重复而又加注者,诚以汉宋群儒对于《大易》生命、心灵为一之旨,多未发见。阳明颇有见而犹有隔在,此不及论。又吾书中言生命与时俗习用之生命一词殊不同旨,所以随文加注。古人性命一词,有时单言性,(单言性者最多,不必举例。)有时单言命,(如《大戴礼》云:"万物之本命。")其性、命两字连用者,首见《易经·乾卦》。性者,生生义。命者,健动义。(见《易经·无妄卦》。)性命一词,旧社会通行。农村中有病危者,皆曰性命将不保。近四十年来,生命一词最普遍。余以为学术上名词有可以采用世俗通行之名,即不妨采用之而董正其义。如生命一词,一般人虽无真解,但他总知道生物是有生命的。他如肯反在自身体会,自然发生正解。率性,见《中庸》。率,由也;性,即是吾人与天地万物共有的生命。吾人之仁心即此生命之发现。上智者常不违仁,其起一念、行一事皆由仁心作主,自无小己之私,故云率性而行,中人之资,则不能念念率性,事事率性,时有小己的私欲即禽兽锢于躯体的余习。乘机窃发,而其仁心则常监督于中。如临财欲苟得时,不问合义与否,姑苟且以得之,曰苟得。仁心自然诏示以不可;临难欲苟免时,仁心亦必以不可苟免诏示之。当此际也,小己的私欲必谋一逞,仁心始终峻拒。俗谚有"一心中理欲交战"之说,此乃一般人同有之经验也。俗谚"一心中"三字,确大误。据理而谈,只有仁心才是心,私欲不可说为心。而亦有以私意私欲等说为心者,此乃随世俗而说耳,却须辨明。交战,自是仁心与小己的私欲战,不是仁心中有理、欲两方也。

如上所举二例,皆足证明仁心决不承认小己之私欲为可。第一例是就实际生活中财物交涉而言,第二例是就遇危难时生存与正义冲突而言,此为两大问题。财物是生存的资源。禽兽犹集聚物资,何况于人。故小己之私欲莫大于贪财。任何私欲皆与财有关,且多为贪财之变相,相字读为相状之相。如名誉欲、权力欲,其本质与贪财无甚异也。贪财是一切私欲之根,是与身躯或小己密切固结、不可解脱者。然吾尝晤乡之善人,自述其经验曰:"曾遇财物交涉,在可以取、可以毋取之间,取之于正义上无大失,而于己有小补,是可以取。然亦无应取之义,是可以毋取。其时持两端而不易决者,盖问诸良心,明知于义不应取,则不取为是;俗称良心,即仁心也。而又见为无大损于正义,则取之为便。迟疑良久,而后决定不取也。"善人之自述如此。余语之曰:"君所谓两端不易决者,非事情上有此两端。事情,谓其所遇财物交涉。财物来时,衡以正义,是不应取。君之良心既直下判断,事情已定于一个正义,何有两端乎?而君所云,又见为无大损于正义者,此见不是出自良心,乃私欲起而贪得此财,遂作诡辩,以避良心谴责也。君未察及私欲之诡秘,乃疑事情上有可取、可毋取之两端,此大谬也。幸而君犹未违良心之判断,卒不妄取,从此不至为下流之归,乃大幸耳。君若果从私欲之诡辩,违良心之正示,此端一开,后来便步步殉私欲而叛良心,终于良心丧尽,岂不悲哉!"殉,犹死也。狃酒而不戒者必死于酒,顺从私欲而不觉者必死于私欲。善人曰:"闻公之教,而后知私欲之诡辩可畏也。不察私欲,良心殆难保矣。"余曰:"君之经验,人人皆有,非君一人独有之也。但能不误于私欲者,恐少耳。"

余深信中国先圣发见天地万物一体之义,盖从一切人皆有仁心而体会得来。仁心本不限定在我之一身,实遍在乎天地万物。故仁心之动,常是全体性,决不随顺小己之私欲。《大易·乾卦》表示生命、心灵之德性,曰刚健,曰中正,曰纯粹,其旨深远极矣。不为形气的个体所锢,是其刚健。不随顺小己之私,是其中正。纯有二义:一者纯净,无染污故;二者纯一,无杂乱故。粹者,美之至也。如上诸德,遍含而无偏,大正而无系,故是全体性。遍含者,天地万物皆其所普遍含入,无有偏私。大正者,不为小己之私欲所缠缚,故云无系。

余以为,任何人如肯返己体会,便见得人生本有仁心在。仁心常为吾人内部生活之监督者。吾人每动一念、行一事,仁心之判断恒予小己之私欲以适当的对治。恒字,注意。此一事实,万不可不注意。有人说,从功利论的眼光看来,仁心并非人生所本有。只因利害关系,人与人要相给合,结合则不得不各自节制小己之私,由此养成习惯,遂有仁心。余曰:功利论太浅薄,对于宇宙人生全不穷究,浮妄立说,不可据也。人生如本无仁心,即人与人之间无有精神相流通,无有道义相联系,纯靠利害来结合,人类早已互相吞噬,绝种矣。夫利害,随时可变易者也。朝以利相结,暮亦可以利相食矣。且人若本无仁心,唯利是图,而贪利则恒无餍足。人皆如此,又何由结合得来? 古之建言曰"利令智昏",人皆昏昏然争利,亦不会有结合之智也。今世资本主义国家始终结合不成,盖早已丧其本有之仁,而昏然唯利是图,未有不互相伐以同归于尽也。自今以往,立人、立世界可不知本乎? 问:"先生上追孔子而言仁,道则高矣美矣。然从古以来,人间世多不仁之感,奈何?"答曰:人类前途毕竟离黑暗而向光明,不可偏于悲观也。社会随世变迁,逐渐扩大其团结力,不容否认。继自今将实现孔子天下一家之理想,盖可断言。人类发育日盛,亦足证明人生本有仁心,为其互相给合之根,故能创造一切,蕃殖其类也。从古以来,不仁之事虽不少,然斯人之仁心终未尝一日绝也。譬如三春阴雨,人皆曰无太阳,其实太阳常在,否则阳光全绝,万物都无生理。汝无一瞬一息不受阳光庇荫,而可谓天阴即无太阳乎? 持

191

功利之见以否认仁心，余未知其可也。仁心之特征，即在其常为吾人内部生活之监督者，常予小己之私欲以适当的对治。于此不自识，是放其心而不知求之，放，犹失也。人道绝矣。

上来就财物问题，发见仁心不容许小己之私欲。人人可返求而自得其征。今次，当就生存与正义冲突的问题作一番考察。佛家说有他心智，他心者，谓他人或众生的心，佛能知之，无幽不烛。佛有此智，曰他心智。余谓人皆能知他心，《诗经》云"他人有心，予忖度之"是也。不独并时人之心可以忖度而知，古人往矣，其行事在传记者，亦可忖度而知。有问："俗人以卑污之恶习测高明之伟抱，云何可符实际？知他心未易言也。"答曰：忖度他心而得其实者，须是明睿之君子，方足语是。夫唯他心可以忖度，故凡人当生存与正义冲突时之心事，必有形于外者可考察也。凡有生命之物，莫不贪生存。昔者，余尝居一破寺，古庙毁败大半。其虚室中生一小树。墙穿一洞，可通日光，树距洞不近，未得受日光，树之干则向洞倾斜以迎日光。初犹不觉其倾，积久则树干倾斜甚著。其始只向光耳，犹不得近光，久乃近之，终乃得受光。余亲见此事，推测植物似有知觉，又感其强于生存欲，故急求日光也。植物尚保护生存，而况人乎？人当危难时，有正义与生存冲突者，此种危难必是特殊的情境，如历史上所载国家倾覆、族类戮辱之痛。俗人当此际，亦莫不有仁心乍动，愤不欲生，俗人一词，见《老子》书。老子责俗人，犹佛氏之责凡夫也。然曾不一瞬，便为躯体或小己之私欲所战胜，遂决定苟且偷活之计，仁心卒被私欲障碍而不得发露。盖俗人之殉私而违仁，其由来非一日，积渐之势已盛也。然其时志士仁人毕竟不在少数，其拼万死以抗劲敌，犹庆天回地转于一旦，功不唐捐，浩气常流，仁之至也。此就中国晋代以后历史举例。至于晚明时代，民主思想已如伏流不可闭藏。自清季至于中共之兴，革命运动如怒潮汹涌万丈，前从死者，不可数计。孔子曰"志士仁人，有杀身以成仁，无求生以害仁"云云。唯志士仁人，真正自识我与天地万物一体，善自保养仁心，而不敢且不忍失之，是以骤逢生死难关，便能夷然顺从仁心之启示，直突破难关而从容就义也。有问："生命本有生生之德，今其发为仁心，在上述危难情境中，竟不容许小己之生存欲，何其果于自毁乎？"答曰：生命有刚健、纯粹诸德，故不可垢污，不可折挠。且汝疑毁生，亦大误。生命本不守故常，时时舍故生新，故故不留，所以新新不竭，以此见其生生盛德。汝疑其自毁，是不识生命之情也。凡在特殊的危难情境，仁心之动是关乎天地万物之休戚，而不系于小己之利害。注意。所以，吾人当顺从仁心，誓必死以赴公难、伸公道、张正义，是仁心之不可渝也。人若殉小己之私欲，巽懦怖死，是仁心之蟊贼、生人之耻辱也。总之，个人如值大义与生存不可并容之难关，不可并容者，如苟且偷生即不能容受大义，如实践大义决不容许偷生，是不可并容也。一般人虽不能如志士之杀身成仁，而其仁心感发，则未有不赞美志士成仁之大节者。此为人类之同情，无古今之异。由此可见，仁心常是周流乎全体，不堕于小己之私欲。全体，谓天地万物。于此，正可认识吾人生命与天地万物的生命本来无二无别。孔子敦仁之学，其骨髓在是也。

附识：有问："吾人如任仁心作主，不将轻小己欤？"答曰：此难无理。如汝之身是各部分互相联属而为全身也，汝爱汝身,是爱其全乎? 抑将志其全,而偏厚于某一部分乎? 如偏厚其两足,而安坐以逸之,久则全身将病,而两足不痹乎? 仁心处处对治小己私欲,乃自然之理,活泼泼地,不可问其所由然也。小己之私欲便成乎恶,欲而无私即是善。善欲则依仁而起,与仁为一也。如男女之欲,则夫妇有礼而不乱;财物之欲,则合力生产而共同享受。欲皆无私,而仁道大畅矣。

小己之私欲,纯是发于躯体的盲动,此与禽兽同焉者也。仁心即生命力之发现。生命者,大生广生,无穷竭也。《大易》则谓之乾,余在《体用论》则说为阖。阖之为言,潜驱默运乎躯体以及躯体四周之物质宇宙,而为其主导者也。生命未出现以前,阖势潜隐于物质层,而未得显露;生物初出,生命力只发现为生活机能,而心灵现象犹未著;由高等动物进至人类,心灵始以机体之组织完善,而得赫然呈露,大显其对治小己私欲之胜能,所谓仁心是也。吾人如欲自诚心灵,必先察别小己之私,而于仁心流行无间时,好自体认,乃得之耳。

古哲对于内心的体察,纯用返观法,而忽视内心与其躯体及外物之联系,实于无意中将心灵看作是无对的独立体。老庄确有此嫌疑,佛家大乘的法性心显然成唯心之论。万有之实体,名为法性。法性心者,即以实体说为心故。二氏之错误与流弊甚大,若深论之,则文辞甚繁,余无此精力也。二氏,道与佛。

科学的心理学,其方法注重实测,其解释心理现象以神经系统为基础。若站在科学的立场来说,余固不须反对。然或以为心理学之观点与方法可以发明心地,余则未知其可。发明心地,禅家语也。心理学以神经系统为基础，由其说必至于以物质为心灵之本源。其实，神经系统只是心作用之所凭藉以发现，而直说为心理的基础，便似心灵从物质而生，此其观点实太偏而不正。须知，心、物两方，其实体是一，以心为物之本固不可，以物为心之源亦大谬。此不可无辨也。实测术用之以观察人类心理的活动，固非绝无攸当。当，犹合也。有所合用之处，曰攸当。人类犹保留动植物的生活机能与知觉、本能等作用，在此等范围内，固实测术之所得施，然亦止此而已。若夫高级心灵，如所谓仁心，则唯有反己体认而自知之耳，诚非实测术所可及也。万物发展到人类，才有仁心显露。此中言万物，即摄天地在内。植物初出现，生命虽由潜而显，尚为形气所锢蔽，难于发现心灵。动物出现，只有低级的知觉等，于保护个体以外，他无所知，还是为形气所锢蔽。仁心既显露，始得破除形气的锢蔽，常对治小己之私欲，而周行乎天地万物，无偏无系。周行者，周谓周遍，行谓运行。无偏无系，见前。由此，可见心灵是全体性。心灵，即仁心之别名。心灵在我身，亦遍在天地万物，故说是全体性。易言之，吾人生命与宇宙生命浑然为一。此理昭然，得丧在人。得者，谓彻悟此理而实现之于自身。丧，犹失也，即得之反。然人虽丧之，而此理自在。譬如盲人不见太阳，而太阳常在也。

　　科学的心理学，其研究的对象自是人类的心，研究动物的心，则别为分枝的专业。而实际上，则人类的高级心灵仁心。为彼等之测验所不及，遂绝不涉及。其实，心的发展必至乎仁，始不受锢于形气的个体，克去小己之私。而流行充塞乎宇宙。此中宇宙，乃是天地万物之总称。流行，言其斡运乎一切物质之中也。充塞，言其无所不在也，在我身亦在天地万物。仁心即是生命，此不可剖分，亦无亏缺。此乃心灵之真相，唯人类机体组织完善，乃得显露出来耳。真相，犹俗云真面目。

哲学的心理学，其进修以默识法为主，亦辅之以思维术。默识法者，反求吾内部生活中，而体认夫炯然恒有主在，恻然时有感来。有感而无所系，恻然之感，同情于万物，本无私意私欲之杂，故无系。有主而不可违，此非吾所固有之仁心欤？识得此心，非可曰只守之而勿失也，要在事物上磨炼。随事随物，知明处当，以扩充吾之仁，知明者，明于事物之理则也。处当者，造起万事，化裁万物，不违其则，不失其宜，是处理事物得其当也。是乃孔门敦仁之学，非程明道《识仁》之说可得而托也。明道《识仁》曰："以诚敬存之"，"存久自明"。结语又曰"此理至约，唯患不能守"云云。程子此一短文，为理学诸儒所宗，其影响之大，殆掩六经。彼提出诚敬二字，名为承孔。彼，指明道。今玩其全文意义，言存而遗感，遗，犹绝也。言守而无为，其骨子里却是老聃致虚守静之旨，明明与孔子无关。《易》曰："安土，敦乎仁，故能爱。"土，犹言境也。安土者，言吾人常保持仁心而不敢放失，故随其所处之境而皆安之。如处患难之境，则守义以赴难，不以死生动心，何况其他。是谓安土。明儒吴康斋长江遇风，舟将覆，乃正襟危坐。事定，人问之，曰："守正以俟耳。"是能安土也。（临死地而泰然不惧，则一切利害、得失、毁誉皆不足扰之矣。）学者常习于安土，则其仁心日益敦笃淳固，不可摇夺，不至放失。仁心周流乎天地万物为一体，故能爱。又曰："吉凶与民同患。"可见仁心常恻然有感，岂沦于虚、滞于静者可谓仁乎？《论语》曰："居处恭，居处，谓无事时必以恭谨，收敛其身心，防偷惰，去杂念。执事敬，执事，则无论大事小事皆持之以敬慎，事先则计划必详，临事则劳作不懈。公而无私，强而无偷，是为敬。与人忠。"此中泛称人，即通一切人而言之，无分亲疏远近。仁心视天下人，皆以忠诚含育之。虽素不相识者，一旦因事相接，必尽其忠以相与，不以诈伪待人也。可见孔子言诚敬，是贯通乎动静或一切事物之交，而皆以仁心运用于其间，非必一切无为，守其冲虚寂寞之心，可谓存仁也。非必二字，一气贯下。须知，仁心常存，则其周行乎万物万事万变之中而无一毫私欲搀杂，便无往不是虚静。仁心一失，则私欲用事，虽瞑目静坐，而方寸间便是闹市，喧扰万状矣。孔子自明其为道之功，曰"默而识之"。见《论语·述而篇》。默者，非屏去事物、冥然不生其心之谓，乃贯动静而恒无昏扰，是为默也。识者，体认仁心而不放失，即由仁心运行乎万物万事之交，不令有一毫私意私见搀杂。是以知明、处当、万理平铺现前，故曰默识也。默识是生生动动、活泼泼地。后儒修诚主敬，直是迂滞矜持，朱子《论语集注》于默识无所会，况其后学乎！

思维术者，直任明睿的思维深穷宇宙体用，洞然旷观，毋滞一曲，须会其全；毋妄推度，要必有据。久之，体用透彻，而心之所以为心，有其源，源，谓心与物之实体。有其关系，关系，谓物质乃与心相反相成，是其关系密切，不容忽视。皆明明白白，无复疑矣。若不明其源，则以心当作实体者，将超脱现实世界以养其神，神者，精神，心之别称。而流弊无穷。道家便有此失。不明其源，直以物质当作实体者，竟不悟认识存在者是心，明了事物规律而掌握之者亦是心，心之了境、或不符现实而改正错误、终于实事求是者还是心，变化裁成乎万物者都是心。竟不悟三字，一气贯至此。总之，心为物之主，能深入于物，随顺于物，明了物则而掌握之，以化裁乎物，所以利用厚生，归于崇德也。心之力用本极殊特，明明不与物质同类，而或以主乎物之心，其来源还是物，此理何可通？余是以究心物之源，而不敢苟同于无源之论也。譬如众沤，必有大海水为源，否则众沤何从起？ 若乃心、物相反相成，《大易》乾坤之义无可反对。古哲尊心之论，如道如佛，皆不悟心、物必归统一，未可游心物外，脱离现实。皆不悟三字，一气贯下为句。道家顾返于虚无，僧肇深于老庄，而谓其栖神冥累之方。冥，谓太虚也。太虚幽冥无象，故谓之冥。僧肇研佛法之后，则以为道家不能破除冥相，（相字读为形相之相。）是为冥所累也，故云冥累。王弼《老子注》其大旨亦不外返还于虚无。佛氏乃趣于寂灭，寂灭一词，曾见前文，《体用论·佛法章》宜参看。其为道虽不同，道家虚无与佛氏寂灭，根柢究不同。要皆游心于现实世界以外，极逞空想，此二氏同病也。佛法反人生，其为空想不待言。道家反知去欲等主张，实由其归宿旨趣在返于虚无故。又其空想作祟，虽恶统治、忿剥削，而复贵柔弱、反争斗，此亦空想之病也。二氏为道日损，纵其心以翔空，焉得不病？吾侪今日稽古，不可复染其症。但古学自有不可颠仆处，兹不及论耳。唯心、唯物是从宇宙基源处划分开来。道家以神与气并生于太虚，（神犹心也。气即物质。）神不即是本体，故未可列道家于唯心论之列，只可称以尊心之学。佛法派别太复杂，其所谓法性，亦不即是心，（法性见《体用论》。）谓其为尊心之论亦可。然自唯识之论出，则以其如名之为心，此别为一宗耳。问：“《大易》将名以尊心之学否？”答：《大易》应称体用不二论，乾主动以开坤，虽可云尊心，而乾坤实融和为一，无脱离现实之病，未可与道、佛同列也。近世古学崩溃，其短处固易见，其长处亦无过问者，斯亦异矣。

上来。因庄生责惠子之不反，反，犹返也，谓返己。此己字非指小己而言，乃通天地万物而名之为己也，我与天地万物本一体故。为道之学穷究宇宙人生根源,不可只靠思维术作出一套空理论,须返在自身上用力而实现之。《易大传》称伏羲氏仰观俯察,远取诸物而必归诸近取诸身,此亦返己之意。**略举道、佛两大学派为道日损之共同精神,加以绳正,而归宗于孔子敦仁日新之圣学。**圣者,智慧、道德合一之称。圣学即进修德智之学。为道必返己,众圣皆同;而返己之实际,则不必同。庄生返己,期至乎独与天地精神往来;吾儒返己,在不违仁,实现我与天地万物为一。此不可无辨也。

　　庄生以二义绳正惠子逐物之学,惠子逐物之学,由今言之,即是科学。二义者,一,"散于万物而不厌","逐万物而不反";二,"弱于德,强于物,其涂隩矣。"实则二义唯是一义。一义者何? 责惠子只为逐物之学而不知反己也。庄生惧世人偏尚逐物,而忽视反己之学,令其湮绝,专向知识一途发展,将强于物、弱于德,而人生陷于狭途,终不可登于大道。庄生以此责惠子,盖深虑学术偏趋一途,不能无失,并非根本反对逐物之学也。余在《原儒》中言惠子著述必极宏富,独惜六国鱼烂而亡,暴秦废学,汉人祖吕政愚民政策,故惠子之书不传。中国科学思想废绝,盖由帝王专制之毒。庄生抨击统治,决不肯阻碍科学发展也。且庄生与惠子为至友,惠子爱知识极强烈,其应黄缭之问,遍为万物说,说而不已,多而不休。庄生描写惠子博学之神趣极详尽、极生动,可见其于惠子逐物之学相契甚深,故赞扬备至也。观黄缭访惠子所发之问,颇有自然科学中大问题,而庄生则称黄缭为南方之奇人,可见庄生甚爱科学,甚奖励科学家,但以学术不得不统之有宗,会之有元,元,犹原也。未可偏趋科学一途,而废其宗,弃其元。其思深微,其识高远矣! 肤学之徒或疑庄子反对科学,是犹大鹏升云霄而览六合,小鸟卑视于薮泽,不信大鹏之所见也。惠子有"泛爱万物,天地一体也"之旨,见《庄子·天下篇》。是于返已之学亦有体会,或其晚年已采纳庄子之见解。二人学术不同,卒成至友,博学知服,后世无此懿德也。

庄生以"弱于德,强于物,其涂隩"为偏尚逐物之学者所莫能免之流弊。吾侪以庄生之论,质诸近代科学家,当未肯心服也。近世人群莫不共信科学成绩之伟大,不独揭发宇宙秘密,掘开宇宙宝藏,而直以吾人智力改造宇宙,夺大造之权,兴无穷之福。以言其德,则高厚矣;以言其途,则广大矣。今人推崇科学如此,将谓庄子在古代不能预测近世科学发展之事实,其言谬误,不足怪耳。设复有人,居今之世,而持庄生之见以衡近世科学,则其愚且妄,不足一哂矣。然吾今称述庄生之言,固明知将招愚妄之诮而卒不避者,何耶? 科学发展之事实,庄生诚不能预见。然今人遂以科学发展,智夺天工,福被人类,足以推翻庄生之论,余诚迂钝,终未知其可也。

庄生以"弱于德,强于物",断定逐物之学"其涂隩"。近世科学,即庄生所谓逐物之学,虽发展甚盛,犹未能逃于庄生之议也。"弱于德,强于物",区区六字,其义宏大至极,深远至极,不可粗忽读过。学术只限定科学一途,而反己之学废,故弱于德。人之知能完全集注于物质宇宙,而划分多数部门,分工研究,用志不分,乃疑于神,不分者,不分散于他途也。志专于一,则神奇出。疑,犹似也,言其似天神之全知全能也。故强于物。细玩强于物三字,其于科学的长处包涵无所不尽。言其方法,则细密、周详、谨严、正确;言其发现,则大自然之蕴藏日出不穷;言其功用,则征服自然,利用自然,乃至变化裁成乎万物,(此用

200

《易大传》文。)改造世界。诚哉强于物也！庄生在古代见惠子首倡此学，而预测此学之强不可御。非上圣，其能远见若是哉？今更申其旨如下。

逐物之学独行，而反己之学废，遂弱于德，何耶？德者，众善淳备之称。善者，善行，犹云德行也。德行非一端，曰众善。淳者，无私意私欲之相杂也。备者，习行众善，无缺德也。德分二类：曰私德，曰公德。人生日用之间，慎以持身，言行不苟，此为私德。关于团体生活或公共事业，及凡公道所存、正义所在者，皆尽心竭力而为之，甚至杀身成仁，此为公德。道家清净自正，私德修矣。汉以后儒生谨私德，而不顾公德。(如国家沦陷，犹媚事侵略者而不知耻，晋以后此等贱竖殊不少。许衡知耻，犹存公德。)孔子言立己必曰立人，言已达必曰达人，言成己必曰成物。独善且不可，而况习于污贱乎？人之德行出于性，德修矣，而性适赖人之德以弘。德行亦简称德，性犹云生命，屡见前。生命具有生生、刚健、焀明、通畅等德用，是一切德行或善行之所从出。然生命之德用，必须吾人返在自家内部生活中，亲切体认良心，而不敢、且不忍失之，确然自动乎中，直发之为行事，始成为吾人之德行。确然，见《易经》。确者，刚决义。吾人良心(良心即是生命之德用显露，亦是仁心之别称。不曰仁心而曰良心者，随俗说故。)初一刹那顷乍动，是仁心之发，纯是天机，未搀杂人事。后一刹那顷，吾人便自起意思，即搀以人事。此际意思如仍继续良心而不放失，此即刚决，于时发为善事，成其德行。是乃以人事继天而不丧天机也。假若此际意思是私意私欲之动，即违背良心，吾人将为私意私欲所驱使，造作罪恶。佛氏所云疑惑，老庄所云迷芒，即此情境。是乃以人事逆天而天机绝矣。(逆者，叛逆。)违背良心，由于吾人缺乏刚决，此不可不猛省也。孔子戒申枨曰"枨也欲，焉得刚"云云。(欲，私欲也。)学人不返己体会，终不悟圣意也。刚本是吾人生命之德用，但吾人平日缺乏存养工夫，便等于无耳。此意拟在篇下加详，今不及广说也。人心之动，有天，有人。天者，天机。人者，人事。

科学的心理学固不究及此。古代哲学之深究乎此者,自莫如孔子之儒学。但汉以后儒生,罕有致力于此。宋明理学诸儒,其贤者严于束身而解悟不启,不肖者习为乡愿而已。又复应知,人心天机之发,贤者常在初念。如乍见孺子入井而恻然,即天机也。此等人虽未尝学问,其天资确是贤者一流。若麻木不仁者见之,则不必恻然。第二刹那顷,能不失天机者恐未易多有耳。颜子大贤,孔子只许其三月不违仁。三月虽久词,亦见其不能常也。一般人何敢望颜子乎?然人之不失为贤者,则天机流行之时亦不至太少,否则必为鸟兽之归矣。若乃不肖之徒,其初念乍动,常是人事,而乏天机。人事,谓私意私欲用事。不肖者亦不是生来便无良心,只因兽习较重,人生未脱禽兽的余习,见前文。一向顺其小己之私欲而发展,遂至放失良心,初念乍动,便无天机,狂迷以逞而已。如临财便欲苟得,临难便欲苟免,乘势则起野心,皆从初念乍动便如是。玩史而考商臣杨广等之无人性,秦桧之甘心卖国,岂可谓其有初念之动于天乎?唯其放纵而逞兽习,不务返求其本性,性即吾人所禀受的生命,日本性。遂沦于兽类耳。人之德行根于性,根者,取譬于木之有根,能发生干、枝、花、叶等也。人之德行发生于性,不是无因而生。此乃法尔道理,不容疑也。然人既禀性而生,则成为形气的独立体,便自有权能,可以率性而为善,率,由也,由字有遵循义。人之行为能一切遵从顺循其本性天然之真,则无有不善。亦可以违背本性,而顺从躯体的盲动,用纵其恶。性藏其德用,必待人之自识其本性而率由之,以成就德行,然后见性德之弘大。德用简称德。譬如宝物,含藏无上价值,宝物,比喻性。价值,比喻性之德用。而隐伏于人之衣袋中,比喻性之在人。此喻不能切合。因明学言,凡用譬喻只取其有少分相似处,不能求全肖也。必待人能自识其夙有之宝而善护之,以待识者赏鉴,而后见宝物价值之崇高。人有本性而不自识,即不能率由其本性,不能爱护与发展其本性,遂为躯体所役,而殉没于种种私欲与迷乱之中,此人生悲剧也。中夏圣哲之学,对于宇宙人生诸大问题无不博参深究,然终不逞空理论,必归本于知性、尽性。知性之知,不是浮泛的知识,乃是反己体认,孔子言"默而识之"是也。尽性者,率性而行,发扬吾人本性之德用,扩充盛大,是为尽性。知性、尽性,见《孟子》等书。《易大传》曰"成性",与尽性义相通。此乃圣学骨髓,人道所由立,不可毁绝也。庄子虽道家,而门户之见不甚严,狭隘的宗派主义者,即门户见甚严,庄子不然。其于孔子之道体会甚深,见《庄子·天下篇》。其明于德行之原,德行原于性,庄子见之明也。故欲存反己之学,盖与儒学之大要有相通也。

《易》之《观卦》对于人生之观察深微至极。三爻之辞曰:"观我生进退。"《象》曰"未失道也"云云。此言返观自我之内部生活,以考验为进为退,而自警也。生活力充实、纯洁、向上,不至陷于小己之私欲以下坠,是为进。反乎是者,则为退。常能以此自警,则不失人生之正道,故《象》曰"未失道也"。五爻之辞曰"观我生",《象》曰"观民也"云云。按此中义旨深远。民字古训:民,冥也,冥然无知也。观民,犹观冥也。观我生而必观冥者何耶? 我之有生,非如幻如化,更非从空无中忽然有生,应说我生自有真性。此中真性,谓宇宙实体。盖就我生而言,则实体即是我生之真性故。然而人自有生以后,则为形气的躯体所锢蔽,乃冥然莫能自识其真性。故观我生者,必观察我之奈何无端而陷于冥暗,冥暗,本无端绪可寻也。猥与随顺,则增长日盛。炯照常存,则日出雾消。破其冥暗，则可自识真性矣。犹如病人昏眩甚者，不知自身是己之有也；一旦病愈，斯知之矣。观冥亦是日损之术。但儒学主张损除其障碍真性之私见私欲，而吾人真性乃得发展弘大，则日损所以日新不已也。上爻之辞曰"观其生"，《象》曰"观其生，志未平也"云云。按此爻盖观于生物而深察生之冲动，则其意志力强健，跃然奋进，不容弛缓，故《象》曰"志未平也"。志者，意志。生命力充然猛进，说为意志力跃动。平者，弛缓貌。生命只是奋进，一息弛缓，生命将绝。观生入微，莫详于《易》，《观卦》三爻，示其大要。《观卦》六爻，而观生者有三爻。《易经》包含万有，而反己是其骨髓，《观》之三爻皆反己也，其可忽诸？

　　近世之人莫不以为科学智夺天工，福被人类，不可谓其弱于德，更不可谓其涂隩。殊不知庄生在二千余年前早以"强于物"一语遥赞科学。赞者，赞美。自有科学以来，其方法则谨严、精详、周密、准确，与其辅助感官之工具，皆与日俱进，强之至也；其成绩则积世、积人、积智之发见与开阐，累积雄厚，继长增高，将随大自然之无尽而同其无尽，又强之至也；其功效则征服自然，利用自然，变化裁成乎万物，乃至大通宇宙，改造宇宙，强哉矫也！现代科学当犹未尽其强力，将来强之所至实未可量。余平生笃信孔子。孔子为大地人类前途为字读若卫。预拟太平之原则，略举以四：一曰，天下之人人皆有士君子之行；此董仲舒述《春秋经》之言。古之所谓士君子，即成德之称。成德者，道德、智慧、知识皆备者也。有知识而无道德，不得为士君子。二曰，天下为公；三曰，天下一家；此与上句皆见《礼运篇》。天下者，普天之下，举全世界而言也。必全世界处处皆无不公，方能天下一家。晚周农家根据《春秋》而别开宗派，其理论则主张消灭食人者与食于人者之分,消灭治人者与治于人者之分,消灭劳心与劳力之分,此皆天下一家之规也。孟子守小康学,乃悉反农家之论,此不善学孔子者也。参考《原儒·原外王篇》。四曰,群龙无首。天下之人人互相亲比,一切互相辅助,一切互相合作,无有为首长者。今后大地人群将实现孔子之四项原则,尔时国界、种界都消灭,野心家之利用国界、种界以造人类自毁之罪恶者当亦随同消灭,科学可不向武器发展,将有余裕以从事于宇宙真理之探索与人生福利之创造,乃真可善用其强而无余憾矣。世未至于太平,科学之福被人类者,殆犹有限乎?亡友同县何自新尝曰:"近世科学兴,物质日以开发。享其利者,独若干强国之有财权、政权者耳。天下大多数人,何利之有? 胡林翼抚湖北,在武昌江岸望见洋船来,(清季国人称西洋商船曰洋船。)惊愤仆地,忧中夏受侵削而莫能御也。科学利器,徒助强者,宜乎胡公独忧之深哉!"余曰:《老子》言:"天地不仁,以万物为刍狗。"王辅嗣《注》曰"地不为狗生刍,而狗食刍。天不为人生狗,而人食狗"云云。余览至此,悲不可抑。夫有知食无知,(狗有知而刍狗无知,故狗食刍。)大知食小知,(狗之知小,人之知大,故人食狗。)老氏以此悲天地不仁,其奈天地无心何! 吾愿皇帝打倒后,国人汲汲求知,科学将不为外人所独有,然吾终不愿人有知而相食也。自新曰:"同心之言,其臭如兰,吾侪共勉之。"自新有文学天才,与余在清光绪年间同参加革命。武昌日知会之成,自新大有力与。年二十余逝世,不及见辛亥光复,惜哉! 科学成绩之著见于近世者,亦不愧智夺天工之誉,余亦何尝忽视。然或以成绩甚钜,便谓其涂广大,不可云隩,则小知不可以穷大,浅见不可以造微。庄生所深慨者,正在此耳。《庄子》之书处处破小知、浅见。智之一字,在先哲经籍中有泛称,有专称。专称则简称智,而其义与知识迥别。如《论语》云:"智者乐水。"此智字不是知识之别称,如专门名家尽有富于知识而贫于智。后儒或以智慧二字合用为复词,其义与先哲单用一智字者同。泛称则知识亦得名智。以与蒙昧、不能辨析事理者比较，则知识得名为智故。智与知识有别，儒家义旨如是，道家义旨如是，佛家义旨亦如是。但是，三家对于知识的看法则互有不同。其所以互不同者，实由于三家各有其所谓智在。肯定有智是三家所同，而三家各各所自修之智，究不一样。智与知识有分，此一主张在中国古学中确是中心问题所在之处。每一宗派的哲学，其各方面的思想与理论都要通过这个中心问题而出发，仍须还到这个中心来。譬如一国的政治，中央政府是中心。四方的万事万变，都通过中央出发，仍须还归中央来，不可离开中央。中国古代哲学，正统派则儒家，霸统则道与佛。道家反儒，影响甚大。佛家哲理经六朝唐宋吸收融化，流行普遍，其宗教思想更深入社会，故皆称霸统。老子反知而归玄。玄者，冥也，王弼《注》曰"默然无有也"。然则老氏之智在契合玄冥，殆有神秘意义。庄子对知识颇有包容意思，故于墨翟则称以才士，于惠子则与为至友，于公孙龙则乐为接引，于黄缭则赞以奇人，然其学之归宿在乎知与大化为一。与大化为一之知，则非知识之知，仍是老子合冥之智。王弼言老学在返于虚无。冥，即虚无。合冥，即返于无。庄子"独与天地精神往来"，亦是神秘境界。吾忆罗素来华讲演，曾自谓爱神秘。佛家经典，浩浩三藏，揭其宗趣，总归无分别智。宗趣，犹云主旨。无分别智一词，欲详释便无从说起，只好从略。由佛法言之，吾人生来只有妄识，（妄识，即是虚妄分别的东西，篇下当略说。）据此，则世间所有知识皆虚妄耳。有难曰："佛氏建立俗谛，亦承认有正确的知识。"答曰：佛法归宿在真谛。说到真谛，则心和物都是虚妄，又何从得正确的知识？经过无量劫修行，（劫，犹时也。）破除虚妄分别，才有正智出现，亲证真如。（真如，即实体之名。）此际无有一切分别，故名无分别智。总之，道家契合玄冥之智，佛氏证真如之智，余皆欲存而不论。惟二氏静定工夫极深，吾人亦宜体会其大旨，而于日常生活中恒保持精神专一，毋懈怠纷散，此乃培养智慧所必需。《大学》曰"定而后能静，静而后能安，安而后能虑，虑，犹云思维。虑而后能得"云云。得者，得一切事物之理而行动无迷谬也。孔子定功甚笃，于此可见。

今当本孔子之旨，略说智。

智，是性灵之发用。性者，生命之称，说见前。性有炤明之德，明者灵明之谓，故有性灵之名，亦可称灵性，亦即是心灵。今不称心灵而称性灵者何？世间或不悟心、性是一，余故说心灵亦名为性灵，以明即心即性。（两即字，正明示心与性本来不二。）发用，犹云作用。今略以四义显智。显，犹说明之也。

一义，用晦而明，光而不耀，智之恒德也。"用晦"云云本《易经》。"光"云云借用《老子》语。用晦者，以晦为其妙用也。晦者，凝敛之谓。智常凝敛于内，不向外驰散，常澄明不乱，常专一不杂，是谓用晦。用晦则心灵得有深厚之含养，而其灵明益盛。光，犹明也。不耀，犹用晦也。重复申明，以其义冲深故。

二义，无知无不知者，智之性也。寂然无妄想，故说无知。感物而动，明烛物则，故说无所不知。穷理抵乎至普遍、极深远之域，普遍而言至，是其理乃无定在而无所不在。深远而言极，则其理往往推求愈多而炫惑益甚。思维所不及，不得不困。困而后舍之，则智将自明而来告。学者如不信吾人本有自明之智，则余亦无复可说已。

三义，天地万物发展到人类，始有内部生活。无机物未得发现生活机能，植物有外部生活，如枝、叶、华、实灿然盛发于外，而无内部生活。动物进化至人类，始著见内部生活。其源则深远、充实、不可测;其内容则扩大、丰富、不可量。故知宇宙实体其性质极复杂,其发展则物质最先凝成,而后生命、心灵由隐微以至乎显露盛大。此乃理势自然,莫测所以。庄生所谓"恶乎然? 然于然"也。莫测所以,不可诘问其所由也。然,犹如此。何为如此? 只是如此如此耳,岂可问其何因而如此乎? 理见其极,更无理道可说。总之,宇宙发展至人类出现,才是生命、心灵由隐而显,由微而著。隐者,潜隐,言生命潜运于物质中,终能破除物质之锢闭而主领乎物质,则出潜而显矣。微者,微小,隐时则其力用微也。著者,盛著,显时则其力用盛大也。是时人类乃有内部生活,卓然特异于万物。此中万物亦摄天地在内,下同。吾人于一方面当然承认人类之自由创进,创进者,言人类的进步是由其自力创造得来。另一方面当知吾人的生命元是禀受于天,天者,宇宙实体之名。未可曰人力无来源也。天工、人事两相融合,乃著此奇迹。吾人固不能否认人事,更无可否认天工。无天,便无人,何有人事可说乎? 吾人禀受于天之生命力,发展不已,遂乃从动物之知觉等低级心作用,进而至于人类特有之最高级心灵作用,所谓智。奇哉奇哉! 人生内部生活复杂无量,不可测其数量。变态无穷。天德之渊海,天德者,谓生命含备无穷德用,故取譬如海。人皆本有性海,不可不自识。问:"生命之德,应称性德,何故名天德?"答:天者,自然义。性备众德,是自然之理故,遂名天德。业习之库藏,此就人事言。业者,造作义,自一念微动以至一切行事,通名为业。凡业皆有习气流转下去,故名业习。人生千条万绪的业习都未消灭。溺水者垂死,则自幼小以至命终凡所经历无数的大小事情,均于一刹那顷涌现出来。正当涌现乍起,若骤得救,尚可转活,否则立即死亡。吾曾遇人言此事。曾见一译本,西人亦有此类记载。业习在人身中,好像有一库藏。双方交会,潜在于吾人之一身,而成为吾人之内部生活。双方者，上云天德之海与业习之库也。故内部生活者，天人之会，复杂无量，变态无穷，而有主之者则吾人性灵之发用，所谓智是也。智主乎内部，则性海流通，一切意念乃至事业莫非天机油然之动。业习之非恶性者，将皆转而顺天；其恶性者，不得现起，久之自然消灭。如此，则习藏亦转化而合于性海，人道乃实现天德而益弘大之矣。业习之库藏，简称习藏，后仿此。若乃习藏中恶习种子起而乘权，智将不得主于内，性海障塞而不流。孔子曰"性相近也，习相远也"云云，此中义趣深远。汉学之徒固不悟，程朱诸老先生亦无深解。论性，则凡夫与圣人不隔。(不隔，故云近。)而圣凡毕竟远隔者，则习为之耳。凡人所习，便留下种子。余就小事举例。有时不欲早起，多睡一会，到第二天黎明便更贪睡。可见昨天不欲早起，便是一种恶习，这个恶习已留下种子，到第二天黎明，那种子便发现。吾若随顺他，向后便万难早起。(他，谓种子，下皆仿此。)吾鼓起劲来，仍早起，那种子便一刀斩断。由此类推，吾人如动一不善之念，行一不善之事，便成恶习，便留恶种子。无数的种子聚集一团，好像是在库藏里保留着。一切种子常常要活跃起来，使吾人的意识活动成为他的活动，便吾人的一切行事都成为他的行动。从此，性海便被他障塞不流。凡夫只有恶习种子，故丧失性海，自然与圣人远隔。圣人率由本性之仁，(性含众德，而仁德尤为众德之根。)造起一切善习，便生长无数善种子。善种子依性而起，足以弘大吾人的本性。圣人尽性之功，即在常常生长善种子日新不息而已。圣言简约，而意义宏深。王阳明倡致良知之学，与余今所提出之智，其义旨本相近。先圣早以崇智之道教人，而废绝已久，余故重提。阳明言"良知"，本承孔门所说之智而开演之。但阳明有时将良知说为本体，此乃大谬，盖为禅宗所误耳。若去其夹杂禅学之谬处，则良知即是智，亦不背圣学。余最喜阳明为求智者指示用力之要在一"致"字。为求智者之为字，读若卫。致者，推扩之谓。推扩是二义：推者，推动；扩者，扩大。吾人于所本有之智必尽力推动与扩大之。推动之道无他，损除其害智者而已。于一切时、于一切处有私意私见私欲窃发，此即习藏中恶习种子出现，必以强力斩绝，而后大明之智自跃然生动。扩大之道无他，实以发之而已。吃紧。发之于日常起居动静，发之于格物穷理，发之于开物成务、富有大业。开通万物，曰开物。创成经天纬地之一切新事务，曰成务。所有者大，曰富有。见《易大传》。一切皆是智之流行，一切皆是智之开拓，毋沦于虚，毋滞于寂，老氏返于虚无，其智沦溺于虚，是弃其智也。佛氏《宝积经》曰"所言智者，于内寂静，不行于外"云云，是滞于空寂也。佛家还有别一说，吾避文繁，姑不论及。发其智于实事实物，通于万有而不隔，行于现实而无系。至此，则知识亦统一于智，而智与知识之分亦可消泯矣。然此非易事也。

四义，知识不即是智，此义后详。不即是三字，须注意。然知识虽以客观现实世界为引发因，故得生，现实世界对于知识则为引发因，若无外物的引发，知识亦不生故。而吾人知识之成，必有内在的了别作用主动以深入于外物，方得成就知识，否则知识决无由成。譬如照相器与镜子都能照摄人像，不失真容。容，犹貌也。然不可说镜子和照相器能成就知识，彼本无了别用故。彼，谓镜子和照相器。作用，简称用。由此应知，感摄外物而起之了别用，确以吾人本有的智为其内因。智是发自吾人的性灵，非后起故，非从外面烁来故，是谓内因。假若尊重知识的权力而不肯承认有智，是犹羡黄金价重而不信有金矿也，其迷谬不待言矣。

余闲居每有问题求解决而未得者良久，忽尔一时豁然贯通。昔人亦有不用思时脱然超悟，谓之神解，解悟之发若由神助，曰神解。

亦有说为乍见，以其见理若未经推求，故云乍见。说为傥悟。以其发悟若傥然而来，故云傥悟。此等机趣皆智力之活动，无足奇怪。机趣者，趣谓理趣，机谓天机，天机发而理趣生，曰机趣。有谓机趣发生不由积学所致，此乃大误。若其人一向埋没于世俗中，不曾为格物穷理之事，则其智为尘俗所锢，不得显露，是谓无智，哪得有机趣发生乎？大概学人平居常在格物穷理之中，时有难关，困而未通，辄息虑以凝神，未几，智力以解黏去缚而骤显其活动，即天机发而理趣生，理道突然著见在前。在前，犹云在面前。此神解、傥悟诸说所由来也。余相信哲学上理论之符于真理，科学上最重大的发见，文学家于人性有真识，于劳苦群众有同情，皆从明智之机动脱然神解而来。智字之上冠一明字，作复词。学人毕竟须有打扫心地、含养性灵一段工夫，否则明智之源绝，虽强于析物求知，终难窥大道也。打扫心地，无多方法。明儒有言，学人须将自身置在天地间公共的地方。此意即不以此身为小己之所私有。以身为小己之私有，便一切在一身上打算，心地卑污窄狭，哪得有性灵？哪得有明智？故打扫心地，只要将自身还诸天地万物大体中去，（吾身本来与天地万物为一体。）否则心地无可打扫。圣人崇智而不轻知识，此为千古讲学规程。《易大传》曰"智崇礼卑"云云。智之在宇宙也，则为慧日；其于人生也，则为永恒无熄之炎炬，是以崇高至极也。礼卑者，人情自大，必将侵人。礼之道在于卑己以致敬于人，万物以是和同。此中称引智崇，不便割去礼卑一词，故并释之。《大学》曰："致知在格物。"此知字即《易》与《论语》之所谓"智"，孟子、王阳明亦谓之"良知"，是乃吾人本心天然之明，《易·乾卦》谓之"大明"。不由外烁得来，不因学习始有。假若人心本无天然之明，便与土石一般，又何能学习？唯人心本明，故能学习。然本心亦只是灵明而已，却要学习而后显发

211

其灵明之用。譬如刀锋甚锐，而藏其锋不以割物，则与无锋何异？阳明重视此致字，吾极赞同。致字，是启发灵智的工夫，汉以后群儒于致字不注意。但阳明之学杂于禅，其致知工夫颇与禅法近。吾故以推扩二义而言致，已说见上。必推动、扩大吾本心之明，用于外在的一切物，本心之明谓智。穷究事物之规律与其本质，而变化裁成之，以尽物性而利于用。《中庸》言尽物之性。尽性者，因物之性质与功能而改造之，使其质量能量大起变化，遂成新物事，故曰尽物性。于是吾人始有经验事物、钻入事物、制驭事物、创造事物、利用事物的知识，故曰"致知在格物"也。朱子《大学集注》释致知之知为知识，此大误。阳明释此知字为良知，确得文旨。本心之明唤作知，（亦称智，又云良知。）培养本心之明便是致。培养之道无他，只要将此良知推动、扩大到事物上去运用。良知用在事物上，即是格物。格物才成就知识。朱子不知有良知，试问格物者谁乎？然阳明解格物却谬误，此不及详，恐文繁故。吾人对于事物，初发生问题时，总是运用思维去求解决。但思维作用不必纯是本心天然之明，易言之，不必纯是智。此处吃紧。本心天然之明才是智。佛家破一切惑，断一切障，（断，犹灭也。）只欲显发其本心天然之明耳。然佛法有当采纳处，亦多有未是处，其问题甚多，昔欲作《量论》详辨，今不能为也。吾人从有生来，学语、发知而后，习于实用，浸于尘俗，故本心天然之明不能避免后起的习染之杂乘。乘者，乘机而来参加也。思维作用起时，虽是天明之动，天然之明简称天明。而习染的余势潜伏从习藏中跃起，便与天明之动混杂而行。故曰思维作用不纯是本心天然之明，不纯是良知也。良知即智之别名，说见前。凡过去的一切经验都是习染，一切习染的余势都潜伏在习藏中成为种子，其从习藏中出现则为记忆。思维作用起时，若没有记忆，即无所据以作推论,亦无所凭以起想像等。推论固须有已往经验为据,想像亦不是凭空幻想,必有过去经验为凭依。故记忆的活动在思维活动中实居重要地位。总之,习种的出现习染的种子简称习种。与天明之动混杂,则为不容疑之事。余忆昔年罗素来华讲演,曾提及宇宙有无真理是一疑问。彼亦只此一语,并未向下多说。余相信宇宙不是如幻如化,何可疑无真理? 但人能见到真理与否确成疑问。而其难窥真理之故,实因习染障蔽天明。道家老子反知,其持论犹欠深远;庄子反知,便与佛氏大乘接近。大乘观空,实重在损除习染。习染云何障蔽天明,习染云何难窥真理,此中义趣,深微至极。佛氏《大般若经》六百卷、庄子《南华经》三篇,《内篇》《外篇》《杂篇》。有慧眼者读之自悟。否则,熟读亦不会,而况不曾读乎? 余于此不欲多言,姑提及此一问题以待善知识留意。

习染千条万绪,无穷无尽,略分两类言之。一,知见方面之习染。一切知识或见解,总名知见。人生不能离实际生活,其于物质世界种种追求、佛氏力破取境。其言境者,则以实尘境为主要,实尘境即是物质世界。取有二义:一,追求义;二,执著义。佛氏以为众生心理的活动莫非其种种习染的活动,而取境的习染尤为一切倒见之根。(不正之见曰倒。)故佛氏观五蕴皆空,首空色蕴,破取境也。(色蕴即实尘境。)庄生悲悯一般人之追求物质与执著物质终不可悟道,(道,犹真理也。)却不同于佛氏之观空,其言曰:道在屎尿、道在瓦砾云云。此因人情对于物质有欣有厌。屎尿瓦砾皆为最可厌者,今言道亦在是,人若能于物质而悟道,则物质无可厌。厌且不可,则于物质有所欣者,是乃迷执物质而未曾悟道,当自去其惑矣。于物质世界无欣无厌,即无有习染,此庄子之玄解也。**种种分别**。佛氏以众生执著有实物故,遂于一切物而起种种分别。分别愈琐细,将与宇宙真理相去日远。(真理本不是离开物质宇宙而独存，但分析术只可以辨物，而琐细的分析无从见其理。）庄生言"小知间间"云云，（间间，犹分别也，见《齐物论篇》。）亦以小知难闻大道为患。此类习染既成，皆留有种子在习藏中，种子，即是习染的余势，曾见上文。遂得涌现于意识界，此其所以影响于思维之际，而天明之动常受其障也。二、情意方面之习染。则世间所谓个人主义之名利威权等等私欲，佛氏亦说为惑，其种类复杂无量。此类习染亦成为习藏中种子，时出现于意识界，其影响最下劣，将使吾人思想不入正理之门，不由大道之途，其障蔽天明，为害至烈矣。

如上两类习染，第二类必克去务尽，尽者，灭尽。第一类则须慎于防治而不可克去。二氏皆反知。世俗多谓佛法不反理智，殊不知佛法的归宿是寂灭。细玩龙树《中论》，当知非余武断也。佛经明明说不可思议，此不是随便说来，佛法骨髓确当于此语求之。不可，非不能，亦非不必，硬是不可也。不可思维，不可论议，犹曰不反理智手？

孔子不独不反知，而且尊知。《易大传》曰："知周乎万物而道济天下。"又曰："吾尝终日不食，终夜不寝，以思。"见《论语》。其重理智、爱知识之精神，可谓强烈矣。孔子尊知，故倡导格物之学。详在《原儒·原外王篇》。由二氏之道，追求物质、执著物质及于物作种种分别者，皆是大迷惑、大谬误。由此类大迷大谬所成之习染，自不可不克去尽净。此二氏之旨也。余衡以孔子之道，二氏诚有过失在。就生活而言，求物、执物，而出于大公，不为私有，未可云迷谬，唯在旧社会私有制之下贪得过分者乃真罪恶耳。自私之贪便属于前所说第二类习染中。若就知识而言，逐物、执物及分别物而不厌琐细，皆是为格物之学者所必不可缺乏之爱智精神，不如是，又何可穷得万物之理？逐物之逐，犹追求也。爱智之智，谓知识,不是与仁并称之智,此须辨清。是故格物、执物及分别物之一切习染,皆是极可宝贵之已往经验。推原习染所由成,盖物来感而心应之,即通过物质而于其表里无不洞彻。心与物化,故成习染,故成经验。心不自恃,而顺从乎物以体察之,故云心与物化。心通过物时,本与物同时迁谢,未尝暂停。谢,犹灭也。然在那时心经历于物所成之习染,却有一种余势,并未与那时的心和物同灭。如吾出游公园,见花盛开,此时看花的心与所看的花同时现起。才起亦即谢灭,心和花都不停住。然吾回到楼房,忽忆及花,便历历如在目前。此可见游园时吾心经历于花即成了一种习染,心与花虽在那时已同迁谢,而吾心那时看花的习染确有余势,未与那时的心和花随同谢灭,所以能再现于意识而记忆分明。一切习染都有余势,千条万绪,不可究诘,都潜伏在习藏中,可以名之为种子。习种遇机出现于意识界,便是记忆。此吾习染论之大略也。吾在此段文中本是谈智,而忽说到习染者,因习染与智之关系太密切。且其有害于智者,古学早言之;而有助于智者,今不可无言也。

余以为智不可滞于虚无、沦于寂灭。吾最喜庄子两语,曰"尸居而龙见,渊默而雷声"。尸居,言其如死尸之静止也。古以龙为善于变化之灵物。龙见,言其如龙之变化不测也。尸居龙见,言即静止即活动,即凝寂即变化。"渊默"云云,准上语可知。吾以此两语来形容智。智本无昏扰相,相字读为相状之相。无昏扰相者,言其未尝不虚寂也。然必用在万物万事上发起一切知识,方见其有神龙变化、春雷震动之妙。古谚云春雷震而百物生。吾人幸有经历于事物之一切习染不曾消失,其成为习藏中种子常出现于意识界而为记忆。人心本息息与天地万物流通,息息有未知的事物相接触。记忆作用则恒与天明之动叶合为一，天明，谓智。时时唤起已往一切经验，协助而且策动天明，俾解决新接触之许多未知的事物有所依据，而后对于新事物之了解减少无数困难。习染之有助于智，此乃事实昭然，不容否认也。假若心之经历于物无有习染，人生过去一切经验皆随时消失，则知识将不得有，亦不知如何生活也。有问："吾人接触事物，常以有限之经验而轻于作出判断，此类习染对于求新知甚有障碍，奈何？"答曰：子之所言甚是。但科学方法谨严精细，其辅助感官实测所不及之试验器具又日益发明，推论有据而加审慎，决不会对于未知之新事物轻下判断。科学本根据常识，善于发展习染之长，而所以防治习染之蔽者亦无微不至，此可无虑也。唯古哲为道之学为，犹修也。要在深穷万化万有之大原，则前文所举第一类之习染即知见方面之习染。亦未可一概屏绝。惟求悟道将如何防治习染之蔽，乃极不易言耳。简要而谈，真正悟道，此道字，即上所云万化万有之大原。毕竟须于人生日用中，体会真实之流行无定在而无所不在。真实，谓道。近则视听之明聪何从来，远则天地之运行孰或使，吾人日由之而不知其所以也。孔门敦仁之学，诚积而明，极乎上达，智之盛也。《论语》云"上达"，谓悟道也。《论语》言求仁之功均是在人生日用处致力，不可忽。此非知识境界。呜乎微矣！悟道，即知识亦不离道；不悟道，则知识只是知识。

知识固是客观现实世界的反应，然知识之成，毕竟有内在的主动力，深入乎物、了别乎物，才成知识。此主动力即吾人本心天然之明，所谓智是也。但心与物接时，习种即乘机突跃，出现于意识界，而与天明之动混杂，习种，见前。几乎完全障塞天明，纯是习种活动。吾人试于闲居澄静时，返观自心，便见得吾人的意识完全是过去的习染与现在五官感摄外物之簿记互相结合为一团。五官簿记，详《荀子·正名篇》。吾人如欲离此一团而求见本心之一点天明，便茫然不知其所在。实则天明根本不会消灭。譬如浓雾弥满太空时，太阳何曾消灭？可惜吾人自埋没其性命耳。性命，犹言生命，见前。说至此，智与知识毕竟有别，不可混作一物。智是本心天然之明。知识是习种乘天明之动而起，迅应外物之感，迅者，迅速，物来即应，不稍缓故。而引心以化于物，才成知识。主动的心通过乎物，（此心字谓智，下心字仿此。）却要完全屏去主观，用纯客观的方法了解物而与物符合，是谓心化于物。此中所言引心者，谓习种的势力能牵引本心的智用以化于物也。此智与知识之大别也。习种的努力虽能牵引本心的智用，智是本心的作用，故亦名智用。习种以后简称习。而习若不仗智，则亦无可应付当前五官簿记之物，以构成知识。所以者何？一，习非一故，是散殊的，故必有本心的智用为之主，而习乃得效其力。二，习是机械的，不堪烛理，烛者，明察义。而智用之发则是天机灵妙，其于众物之来能运用旧经验而不难立辨。学术史上各方面之大哲，虽出生在古代，所见有限，然其游心万物往往有特殊创见，总持原理，包通万有。后世人智日进，新事物日出不穷，而犹莫能推翻其原理。世人或疑吾言，吾且略举一二证。孔子之时代可谓古矣，其作《易》阐明万有万物万事之普遍原理，曰"变动不居"。不居，犹言不暂停。余敢断言，自然科学、社会科学无论发展到若何地步，不能推翻此一原理也。又以群变万端而创明"穷则变，变则通，通则久"之公律。通字吃紧。通者，畅也。通畅者，必万物皆不亏其性，皆适其情之公，皆遂其志之正，皆得尽其能，厚其生，故谓通畅。通畅之道，大公至平而已。平，无偏也；公，无私也。有私有偏，则万物有不通畅者矣。通畅，故可久。大公之制立，私有之度废，（度，犹制也。）求通之规模定矣。而世界之大，欲人人得所，事事无碍，非易事也，是在天下之人人勉为其通而已矣。有问："穷则变，此必至之势也。变则通，历史上事实恒相反，如改朝换帝，常以暴易暴，变而不通也，奈何？"答曰：变而不通是乱象流衍易形，非变也。变而通，方是变，故曰通则久，不复有乱也。从来读《易》者，于变、通两字莫求正解，岂不惜哉！又曰"黄帝、尧、舜氏作，通其变，使民不倦；神而明之，使民宜之"云云。按通其变者，以大通之道成其变也。以大通之道而成变，故民莫不乐于日新，断无有安于昏倦者。神明者，先乎自然之运而开物成务，天者，自然义。故若神明也。民不惶惑而宜者何？导民者，持大通之道，观变于未形，运化以至健，故进进而无不利耳。上来略举一二证，皆万世无可推翻之至理。其实，举证终有挂一漏万之病，圣学之大处深处，包通万有，不因时异地异而可废者，岂可数计？要在好学者深思而自得之耳。不独孔子之学如是，凡大学派皆有其不可废者存。吾言及此，颇嫌枝蔓，而不容已于言者，诚以明智发于性灵，智字上冠以明字，作复词。性灵即是本心，先儒亦言即心即性。其感物而动也，纯是天机流行，故能得万有之普遍原理，足以涵盖乾坤而无或外。譬如明镜，无尘垢为障，物来则照故耳。此中乾坤一词，为天地万物之总称，昔人常如此用之。此不是《易》之乾坤义，勿误会。总之，格物穷理不能不承认吾人有自明之智，未可忽视含养性灵之功。余言智用触物而烛理无妄，特举大哲为证者，则以诸大哲人不独天资高朗，而其毕生殚精理道，拔出尘俗，则其本心天然之明不会埋没，不会斫丧。此其见理，每发自天机，而不由乎揣测也。问："天机发时亦有旧习与之协合否？"答：当有旧习与之同起。唯与天机协合之旧习，必非垢浊性。俟篇下再详。中国自秦汉以来二三千年间，学人之大患，智与知识两皆湮塞。王阳明起而求智，惜为老与禅所误，反对格物，失孔子之本旨。孔子尊智而不轻知识，格物而主以致良知，本末一贯，其道不可易也。近世西洋格物之学东来，中国人惊羡知识，而复不知有智，圣学之本绝矣。智是大本。智是本心天然之明，前文言之屡矣。此一点明几有无量胜用。余相信一切学术上之重大创见皆自天机乍动而来。天机，即是一点明几骤然开发。有问："一点明几开发时固是骤然，但在平日，自是早有问题，曾向多方面去强探力索，久而后逼出一点明几来。先生以为然否？"答曰：此说甚是，但有不可忽者。此一点明几确是吾心天然本有的，不是向外面找得来，亦不是前此本无而今忽起。然欲他开发，必须吾人真积力久，一方面逼他出来，一方面提供许多有用无用的材料，他才忽然开发出来。明几之出，可以说是天人交会时。注意。本有的明几，谓之天。过去经验，即旧习与实测、深思等真实工夫，谓之人。然更有须留意者，如平日将性灵埋没已深的人决不会有明几在。

余固知凡为格物之学者不得不用纯客观的方法，然当其解决重大问题时必先之以假设。作假设时，却只靠内心天然的明几。即天机。当下有所启示，而受得住考测，这时自是一个浑沦的模样。浑沦，无分辨之貌。天机之所得只是一个浑沦的全体，非亲历者终不喻。向下，却要实测、分析种种方法，博求明证，方可以假设成为定案。所以纯客观的方法在假设作出以后特别需要，而假设造端时确是内心一点明几用事，易言之，即智之事。惟自使用纯客观的方法,以至断案立定,成就准确的知识,人便以知识自矜,不知当初实由智力主动付以全副图样也。吾且举因明学之三支比量"声是无常宗"云云,并附注释,以明吾旨,如下。三支者,宗、因、喻也。宗支,犹俗云断案。因支,谓断案所由成立之因。喻支,在印度古因明学本是譬喻,佛家陈那师虽仍用譬喻之名,而实变为证据的意义。盖因支所以得成为宗支之因,必有证据也。同喻即是与因支同类,异喻即是与因支相违异者。比者,推求之谓。量,犹知也。由推求而得到证明,遂成知识,无有谬误,谓之比量。三支,是推理的法式。

三支比量:

声是无常。宗。

所作性故。因。

若是所作,便见无常,如瓶等。同喻。

若是其常,见非所作,如虚空。异喻。

如上比量,成声无常论而破声常论。今试推寻声无常论者之思想经过。声是常欤,抑是无常欤？此一大问题不是糊涂地向客观存在的一个一个事物上去乱钻可以解决。这一问题发生时,在主张声无常论者的心里,当然对事物用了许多思想,也许徘徊于常与无常二者之间而久不敢决。未几,他的内心明几开发,即天机动。此中他字指声无常论者,以下他字均仿此。乍悟声是所作性,应是无常,非是常。所作者,谓物是由造作而生,今人亦共信宇宙蓄然万有都由质力变动而成,与佛说所作义不异。凡所作的东西都是有生有灭、有成有毁,故说无有恒常。他有此一悟,只是内心明几之启示,并未经实测、未经分析。他的心里犹不敢视为定案,始作为一种假设而已,于是依此假设而求证明。此时,他的思想活动首从全体着想,即综观万物,寻找公则。此便是从全体着想。既寻找公则,便要从全体中降下来,由是对于各别的事物而使用实测、分析种种方法。此际乃有求同求异之必要。首先求同,竟于瓶等事物,凡是所作性者都见其是无常,如此,则因之同类的证据已具足矣。然犹不敢视为定案,又再求异,如虚空本不是所作性,此乃因之异类,倘若虚空虽非所作而亦是无常,如此,则所作性之因便完全推翻。所以者何? 所作性之因可以成立声是无常之断案者,则以凡所作性皆是无常,乃一切所作性的事物之公则也。如果找出一个非所作性的东西竟是无常,则凡所作性皆是无常之公则,便完全推翻,即所作性之因不可成立也。因既不成,断案何可定乎? 今见虚空非所作性,而确是常,非无常,则因之异类中绝无有对于凡所作性皆是无常这一公则为不利之证。由斯,所作性因得成,无常之断案亦得成。因明之方法富于实测的精神,极其谨严,无有近世逻辑家玩弄名词之病,甚可贵也。有人问:"如因明的三支比量不过据已知以作类推,并无新发见。"答曰:不然。如学人当初未知声是常抑是无常,今忽发生此问题而求解决,当然不能单向此声一类事物上着想,必须唤起已往的一切经验,实即习染。综观万物,再来向声的一类事物详作考察。声的一类事物亦颇复杂,总分内声、外声。人与鸟兽皆由喉舌鼓动发声,此为内声。喉舌动发,即是造作。其他一切声响,皆称外声。外声更繁杂。必须详细考测一切所有声皆是所作性,皆见无常,方可定声是无常之断案。此乃前所未知之事,如何说无新发见? 又复应知:倘有声是所作而或是常,如声常论者之说果不无证,则凡所作性皆是无常之公则被摧毁,因不可成,宗不可立。今既发见一切声音是无常，则凡所作性皆是无常之公则始坚立不摇，是其新发见之功不小也。

三支比量已略释如上。余之本意，则以人心触物求知，唯赖内心明几发动，是谓天机。始得入理耳。谈名理者固不过问及此，明朝人译逻辑为名理。而在心理方面，研究思想的活动未可否认天机，易言之，未可否认本有之智也。余在此一段文中，开始便说人类有内部生活，智为之主，但不及多言。而所不容已于言者，乃在智与知识之辨。此何故耶？近世人类偏向知识发展，知识既成，即是权力。老子之说刍狗，有知食无知，大知食小知。（吾已说在前。）他早已看到知识是权力，但他偏从坏的一方面看，便未安。权力自是向外界行使的东西。此意余将于后文重复说几句。老庄反知非无故也，道家全性保真，正是注重内部生活。然反知毕竟拂人性、逆自然。人生而有良知，良知即智之别名，见前。良知必发用于事物，而开展为知识，此无可遏绝也。郭子玄曰"人之生也，身长不满七尺，乃举天地万物以奉之，凡所需者，不可一日而或无也"云云。无知将奈何？故曰拂人之性。道家以因任自然为贵。人之知能随时代变迁而与之俱进，无有已止，此亦自然之理、必至之势。道家主张反知，则又逆自然，而异乎因任之本旨矣。夫反知，非中道也。不偏之谓中。若只奔逐于知识一途，遂至亡失性灵，智是性灵之发用，说见前。如只求知识而不求智，是废其性灵也。殉物而丧其生，则道家之旨亦不可不体会也。生，犹性也。唐章怀太子《后汉书·班固传·典引论注》云："性，生也。"古籍性命一词，犹今云生命，说见前。殉物者，知识之用在变化万物、裁成万物，以利用厚生，此其所长也，然人将贪物质之享受，至于为物欲所缠缚而终不悟，是谓殉物。（中文物欲一词甚妙。人有欲故，追求物，遂见物为可欲，故曰物欲。一般人之生活皆为物欲所缠缚，如豕为垢污的绳索所缠缚。）道家去欲而遗物固不可，然殉物则堕落，而丧失生命，人生便无意义与价值，此可愍也。道家致虚守静，去知去欲，使精神专一，一切杂染损除殆尽，其内部生活乃清净，直与宇宙万化之原合一，此其归宿也。然万化之原，彼未真见。本原未得，向下不能不谬误。此不及谈。唯庄子以偏趋知识一途为戒，则未可完全忽视也。

　　夫唯孔子，格物而本乎致良知。良知是人之所本有，须将良知推扩出来，用在事物上，便是格物，而知识由此成。吾人若无良知，便与木石无异，何能格物？何有知识？故良知是知识之本也。阳明亦得孔子之旨，尝曰：良知作得主时，则一切知识莫非良知之发用，知识亦是良知也。阳明之意，良知作得主时，知识才是良知之发用，否则知识自为知识，不得与良知为一也。作得主时之时字，非暂时，乃谓良知恒时为主，无有不在时也。（吾乡俗谚詈人之为恶者，必曰某甲良心不在了。此言可玩味。良心谓良知也，良知无不在之时，即是恒时为主。）问："如何见知识与智合一？智，亦名良知。可举例明之否？"答：兹举二例。律师富有法律知识，而讼者无理，律师可受其财，竟为之辩护。医师富有药性知识，而受邪人之贿，可予以堕胎药。此二人者皆有知识，而为败德乱法之事。彼如返躬自省，未尝不受良知之谴责。然彼竟陷于恶而不能自拔者，则以其一向随顺小己之私欲，昏然不畏良知之监督，污习日深则私欲乘权，良知受障碍而不得作主。知识与智分离，此人类中所以从善者少而流于恶者多也。然人之性灵终不泯绝。其能自贵重者，常爱护其良知而不忍失，敬畏其良知而不敢叛，灵台正固于本位，灵台，见《庄子》，此中用为良知之形容词。本位

223

者,言良知常主乎吾身而不失其位,邪欲不得干犯之也。大明常昭于日用。大明,亦谓良知。常昭者,言日用之间良知常不蒙昧也。如此,则接触万物、了别万物、裁成变化乎万物者,无往不是良知之发用。吾人诚能恒时保任良知作主,私欲不得乘间窃发,则一切知识之运用莫非良知流行。保任二字,注意。保者,常存养吾之良知而不失也。任者,任吾良知充沛流行而无以私意阻遏之也。何至于有法律知识而肯贪财乱法? 何至于有药性知识而忍纳贿败德? 良知作得主,则知识与智合一,断无分离之虞。良知即是智之别名,屡见前。汝问:"如何见知识与智合一?"此事要在吾人能恒时保任良知作主耳。恒时二字,吃紧。恒,犹常也。谓其保任良知的工夫经历长久时间,恒常不懈,故云恒时。然习久成自然,终亦不费力也。他处用恒时者仿此。若随顺小已之私欲以障碍良知,则只见知识与智分离,无从见其合一也。

附识:上段所举医师与律师二例,在私有制已废除之社会便无此类事。余谓良知作主,知识亦转成良知之发用,自不至为恶,此乃专从内心生活来说耳,但此中确有经济问题在。余不说及,何耶? 兹略明其故。在私有制的社会中,人固易趋于恶,然其时之人究有知善知恶的良知在,此无可否认也。后来革命而废除私有制,正由群众皆有善恶分明的良知,才能彼此以公诚相结合而奋起革命。此不容忽视良知者一也。人生而迷执其独立体为自我,与他人对峙,其损人利己之机随时随地而有。人之多才足智者野心尤甚,并不限于贪财一途。将来世界自当进于孔子所谓天下一家,今试预度其时个人与群之间或个人与个人之间一切皆臻于至善，余恐未易言也。余确信致良知是立德之本。此不容忽视良知者二也。

阳明之学以致良知为主，有《大学》致知之义可证，程朱后学群起而非之，其识太陋。然阳明反对格物，即排斥知识，则由其学杂老与禅，遂成此大错。后来王船山、顾亭林抨击阳明，虽不必妥当，然其救弊之意可取也。阳明倡良知说，其导引学人认识良知，曰："知善知恶是良知。"此其直捷、亲切，吾何间然。阳明有时曰："知是知非是良知。"意亦同此。良知元是本心一点明几。此一点明几，卷之则退藏于密，卷，收敛也。静中不起思虑时，明几收敛而不外散，是谓退藏于密。密者，言其不形于外也。此时明几唯炯然自明自了而已。放之则弥六合，六合者，上下四方，犹云大宇。放者，放开。一点明几放开，则六合之大、古今之遥、蓦然万有之无穷无尽，皆思维之所可周运遍注，是明几之弥满六合也。此及上句，皆见朱子《中庸集注》。将从何处指示，使人知所奉持乎？阳明特提示"知善知恶是良知"，可谓一针见血。凡人苟非习于恶者太深，则其动一恶念、出一诳语、行一恶事，断未有不畏其良知之谴责者。畏良知之谴责而见端人则掩其不善而表明其有合于善者，此等人虽虚伪，而犹未忍背叛其良知之明，犹有向善之几在。君子弗忍深绝之也。畏良知之谴责而其隐衷，犹自作诡辩，不自认罪过，此乃《大学》所谓"自欺"。自欺者，自欺其良知也。此等人终必丧失人性，甚至不如鸟兽。如牛之德，人未有能及之者也。羊虽小弱，人或犯之，则必抵抗。牛在田中劳困，至于力尽，人犹鞭之，彼仍拼命服劳。利人而绝不利己，厚重而无暴气，其德大矣。有人说："牛无所谓德，亦人力制之使然耳。"余曰：此不仁之言也。人力能制虎豹使之如牛否？人类如欲太平，必人人学牛。倘有牛而不能无虎，则世界犹难免为苦海耳。吾幼时闻老人言，吾乡昔有老农，勤苦成家，其耕牛老衰，决不售于屠夫之手。牛死而埋之，不食其肉。此人乃古今罕见之善人也，惜其姓名今无从访。学者徒见古今不少恶人，古人虽往，犹于史传见其行事。遂谓人性本恶，哪有良知。殊不知恶人之悍然为恶，非其本性有恶根也，非无良知监督于内也。但由其随顺小己之私欲，不惜违背良知，习行日久，遂失人性。疑于无良知矣。疑，犹似也。总之，孔子之学以知识与智合一为常道，常道，犹云正常之理。其要在保任良知作得主，知识自不离于智耳。良知能作主以运用知识，私欲不得干犯，如医生平日常能保任良知作主，决不至于运用药性的知识以堕胎而取贿。他事皆可类推。则内部生活自是一诚充沛，一者，无杂染之谓，非算数之一。诚者，生生不已之真源也。明净无垢，《大易》言乾之德曰昭明，曰纯粹，吾人可于静坐中杂念不生时默然返观，当信本心元是澄明、纯净。鸢飞鱼跃之几由中达外，德之盛也。《诗经》云"鸢飞戾天，鱼跃于渊"云云。今引此诗以形容内部生活之真实而明净，其生生不已之几活泼泼地，（几者，动之彻，言生生之力其源深远，常创新而不守其故，微妙而不可测其端，故曰动之微。）如鸢飞之上至乎天，如鱼之跃于渊，极言生活力之盛大也。由中达外者，中谓内心，亦泛称内部；外谓此心所流通之天地万物。生生之几由内部而达于外，无有间隔。

老氏以返无为归根，无者，虚无。老氏欲人之去知去欲而返于虚无。根，犹本也。老氏以为，人之所以生者神也，所托者形也，（人之至形也二句，皆采司马谈之论道家要旨。谈深有得于老。神谓心。形谓身，是乃气之凝也。）维神与气皆生于虚。《老子》第四十章云："万物生于有，（有者，神与气也，万物莫不禀神气以生。）有生于无。（无者，太虚也。太虚无形无碍，而为神气之所从生。）"故虚无者，人之本也。返于虚无，即还归其本。此老氏之旨也。佛氏以趣寂证无生。佛家说涅槃，亦名真如，是寂灭性，（寂者，寂静、无生、无造、无变动故。灭者，无惑染故。）是为诸行之实体。然据佛家群经众论，皆说心和物等现象是生灭法，涅槃实体是不生不灭。（涅槃实体四字，作复词用。）如此，则生灭与不生不灭显然分为两重世界，不可合一。余不敢苟同，详在《体用论》。证无生者，因修行故，得趣入涅槃。趣入涅槃，即证得无生，以涅槃本无生故。无生是遏逆生命之流，非贞常之道也。返无即是人生蕲向于虚无，而废弃自己本有的生命力。道家不敢创开世运，老氏贵退，不敢为天下先。庄子贵因。亏其本也。佛氏有抗拒大化之雄力，而道家乃最下。余以为佛氏之道，以思议为方便法门，而卒归于不可思议。不可，非不必之谓，亦非不能之谓，硬是不可也。不可思维，不可论议，此是甚么处所，此中不欲谈。佛氏之所短者，在其入手用思议时已先有宗教的感情在，故好逞空想或幻想，与圣人“致知在格物”之旨相去天渊矣。圣人，谓孔子。佛氏注重内部生活之修养，在于断尽一切惑，破尽一切障，知识是其所必舍，舍者，舍弃。究竟寂灭，诚哉日损也。老庄之内部生活，去知去欲，要在返于虚无，其为日损不待言。老曰“为道日损，损之又损，以至于无为”云云。无为则与佛之寂灭亦相似也。吾儒之内部生活，唯恒时保任良知作主，绝不屏斥知识。良知至虚而含万有，至静而宰万动。知识至实，具有权力，待他而显。凡言知识者，必其历练深，积累多，成为精密的体系而至准确，方是知识。否则只是常识，不名知识也。他处未注者仿此。知识能握持事物之规律，能制驭与改造事物，而不失其宜，故说具有权力。待他者，知识毕竟不能自用而待用于他。吾人如随顺私欲而运用知识以作恶，（不论是自有的知识或他人的知识，皆可运用之也。）则知识亦显其权力以济恶。吾人如保任良知作主而运用知识以为善，则知识亦显其权力以造成至善。故曰知识的权力待他而显也。良知以虚运实,实不碍虚。运字含二义:曰运用,曰转化。良知运用知识,即能转化之也。知识化为良知,何有妨碍于良知乎?佛与道之屏除知识,余未知其可也。知识以实从虚,虚亦含实。徒虚而无实,则有空洞之患。宗教家固不计及此,若宋明理学家未能谢绝世务,而以存天理、(宋学。)致良知(明学。)高自期许,视知识为末务,格物不精,则难免以意见或成见为天理、良知。晚明船山、亭林、习斋诸子奋起而反程、朱、陆、王,亦有以焉耳。清人之汉学于知识无当,而亦反理学,多见其不知量也。诚如是,则其内部生活大生、广生、大明、大有,毕竟廓然无系。呜乎难已!

四义,智非孤明,而实与仁与勇浑然为一。浑然,不可分之貌。《中庸》以智、仁、勇三德并言,意是而修辞犹欠妥。孤明一词见于《王船山遗书》。船山抨击阳明之良知说,以为良知只是孤明,不足靠。读者每不解孤明之义。余曰:船山意谓良知只是一个空洞的知,没有情、意的力用,所以说为孤明。实则船山此意,若以之言知识,当无不可;而以之言良知,便大谬。船山于孔子之道尚有未曾融化会通,其说不能无病。须知,孔学以求仁为主,则言仁而智与勇在其中矣。《易》以乾为仁,而备大明、刚健二德,是其明证。阳明绍述孔子,推演《大学》致知义,而倡良知。其所谓良知,正是仁之流行,非智无以成仁。故阳明致良知,仍是孔子求仁之旨,非有异于孔子也。昔之论阳明者,皆曰良知始从孟子,此乃徒识皮肤耳。余按上蔡以觉言仁,乃阳明所祖也。觉,即是良知。觉字世俗用得甚浮泛。而此中觉字之义却甚深微,正是余所云本心一点明几。不觉,便麻木不仁,未能感四肢痛痒。觉,便与万物休戚相通,此即是仁。上蔡于仁确有亲切体验。朱子非之,是

乃以意见论仁耳。勇为刚德，自由意志才是勇。盲目追求的意志绝
不可与自由意志混作一谈，此须严辨。圣人云匹夫有不可夺之志，孟子
言浩然之气至大至刚，充塞天地，是乃自由意志超脱小己之利害
计较，直伸正义。非本心之明几自动，何能若是？本心明几，谓之智
或良知，亦谓之觉。伸正义者，决不顾小己的利害，故是良知自由主动。仁之
为德，克治己私，灼然见得天地万物皆吾一体。己私者，谓小己之私
欲。此非正觉迥照其宗，又何能有是？正觉，犹言智或良知。迥，远也。
照，犹明也。迥照，犹云上达。宗，犹本也，谓宇宙人生之本原。此言由智力上
达本原也。故智、仁、勇本唯一德，而析说为三；虽分三德，究未尝
不一。船山以智为孤明，不独诬阳明，其于孔子所宗之仁恐犹未
彻在。阳明言致良知，而坚主知行合一，则智、仁、勇三德皆备，
可知已。良知若是孤明，何可言知行合一乎？

上举四义已讫，欲更申三说。一说，就心理而言，吾儒举智
即含摄仁与勇在内，孔门所谓志，即是自由意志，勇德发于此。孔子曰"见
义不为，无勇也"云云。按见义不为者，由于小己之私欲起而当权，便障蔽了自
由意志，故不能勇于为义。譬如浮云蔽了太阳，而阳光不能及物。勇德发于自
由意志，此宜深玩。举仁即含摄智与勇在内，朱子以温柔言仁，吾在前文
曾论及。仁固有温和慈爱之情，而不仅是情，智与勇皆仁也。举勇即含摄
仁与智在内。勇而无仁与智，则是俗说横暴强悍之谓，此不是勇。刚健、升
进而不坠退，炤明而不为私欲所干犯，同情万物吉凶，扶持正义，才是勇。于
此，可认识自由意志。是故智、仁、勇三德，随举其一，即是本心的全
体流行。注意。不可说圣人举智而谈，只是心理学上所谓知的方
面，不摄情、意两方。亦不可说圣人举仁而谈，只是心理学上所
谓情的方面，不摄知、意两方。又不可说圣人举勇而谈，只是心

理学上意志的方面，不摄知、情两方。本心是全体性，不可破析。心之德用不妨分作多方面来说，而随举一德都是全体流行。譬如牵一发而全身俱惊，投一石而大海普震。理见其真，随说一端，便会通全体。若为偏端之执，莫会其全，则是非蜂起而真理丧矣。丧，犹亡也。《易》曰"智崇法天"，此天字指穹高而不可测其所极之太空而言。法者，取法之谓。言智之崇高，乃取法于天之高也。天无所不覆，智无所不包通也。包者，包含。通者，通达。借用王弼《老子注》。

二说，由第一说而言，智与仁与勇是浑然为一之全体，可见智慧与道德本是一物，不可分而为二。此中物字是为言说之方便而设，非将智慧、道德当作物件来看也。智字下加一慧字，作复辞，以便称说耳。故智慧作得主，以运用知识，则知识亦无有不善。

三说，智慧运而无所积，运者，运行。智慧者，本心之发用。前念才起即灭，后念续前而起，亦不暂停。前后相续而流，是名运行，非谓其前念可连持至后也。积，犹留也。智慧感物而起，以无染故，无所留积。（染则有留。）譬如雁过云霄，不曾留影。然本心才起时，即有习心乘机俱起，习心随本心而起，非后时故，曰俱起。俱之为言，以同时故。习心别注于后。习心牵引智慧与己同行于境。己者，设为习心之自谓。境者，略说有二：一、五官所感摄之物质宇宙，通名为境。二、凡非物质而为意识之所思者，亦名为境。（意识起思维时必有所思，这个所思的便是意中之境。）同行者，智慧被习心牵引而与习心同行于境。如旅行过险途时，平日曾闻有人经此遭厄，是时猝尔抵此，险途。在智慧方面，固平静如常，而习心则以旧闻前人遭厄事颇怀怖畏，以此牵引智慧心，令生顾虑。令，犹使也。习心使智慧心生顾虑也。但顾虑与怖畏不同。顾虑只是知道已在险境中，倘有不测，安之而已，绝不生怖畏。习心便以或逢灾难，恐惧不安。

此智慧心与习心之大别也。智慧无有小己的利害得失等计较，即于境只有了别，而无染着。染着一词，或单言染，或单言着。此词借用佛典。染着之义甚深，如墨水染着在白纸上，便不可从纸上解脱出来，故养心莫妙于无着。孟子言大禹治水，行所无事。云何行所无事？为天下除灾兴利，非为己图功，此其行之以无事者一也。明于水性，遂顺其性而疏导之，利用之，此其行之以无事者二也。行之以无事，即无有染着。大禹之功出于智慧也。无染着故，即无有习气遗下去，故说无所留积。习心则不然，其交于物也，皆有染着，即皆有所留积，此其与本心绝不类也。

人生而成为有形气的独立体。有实际生活，即此独立体亦自有权能。故本心运行于独立体中，而独立体便可利用本心天然之明，以主动治理当前的事物。易言之，独立体即以天明为其治理事物之工具。本心天然之明，简称天明。在此种情形之下，本心亦未变易其天然的明性，但不得自作主而已。然独立体利用天明为工具，以交于事物，则有习染发生。习染并不是无有势能的东西，其潜伏吾人内部深处，便名为种子。习种又得出现于意识界。易言之，意识的活动即是习种的活动。是故独立体利用天明作工具以治理事物，乃不期而创生一种新势能，所谓习心是也。习心并非起一次而止。吾人如不能恒时保任天明作主，则一生之中常是习心用事，用事，言习心自用其权，心治理一切事物也。他处未注者仿此。天明终不得自显也。习心无量数。一切习心所留积之一切习染潜伏为习种者，更无量数。生活内容之复杂，其可测度乎？孔子曰："性相近，习相远。"其义蕴广大深微极矣。有问："人生常是本、习二心杂集一团乎？吾不能无疑。"答曰：汝何疑？汝若不信有本心天然之明，汝生来便同土石一样，何得有知识？故本心无可否认也。汝若不信有习心，汝且返观，不论何时何处起心动念，都是过去无数的习染与五官现前接触新事物的簿记和合一团。簿记，见《荀子·正名篇》。若离习染，汝得有知识乎？厨人送一杯汤与汝，汝不待推考而知为汤，即快饮之。实则汝有过去无量数之汤的习染种子潜在，此刻新的汤来，旧习种同时跃起，汝便知新来者是可饮之汤耳。若否认习心，汝此刻能有汤的知识乎？大凡好学的人，读书多，便有许多道理的习染种子潜伏内心深处。苦读古今大著，不能抉择其精微，亦不会发生好的习种也。凡人不甘堕落者，能保任本心作主，则一切习染皆成善种，而习心将转化为智慧。《易》曰"圣人成能"，此之谓也。圣人发展智慧，是自成其能。

　　智慧无积，而知识有积。有积，则恃其所有，哲学上一宗之论，科学上一科之绩，莫不自恃为富有知识。而其所不得有者则遗弃之，而不自知其不足也。唯智无积，则无所有。无所有者，非本无有也。大有而浑然未形，不可以有名之也。大有之有，只是有无限的可能耳。如未习数学者，无有数学的知识，然设或困而学之，即于数学可有深造。此何故欤？则以本心天然之明，（即智慧或良知。）本含蕴有修习数学的可能性，否则决无从学。譬如木石无有语言的可能性，能教之学语乎？举此一例，可概其余。孟子曰："人之所不学而知者，其良知也。"此语不无病在。若深论之，须别为专篇。阳明曰："良知是无知无不知。"此语极是。后学误解无不知三字，便以为不待向外求理，是乃空虚自误。实则无不知者，谓其有无限的可能而已。良知毕竟要格物才成就知识。王阳明言良知是无尽藏，余亦云然。人生一切知识技能之发展无已止，不能不承认有本心天然之明为其根源。何况崇高的道德、无私的感情、自由的意志，而可谓其无内在之根乎？《易大传》曰"寂然不动,感而遂通"云云。宋明理学家言心皆宗此义,而盛张寂感之妙,期于实践斯境。李延平、聂双江、罗念庵并重归寂一途,入于禅矣。余按不动非静止之谓,良知运行不息,何有静止之时乎?运行,说在前。《传》云不动者,盖谓良知本无盲目的追求,故云不动耳。良知恒时凝静,不散乱。(凝静之静,是不浮散、不昏乱之谓,与静止之静不同义。)感而遂通一语,就格物言,合有商量,此姑不论。

本心、习心之分,在中国古代哲学上是极重大之问题,余欲待篇下为较详之说明,但精力不堪用是所苦耳。今于此段文中,且将前谈本、习二心未畅之旨略提其要,申说如次。余在前文曾言,人生而成为有形气的独立体,便自有权能,此语极重要。本心运行于独立体中,独立体便可利用本心天然之明,以追求一切物,乃至治理一切物云云。这段意思,余平生久已含蓄,而未以文字发表。曾偶与人谈,人有难言:"本心是主乎独立体,先哲同言之矣。独立体,谓身体,而人皆执此为我。殊不知吾人本与天地万物同体,是谓大体,亦云大我。独立体是小体,可名之为小我或小己。孟子深见此理。公乃说独立体利用本心,利用二字殊可怪。"余答之曰:利用二字毋足怪。宋明以来理学诸哲人皆以为本心感物斯通,因此,只须有静养工夫使本心不失其澄明,不必役其心以逐物。程朱解《大学》格物,虽未变乱经义,而终不肯研究格物之术。余以为本心只是天然一点明几,一点,是吾乡俗话,言其微细之极也。今用之以形容本心的明几隐微至极,然虽隐微而发展则广大无量。吾人须以自力利用此明几,而努力去逐物、辨物、治理物,才得有精确的知识。否则,将如前贤把心看作全知全能的神,不更尽人力,便无求知的可能。我的意思，人当利用本心之明，向事物上发展，不可信赖心的神灵，以为物来即通。此何足怪乎？

有问："本心无恶，而人类多造罪恶，此何故欤？"答曰：自人类思想开发以来，对于宇宙人生略有悲、乐二种观察。悲观与乐观。印度古代数论有勇、尘、暗三德之说。勇是能力。尘是物质。暗是一种迷暗的势力，与佛家所云无明者相同。宇宙开发，人生资始，皆由三德为其因。数论之说甚驳杂，今不及详，但举三德。释迦氏说明宇宙人生，则有十二缘生之论，而其十二缘则以无明为导首。十二种缘，无明居首。其余十一缘，皆由无明导引之而相会聚，遂有人生，遂开宇宙。缘生者，谓人类或宇宙万有皆由十二种缘而生起也。其后学虽有小乘、大乘之分，要皆根据十二缘生之本旨，无或违背者。据印度先哲之论，宇宙根源、人生本性元是一团迷暗势力，此释迦氏所以作厌离想，而大乘诸师承之以修空观也。厌离一词，见《杂阿含》等经。老氏以虚无为神与气所由生，老之虚无，指太虚而言也。而虚无却是恍惚之象，虽不斥言迷暗，其去迷暗无几矣。庄生愍世人凿死浑沌，殆以人性为浑沌欤。余少治老庄，三十后学佛，参验世事，时兴"天地不仁，万物为刍狗"之叹，而益欲深穷宇宙人生之大原，其果为迷暗耶、恍惚耶、浑沌耶？然每当斜阳一片，登高望天，辄回忆儿时读阳明王子之书，曰"知善知恶是良知"云云，乃叹曰：余分明有良知在，奈何不自信？有生之源，可谓迷暗乎？余于二氏之说终有所不肯。不肯一词，借用禅宗。洪惟《大易》，以乾表示生命、心灵，以坤表示物质、能力。乾为阳性，阳有二义：曰阳刚，曰阳明。明生命、心灵有刚健、炤明诸德性也。上明字，犹云说明。炤明者，炤谓无暗，明犹灵也。坤为阴性，阴者，阴暗。明质、力之暗而无知也。明，犹

234

说明。乾坤同为一元之所成，一元，谓实体。一元不是超脱乾坤而独在。譬如众沤同为大海水之所成，大海水究不离众沤而独存。故《大易》于《乾卦》中称乾元者，谓于一切乾爻而皆见是一元也；《坤卦》中称坤元者，谓于一切坤爻而皆见是一元也。《大易》六十四卦、三百八十四爻。乾元、坤元都是通三百八十四爻而言，非仅就二卦中之乾爻、坤爻而言也。于一切乾爻而见其元，于一切坤爻而见其元，犹之于无量数众沤而皆见其是大海水也。一元变成乾坤万象，即于乾坤万象以外无有一元。（一元变动而成为无量数的乾象、坤象，故云万象。坤象谓质、力，乾象谓生命、心灵。）譬如大海水变成众沤，即于众沤以外无有大海水。余以《大易》为体用不二之论，义据确然。义据者，玩易之辞，以通其义，非无据也。有问："《易》之三百八十四爻皆乾坤之变化也。今公说一元变成乾坤万象，则变化不属乾坤欤？"答曰：吾子殆于体用不二之义未有深入耳。古今谈本体者，总将本体说成不变不动，所以将实体与现象分为两重世界。易言之，即体用割裂为二。余故宗《大易》而演体用不二之论，若真知体用本来不二，则乾坤之变化正是一元之变化，哪有两重世界乎？（一元是体，乾坤是用。）谈到此义，须知立论有观点，观点在从用明体便只说乾坤变化，而言外自有乾坤之元在，乾坤不是如幻如化也。若悟得乾坤有实体，便知乾坤变化皆是一元之变化。譬如见众沤腾跃，亦即是大海水腾跃。言不一端，义无违反。**一元本具乾坤二者之性质，**余悟到体用不二不是凭一时傥然之悟，（傥悟，说见前。）确从随处体会，而后信为不谬。一元者，贵体之称。一者，无对义。然无对即是有对，故不能承认实体是单纯性，（单者，单独。纯者，纯一不离。）而确信实体是复杂性，故说一元具有乾坤二者之性质。**遂乃举其全体，变成乾坤万象。**譬如大海水举其全体，变成众沤。**上穷宇宙根源，不有复杂之端，何从发展？不有相反之几，何由成变？**若是单纯性，便无相反之几。**是故有坤之阴暗，万物禀之以成形；有乾之阳明，万物禀之以成性。**性，犹言生命。性以帅形,是理之大正。帅,犹主也。形而累性,则事有反常。事与理违,而万物于是乎多患矣。

问:"哲学史上向来有唯心、唯物之争。今公言心,则与生命合言;言物质,则与能力合言,此何故欤?"答:物质、能力本浑然为一,无可分之为二,浑然者,不可分之貌。凝聚即是质,发出即是力,孰知其异?吾故以质、力合言之耳。生命不是一个空泛的名词,而是表示宇宙大生之洪流是其充实不可以已。《易大传》称乾曰"大生"云云。余推寻《易》义,宇宙大生之流是名大生命,但大生命不是超脱万物而独存。如甲物禀大生之流以生,则大生命固是甲物之生命;乙物禀大生之流以生,则大生命亦是乙物之生命;乃至无量物皆然。心灵不同于镜子,镜子是死物,心灵则不然。佛家好以镜子的明照比喻心的明照,未免有过。比喻本不可求全肖,而必有少分相似。心之明照是活泼泼地、随机作主的力量,其于镜子无少分相似也。心灵的本身即是生命。注意。生命的德性刚健而不化成物,焰明而不迷暗,故生命即是心灵。《易大传》曰"坤化成物"云云。伊川《易传》"化"字误为"作",当改正。坤,化成物;而乾则是不化成物者。此生命、心灵与质、力所以阴阳异性,不得不判为两方面也。(注意。)乾德焰明,见《易纬》及郑《注》。然《乾卦》言"大明",则纬书所本也。古义皆孔门流传,非余臆说。余以生命、心灵合言之,其义亦本《大易》,非敢以私见假托圣言也。又复应知,心、物只是两方面,单言心,即摄生命在内;单言物,即摄能力在内。此例常见前注。确不是两体。心、物是一体,非可分而为二。物含藏心,心有广义与狭义之分。广义,则生命即是心;狭义,则植物发展至动物,有知觉著见者方说为心。此中言心则兼有广狭二义。生命之流,弥满大宇,气体乃至土石莫不有生命力运于其间。而不许其为有生命之物者,则以气体等等组织太简,生命力不得著见,故不可与动植物同类耳。心主导物,《大易》以乾主导坤,汉《易》犹存其说。物受心之主导

236

而机体组织日精，心得物之良缘而明德开发日盛。缘，犹云凭藉。机体组织完善是为心之良好凭藉。生命有昭明之德，今省称明德，此即心灵之端也，故上文云生命即是心灵。生机体组织完善，故人类之高级心灵作用得以开发。万物莫不由二物以成，二者，谓生命、心灵和质、力也。物字在此用为生命、心灵和质、力之代词。下言二物者仿此。而在物质层时期，生命、心灵不得显发；宇宙发展，物质层最先成就，生命、心灵二层渐次出现。说见前。及万物演进至人类出现，则其所禀之二物乃发育到恰好处，遂为万物之灵长。所谓恰好处者，即生机体之组织完善，生命、心灵可凭藉之以显发出来。长字，读若掌，言人类至灵而为万物之首长也。

　　古今哲人对于人生的看法当然不一致，余亦不必多征引。余相信，从人生坏的方面看得深透者，莫如空教；佛教虽分空、有二派，而谈有者还是归于空，此意不及详谈。从人生好的方面看得宏远者，莫如儒学。谓孔子之学。宏者，宏大。远者，深远。宇宙根源，人生本性，孔子洞彻至极。《六经》皆从人生好处发挥，然于人类之罪恶方面亦见之深而愍之切。《论语》曰："鸟兽不可与同群，（此言含有怜恤之深意。人类与鸟兽根本有天然的隔碍在，无可同群，圣人所以怜恤之也。）吾非斯人之徒与而谁与？"（玩味此语，便见圣怀悲愍甚深，不忍离群，不忍遗世。然人之难与为善者，圣人固非莫觉，但不忍舍弃耳。）《易》曰天道"鼓万物而不与圣人同忧"。（余解在《体用论》，可参看。）孔子明知斯人不无罪恶，而专从人性之善端引发，令其开拓向上。吾归宗孔子者在此。然佛氏揭穿人之痴惑与罪恶，而实以大悲心救度之，不忍舍离，此与孔子之仁道不异，但其出世法则无可同于儒。孔子体仁，（体，犹实现也，言实现仁道于自身也。）而亦言战争、言革命。以仁心为人类除公害，求进于至善，（为字读若卫。）战争乃仁术也。但当时霸者之战，假托于仁义，则孔子所深恶，仁非可假也。然墨氏主兼爱而非斗，终亦归于不仁而已。余不否认人性本善，不否认人皆有知善知恶的良知，然而,余并不否认人可以放失其良知,人可以丧亡其本性,人可以造罪恶。有问:"如此看法,未免矛盾。"答曰:诚哉矛盾! 然人生要当化除矛盾耳。化除矛盾,必知矛盾所在。良知知善知恶,如何肯作罪恶? 人性本善,而良知即是本性,如何又作罪恶以致失良知、丧本性?性,犹言生命,已见前。心与性本不可分,以其沛然生生不息而言,则曰性命;(今云生命。)以其炤然灵明而言,则曰心灵。孟子曰"尽心则知性",正以心、性不二故。二便隔离,则尽心何由知性? 据此而论,则人生罪恶断不可谓其出于良知或本性。然人之作恶犯罪者确尔不为少数,此亦无可否认。善恶矛盾之故,将于何处寻求? 倘如佛氏所说,众生从迷暗的势力而生,无始时来,常在颠倒中。无始,犹云太始。不可测其开始之端,故言无始。如此,不独人有种种善行无可否认,即就佛教而言,众生本无善根,又何可教以修行? 佛氏固化导众生观苦,欲令怖苦起修。殊不知众生迷暗、颠倒,方且以苦为乐,何能感苦? 佛氏究难自圆其说也。释迦没后,小乘、大乘各开宗派,其立说互相违反者甚多。然谈到众生之所由生,要皆以迷惑的势力为其有生之因,未曾改易释迦十二缘生论之本旨。佛家思想本当批判,但其名辞太繁,譬如一独立国的语言,外人不易通晓。如衡论其得失,不用其名辞固不可,用其名辞,则求解人亦难矣。中国晚周荀子,倡性恶之论,而卒归于为善以去恶。不独荀子如是,从来言性恶者,皆未有以作恶为人道之当然也。大地上凡有文化之民族,其文史诗歌之所表现,莫不悲悯黑暗而蕲向光明,此亦性善之征已。人性无恶根,是义决定。然人之造罪恶者究不少,此何故欤?

萧生唐刚来书云:"先生之论,谓《体用论》。言实体变动而成功用,取譬于大海水变动而成众沤,以明体用不二。用则有翕阖两方面,准《易》之乾坤。翕,为质、为力。阖,为生命、为心灵。翕则化成物,而阖反之。反者,言其不化成物也。翕势不自举,阖主动开物。先生云:人类始大显生命、心灵,能发展思想与知识,以裁成天地,辅相万物。阖为主以开物,事实分明,非虚谈也。阖为阳明,翕为阴暗。物质是阴暗性。如上大义皆见《体用论》,有符乾坤之旨。然今复有疑不能不请决者:先生之学宗《易》。乾为心灵,阳明、刚健,无有不善。坤为物质,是阴暗性,其动也迷,本来无善。物质之动是盲目的。尊论翕阖犹承乾坤,殆有善恶二元之意欤?"以上萧生来书。余答之曰:吾子之解,解,犹云了解。似是而实非也。乾坤同一乾元实体,譬如众沤同一大海水,不得言二元。乾坤两方面,虽有相反之性,而乾实统御坤,即心统御物。相反所以相成,正是全体流行之妙,而可言二元乎?萧生之疑已解,但人之有作恶犯罪、甚至丧失良知或本性者,毕竟不少。善恶之矛盾何在,今不得不一言。

孔子言"天道",《论语》:子贡称孔子言天道。天道者,实体之名,非谓天帝也。《易》之乾元、坤元、太极,皆天道之别名也。汉人据七十子后学传说,坤元即是乾元,盖明乾坤同一元耳。宋明诸师遂只称乾元,亦是。又曰"人能弘道"。见《论语》。天人二义,会通之,元是一义。实为孔子内圣学之纲领。内者,返己自治,以志于仁立本。澄清内心生活,使生活的内容日益扩大、日益深邃、日益笃厚、日益充实,于是大本立而德盛于中,故曰内。圣,犹智也。穷彻宇宙根源,体究人生本性,达万物为一体,赞天地之化育,是谓圣智。(达者,通达。然此云通达,不是浮泛的了解之谓,必于自身实现此理,乃是通达。古书中天地一词,有时作为万物之总称,有时用为大化之代名,此二种用法今兼融之。赞者,以人力司大化之权,裁成天地,辅相万物。参考《原儒·原外王篇》。)仁智交修,谓之内圣学。若采用今世通行之名,亦不妨称哲学。西洋哲学本别是一套，此不及详。然哲学要当向仁智之途趣进。此中趣字，犹趋求也。庄生斥惠子逐物之学弱于德，惠子当能采纳。而近代学人，无论其为科学、为哲学，设有以庄生语告之，则鲜有不大笑之者。世有超然上达之才，虚怀一究圣人之学，当知仁智境界，不是偏于向外逐物者所可悟到也。于仁智无真切体会，终难与语道德之原。古圣姑勿论。晚明王、顾、颜三君子之书，吾少时读之，感觉其字字从真怀本愿流出。三君子并尚博物，而能念念不忘返已自治之功，敦仁、发智，卓然匡宋明、超汉唐，虽承汉以来二千余年思想界锢闭之患，成就犹未如其所志，而其德量识量已远大矣。清季革命之民族与民主等思想及注重格物的觉悟，皆三君子启其端。

天人之义，以言其大，则无所不包；以言其深，则莫测底止。天道何由成？人道何由立？非真了天人之故者莫能明也。天者，实体之称，非上帝。故，犹言所以。此中意义深远，极难说，言说只是敲门砖子耳。门以内事，须身入乃亲得之。学者日常生活中如果清明在躬之时多，将有神解焕发，（神解，就见前。）不为有限的经验所沾滞，不为古今许多名家理论所笼罩，而一旦脱然悟入真理，莫或使之而自然。至此，才与古今人洞见真理之言（此言字即指其书。）心心相印；（古人往矣，由其书见其心也。今人或不相识，见其书即见其心也。）古今人之言无当于真理者，吾亦不为其所惑。但古今名家之书，无论当于真理与否，总须多读。孤陋寡闻，未可言独往也。天人之义确是广大无量，真切至极，愈深参，愈有味。透悟到此，则古今宗教与哲学家言，其得失可知也。夫人何由立？得天而立也。若无有天，则人岂凭空幻现得来乎？人生如是幻现，即不可更谈立人之道。人既非实有，何所立乎？故知人之所以生者，得天而生也；其所以立者,得天而立也。立者,能自树立之谓。凡物皆有以自树,方成其为物。天不自树立,不能成为天;地不自树立,不能成为地;而况于人乎?人之立,非无本而能立也,其本则天也,故曰得天而立。失其本,则莫能立。问:"天地万物亦与吾人同本于天,故皆能自立乎?"答:诚然,但此中只就人而言。得天者,求仁而得仁也。此孔子语,见《论语·述而篇》。问:"云何说求仁得仁,即是得天?"答:仁,人之心也。心灵与生命本来不二,故不别言生命。心与物不可分,非异体故,而心则主乎物者也,故言心,即已摄物。心、物同本于天,而心、物之外无有天,天即是心、物之实体故。譬如众沤同本于大海水,而众沤之外无有大海水,大海水即是众沤的本身故。此理详在《体用论》。夫仁心之存乎人者,刚健,炤明,生生而能爱,不为小己之私欲所缚,常流通于天地万物而无间隔。此乃根于实体之德性,而为一切德行之源泉也。人皆有是心,是字指仁而言。而不幸甚易为形气的独立体所锢蔽。独立体,谓身。独立体既成,便自有权能,故其锢蔽仁心也甚易,而仁心之发露颇难。然仁心是人所本有,反己而求之即得。无论何人,当其动一不仁之念,只要肯反己自问,则未有忍于作恶者。求仁而得仁,不至陷于不仁。仁心以天为其根,天者,实体之称。根字,用为天之代词。故曰得仁即得天也。仁心即是实体之德用,譬如众沤湿润诸德,即是大海水之德用。故说仁心以实体为其根。有根故如流水之有源而常不竭,如草木之有种而恒不绝,此人生之生活内容所以丰富无穷、充实不可以已也。谈至此,犹有不容不辨者。宋明儒以仁为本体,本体,犹云实体。甚失孔子之旨。仁是用,究不即是体,谓于用而识体可也,识者,认识。于用识体,譬之于众沤而识大海水。谓仁即是本体则未可。譬如各个沤相(相字读为相状之相。)犹不即是大海水。又复当知,仁心只是万德之端。端者,言其隐微未发展也。发展此端,至于繁衍盛大,则在吾人疆为善而已。孟子言扩充,盖明于人道所由立。宋儒之于天理,王阳明之于良知,皆视为实体,固已不辨体用。(良知与天理之心,皆用也。)程子言天理,则以为只须诚敬存之。见《识仁篇》。阳明言良知,则以为良知无所不知,而改变《大学》格物之本义。殊不知,民智未进时,即缺乏格物之知,其所谓道德者常是大不道。余少时读《后汉书》,觉其皇帝真非人类,帝制已穷则当变。范史悲悯见乎辞,而犹赞扬忠义,莫正其迷谬,民主之大义不彰,岂不惜哉!此不过偶举一例耳。道德之源即仁心也。仁心之发为行动,主断以趣事变,毕竟须格物以精其知,而毋误用其仁。此乃人之自成其能,以扩充其仁而善用之,是人道所以立也。

亡友汉阳张仲如曰:"近代人类尊信知识即权力,求仁二字已成故书中之死名词。人类只向外物求知识,而无养于中之道,中,谓内部生活。意者其有所未可欤?"余曰:此是一大问题,却甚难言。中夏古哲之学,其唯孔子穷宇宙之原,究生人之性,此性字就生生之源而言。生人之性即是宇宙之原,宇宙之原即是生人之性。体大生广生之德于日常生活之中,大生广生,仁德也。此中体字是体现义,犹云实现。成己成物,通为一体;《中庸》言"成物",须与《易大传》"裁成天地、辅相万物"等文参究。辅相不仅是变化与改造物质,而化导人群,使其互相扶勉,互相合作,将来达到天下一家、群龙无首之盛,是乃辅相之主旨也。动健静定,融成一片。曾有学佛者来言:"佛氏有大定力,孔子不足语此。"余答之曰:孔子言"智者乐水,仁者乐山",(见《论语》。)朱《注》似未得其义。孔子此言不是分作两种人来说,却是就一人之心有仁、智两方面可说。就智的方面说,其乐如水之活跃;就仁的方面说,其乐如山之镇定。此种境界,大贤尚不能有，何况一般人。此盖孔子自述其心境耳。乐山，正是大定力。乐山与乐水俱备，此境太高，尔何敢妄议？此乃千载暗室之孤灯，不可绝也。西洋哲人尚思辨，是其长，而习于支离，难闻大道，亦其短也。印度古代哲人宗教之僻执太重。余之意，今后全世界人类当趋于天下一家，天下一家，孔子之理想也。见《礼运篇》。古哲之宇宙观、人生观，其可为未来世新生之人群作指南者，恐不必多。为字读若卫。指南，为罗盘针之别称，航行大洋者可资之以不迷于所向。然古代百家之学，不论短长，其可为后人之借鉴与参稽，则为绝不容疑之事。昔者有人自言其读《论语》，不肯看注文，余斥之曰：吾子自居高明乎？注文如浅薄，汝能见其浅，便深进一层；注文如错误，汝能见其错，便已得正解。若不看诸家注，便绝无引发，虽高才犹患寡闻，而况汝乎？古代大学派能传于后世者，其中必有物焉，未可不究也。穷理到极其大、极其深处，便觉宇宙人生于万变无穷之中自有真常不易之理在。王弼《易略例》有二语可采，曰："异而知其类，睽而知其通。"此境界极高，难为不知者道也。哲学家有此境界，便知古学亦须参考。孔子之眼光最远大，规模至弘阔。吾望治哲学者，对于古学能批判与发挥，使来者研古学得有资藉，便于取舍与变化。朽腐化神奇，治古学亦如此。未来世新哲学产生，当有资乎是也。世有宏通之才，吾望其发古学之长，温故知新，写成简要之册，以便通行。总持大体而不遗，方是简。发扬精粹而生新，方是要。学哲学者在乎身体力行，身体者，谓以自身体现真理。不必人人从事著作。著作必是有所不得已而后可为。明代哲人王阳明，能以所学见之事功，此可法也。张居正愿身化作毡毯，任人践踏溲溺其上，学孔、佛而得其精神，为神州多支持数十年，为字读若卫。亦闻阳明之风而起也。所望来贤，无忘先范。仲如闻吾说而喟然。仲如以乙未年逝去。

上来已说人得天而始能立。得天者，求仁而得仁之谓。人若丧其本有之仁心，即丧其天。丧天者虽有人之形，而不成为人。周子曰"主静立人极"。又自注曰："无欲故静。"余谓周子误矣。唯得仁，方可立人极。注意。无欲可以求仁，而无欲未即是仁也。孔子语樊迟曰："仁者爱人。"此语甚平常，而平常却极深远，非体仁者莫能识也。爱人者固必去小己之私欲，而去私欲以外，更有明智与笃厚之深情，视人之休戚为自我之休戚，必将有爱人之事实。孔子周流列国，即爱人一念驱之也；及乎不得行其志，而作《春秋》诸经，主张消灭天子、诸侯、大夫三层统治，倡导天下为公、天下一家、群龙无首之学说，为万世制太平，皆爱人一念驱之也。樊迟请学稼，有避世之意。孔子教以爱人，非达天德者莫识此旨。达天德，见《中庸》。达犹体会也，天德犹云实体之德，说见上。晚周六国以后，二三千年间贤儒求仁而不背于孔子者，唯王阳明一人耳。此意拟详之下篇。罗念庵、唐荆川并表彰阳明之《大学问》，可谓阳明嫡嗣，余子皆不足道也。宋学以宗孔自居，庶几尼山宗下之小乘耳。佛家有小乘，归于自利，无有度众生之悲愿。此段话姑结束。

今次当谈天何由成、待人而成之微旨。天者，实体之称。实体只有无限的可能，不可谓其一切圆成。宗教家以上帝为全知全能，佛家称真如为圆成，真如，即实体之名。真者，真实。如者，不变。圆者，圆满。成者，成就。此谓实体是一切圆满成就。宋明诸儒说到天性或心体，必以为本来具足一切德用，即受佛氏影响。余有一时期亦为佛法所惑，后经多年参究，如果万物的一切发展都是实体元来储蓄得完完全全，哪有此理乎？余肯定万物有根源，即实体。但此根源只具有无限的可能。无限者，没有限制之谓。譬如一粒谷子，若说他将来可能生芽、生根、生干、生枝、生叶，乃至开花结果，此皆是可能。然可能一词，即有不受限制的意义。易言之，不能说谷子的这些可能决定要实现，如不遇人工、水土等缘，将至于一切不生，故可能不一定实现。是其不受限制者一也。又复当知，即令实现，而仍有不受限制者，如新生之稻芽为壮为弱，农夫选种虽可测其大概，然土质、肥料、人工等等如均不适宜，则嘉种亦不能生壮芽。是其不受限制者二也。我所谓无限制的可能，其义如此。若实体果如佛氏所说一切圆满成就，则万物皆禀受实体而成，万物以外不复有实体。譬如众沤禀受大海水而成，众沤以外无有大海水。如此，则万物不须自己努力，不须自己创造，唯一心皈仰实体，如皈仰上帝者可已。余实悟、实信体用不二，故对于前哲以实体比拟全知全能之上帝者，皆不能赞同。余主张万物与吾人各各以自力发展其本体之潜能，本体潜藏无限的可能，名曰潜能。其开拓丰富，无有穷尽；其变化日新，不守故常。万物之变化与开拓，皆以自力扩大其本体，《大易》所以尊万物而赞之曰"大有"也。老之返还虚无，佛之趣归寂灭，惜其不闻《易》道也。万物进化至于人，则其内部生活丰富、创新，与智、德、力种种发育，遂乃建立裁成天地、辅相万物之大业，人道扩大其本体之伟绩，庶几近于完成，故曰天待人而成也。庄子盛赞天道之变化力伟大，而叹人之渺小，甚至说："浸假而化予之左臂以为鸡，予因以求时夜；夜将过去而时近黎明，鸡即开鸣，是谓时夜。浸假而化予之右臂以为弹，予因以求鸮炙；浸假而化予之尻以为轮，以神为马，予因以乘之，岂更驾哉！"见《庄子·大宗师篇》。庄子不悟体用不二，以为天在人的头上，而人则是天之化机所为，人道空虚，唯任造化玩弄耳。此等思想最丑劣，不可以训。孔子曰"人能弘道，言人自成其能，足以弘大天道也。非道弘人"云云。此言天道虽是人所禀受之以有生，而人若只知有小己，自甘卑狭，则天道亦不能使人弘大也。诚以天道既是人之所由生，不在人之外，则即人即天，两即字正明天人不二。何可将天推出于吾人以外去，遂至尊大天之威权，而以人为其玩具乎？综上所说，善恶矛盾之所在本不难寻。本体不能只有阳明的性质，而无阴暗的性质，不能二字，一气贯下。阳明者，心灵也。险暗者，物质也。故本体法尔有内在的矛盾，否则无可变动成用。法尔，犹云自然，不可问其所由。用者，功用之简称。老子曰："反者道之动。"是明于《易》者也。然乾阳毕竟统御坤阴，即心统御物。坤阴毕竟顺承乾阳。即物随心转。矛盾终于化除而保合太和。《大易·乾卦》说："太和乃利贞。"贞，正而固也，言太和之道利在正固。《易》之为道，利用矛盾。《坤卦》中特著阳与阴战，其血玄黄，曰："为其嫌于无阳也。"阴侵阳已甚，故不惮玄黄之血，而勇于一战。但战争究不是正常，阴阳合一而太和，乃是利贞之道耳。有人难曰：难者，诘难。"先生言乾统御坤，虽根据《大易》，而《易》之义亦未足据也。物质先在，心灵后出现，此不能说心统御物之一证也。神经系统与脑部组织之完善与否，可以决定人之思想力或强或弱，此不能说心统御物者二也。"答曰：汝所说第一义，余在《体用论》中辨正綦详，兹不赘。第二义适足证成《易》说。《易》说，谓《大易》之说。所以者何？《大易》以生命、心灵为一物，此物字非谓物质，乃因言说之便而虚用之耳，意云生命、心灵本来不二。物质之凝成，

246

粗大而固闭,生命力斡运于物质中,不易发露出来。易之坎卦,阳陷阴中,正是表示此象。坎,陷也,阳陷于阴中而不得出也。其卦第二爻为阳,初爻、三爻皆阴。阴为物质,阳为心灵,即心为物所陷也。宇宙肇开,物质层成就,生命、心灵不易急遽转化锢闭的物质而突然发出,正是《坎卦》之象。《坤卦》曰"为其嫌于无阳也",即指《坎》象而言。然生命力之潜驱默运于物质中,终必战胜物质,而破除锢闭以出。不有血战,其能出坎陷乎?宇宙自物质层之锢闭状态,而卒起巨大变动,有生物出现。自是生机体日益进步,神经系统与脑部发展完善,而心灵得以大显,此乃生命、心灵统御乎物质之明征。故吾子之论,适以证成《易》说,无可推翻圣言也。若乃神经系统与脑部本为心灵活动所凭藉之机构,此种机构发展臻于完善,则思想力强。譬如良工欲善其事,必假利器。假,犹藉也。何可以此而否认心之统御力乎?总之,乾统御坤,阳明统御阴暗,心灵统御物质,"总之"至此,皆是复词。心物犹阴阳也,阴阳犹乾坤也,名异而实同。以此见宇宙全体大用,本来正固阳明统治迷暗,无有倒妄。何必如二氏求不生不灭之境,趋窈冥恍惚之乡乎?全体即是大用,大用即是全体,体用不二,是义决定。阴阳者,从用立名。阳以大明统阴,正而且固。无迷、无倒,申明正固之德也。宇宙人生毕竟不是从迷暗的势力开发。数论、佛家乃至德人叔本华之学,皆不明《大易》之道也。

有问:"坤之阴暗势力,易于片面发展,如生物未出现以前,生命力便不得发露。《坤卦》言阳之战乎阴,曰'为其嫌于无阳也'。为字读若卫。上文未及注。嫌,犹似也。阴偏盛,而阳受其锢闭,不得发出,似乎只有阴而无阳。唯物论便断定唯独有物,而心非本有。其实,孔子作《易》,早已见到坤之势偏胜,嫌于无阳,而乃说阳统御阴者何？"答曰：哲学要综观全体，不可划成分段来看。综观全体，便从其发展来看。宇宙之发展，由物质层而进于生命层，乃至心灵层，显然是生命、心灵一步一步战胜物质，而卓然显露出来。上极乎人类，飞跃而升，《乾卦》九五之象。则生命、心灵之盛，庶几光焰万丈。以实际生活言，人具七尺之躯，乃举天地万物以奉之，疑于泰矣。泰，满足之貌。然人终不为物欲所迷，视思明，听思聪，声色莫能乱其耳目，而中怀澹然。至于功能伟大，则已夺造物者之威柄，殆将实现孔子"范围天地之化而不过，曲成万物而不遗"。以内部生活言，则《易·乾卦》曰"夫大人者，与天地合其德，与日月合其明，与四时合其序，与鬼神合其吉凶"云云。按此文盖七十子称美孔子之德用也。有问："孔子为出类拔萃之大圣，非人人可为孔子也。"孟轲称孔子"出乎其类，拔乎其萃"。出类，言其在人类中为特出也。萃，众也。拔者，超拔，言其超越众人，若参天之松于丛林中拔起，高耸天际也。答曰：王阳明诗云："个个人心有仲尼，孔子字仲尼。自将闻见苦遮迷。遮者，遮掩。迷，犹惑也。众人所习闻习见者，皆世俗自私自利之诡谲，如名利、权势等等，不可胜穷也。（佛说人皆有四万八千惑，亦不为过。）此等见闻足以掩蔽吾人之智慧而增长迷惑，故自心有仲尼而不能自见耳。而今说与真头面，只是良知更莫疑。"仲尼的真头面只是良知而已。此非个个人所本有者乎？良知即是智慧，人人能存养良知而推扩之，以进德修业，谁不是孔子？古代学人尊孔子者，多视为如天之不可升。阳明此诗，便指出孔子真头面是一切人各自本有的，人皆可为孔子，要在断尽俗根与自强不息而已。

附识：有问："《乾卦》言大人之德，未明说孔子也，公乃谓其指目孔子,奈无明证何?"答曰:奚无证?汉儒孟喜曰"大人者,圣明德备也。先儒云:若夫子教于洙、泗,夫子,谓孔子。利益天下,有人君之德,故称大人"[1]云云。孟喜所称之先儒,自是七十子。先儒言《乾卦》之大人是孔子,后学传授不绝。汉世去周末未远,故孟喜犹能言之耳。"大人与天地合德"云云,非孔子亦莫能当也。复有难曰:"公在《原儒》附录中'《六经》是孔子晚年定论,以《乾卦》主张革命,创明群龙无首。而《乾卦》中大人诸文,则是小康派所增窜'云云。今又取小康派之说,何耶?"答曰:七十子称夫子之德,是一事。小康派在《乾卦》中加入大人诸文,以变乱大道派之革命论,另是一事。二事不可相混也。自周末六国以至吕政一统,大道学派当有革命运动,《礼记·儒行篇》明明有革命之儒。余在《原儒》中曾提出。秦汉之际,儒家事实皆湮没,大道、小康二派之纷争不可考。吕政焚坑之事,《史记》太不详,被坑之儒全不传其姓名。司马谈父子并是小康派,故湮没异派之人物。孔子《春秋》本义当是大道派所持守,而小康派反对大道派,则亦宗孔子。伪《公羊传》固是小康之主张。孔子有素王之称,必是六国时小康派所奉之尊号。小康派本维持君主制度,但主张有圣德者方可为君,暴君却宜革。孟荀皆同此主张。其尊孔子为素王者,即以孔子有人君之德,乃后之为人君者所当取法。伪《公羊传》说王正月

---

[1] 整理者按:孟喜《易章句》原文是:"大人者,圣明德备,五也。"

云："王者，谓文王也。"[1] 其实谓素王耳。而言文王者，恐触汉帝之忌也。孟喜说《乾卦》之大人，即引先儒言孔子有人君之德，其意义可玩。大道派废除统治，必不以王号辱孔子也。孔门有大道、小康二派之分歧，实为晚周时代之最不幸。《乾卦》中称大人之德用，当是出自大道派，而小康派亦承认耳。此数语义旨弘深，今略释之。"与天地合其德"者，言孔子大公至正之心，无偏无私，其德如天之无所不覆，如地之无所不载也。"与日月合其明"者，言孔子之明智，如日月之大明、遍照，无有私智，私智之智字，与上明智之智字，截然不同义。凡机变权术之巧，皆是私智，而非明智。无有障蔽。无偏无私，故无障也。"与四时合其序"者，言孔子精于格物，深察大自然与人群之变，得其规律而掌握之，足以司大造之权，开物成务。开物云云，见《易大传》。《易》之辞皆是取象。四时变化不已，故取此象，以明自然与人事之变。序，犹规律也。"与鬼神合其吉凶"者，此中义旨深远至极，汉宋诸儒皆误解。余按鬼神，阴阳也。神者，人之精神，取以为阳之象。鬼，犹魄也，谓人之体魄，取以为阴之象。阴阳者，实体变成功用，有此两方面。阴阳变动不居，本无作意，作意一词，借佛典。作，犹起也。阴阳之变，非如人之有意识也，故无有起意。亦无预定之目的，参看《体用论·成物章》后。唯变所之而已。之，犹往也、趋也。任其变化之所趋，无定型也。夫如是，吾人与万物游履乎万变不齐之中，凡

---

[1] 整理者按：《春秋公羊传》原文是："王者孰谓？谓文王也。"见《隐公元年》。

所遭遇，或凶或吉，莫能一致。即此种种不测之吉凶，虽皆本乎阴阳万变之不齐，而阴阳本无心也。圣人与阴阳合德，遇吉则无心于获吉，遇凶则无心于避凶，唯有揭天地以趋新，鼓万物以舍故，直合德阴阳、唯变所适已耳。大哉孔子！其德用无得而称焉。佛氏不悟此，而归寂灭。道家不悟此，而返虚无。宋明诸师名为宗孔，而实相去如天渊。上天既以《六艺》畀予，予悠然有会于圣心，衰年图述作，未得尽所怀，是一憾也。

《易》道广大悉备，其纲要在天人。不明天人之故，未可读《易》也。天道成万物，而万物以外无有天，此理根也。万物之原曰理根，见郭象《庄注》。于此不悟，将于现实世界以外，信有上帝，于变异的现象以外，求有静止或不变的实体，其谬误不待言。若乃反对宗教与形而上学者，则又厌弃本体论，遂妄计宇宙无根源。人智习于浅薄，真理蔽于戏论，余未知其可也。宇宙万有，不是如幻如化，不是从空无中忽然生有，是故言天道。注意。天道成万物，万物以外无有天，是故尊人道。人者，万物发展之最高级也。万物得天而生，既生则昧于其所由生。所由生者，天也。万物既生，则成为闭塞与蠢动之物，不自知其得天而生也。昧于其所由生，故莫能完成天道。天道既成为万物而不在万物之外，则唯有任万物之自成其能，以完成天之德用，然而万物尚不足语此。唯人也，性灵发露，良知显现，仁德流行，阳明统御阴暗，乃与天地合德，与日月合明，与四时合序，与鬼神合吉凶，始尽人道以完成天道矣。懿欤盛哉！执有万物而不究其本体，本体，谓之天。是弃天者也。谈本体而不悟即人即天、即天即人，便不能悟到天道待人能而始得完成，人能，见《易传》。是于天、于人，两无所知也。天人之际，微乎微乎！

善恶互相违，违者，违反。本乎乾之阳明与坤之阴暗两相反也。阳明统御阴暗，则矛盾化除，而乾坤合一矣。人之生也，禀阳明而成性，禀阴暗而成形，存性以帅乎形，存字，吃紧。帅，犹主也。是谓立人道以弘天道。此中不及详，且俟下篇。

上来因庄子注重反己之意，余举中国三大学派，如儒、如道、如自印度输入之佛，大概不约而同，皆以反己为不二法门。不二法门，借用佛语。此法字犹道也，入道之门曰法门，犹云修道的方法。三家为道之学，为，犹修也。都由参究人生，而上穷宇宙根源，以解释人生所由始，以决定人生修养之宜与其归宿。故宇宙实体之追求，追者，追问。求者，探求。在古代各宗中皆为根本问题也。道家祖老子。老子以人皆含灵禀气而生，所谓"万物生于有"也；灵，犹神也。气，物质也。有者，神与气也，下言有者皆仿此。神、气皆依太虚而生，所谓"有生于无"也。以上见《老子》四十章。无者，虚无。太虚寂寥无形，故云虚无。寂寥，见《老子》二十五章，王弼《注》云："寂寥，无形体也。"王弼《老子》四十章注云"万物皆以有为生。万物皆以有为其所由生。有之所始，以无为本。虚无生神生气，故虚无是神、气之本。将欲全有，全有者，养其神，无暴其气。神者，帅乎气也。帅，犹主也。必返于无也"云云。人能去知去欲，返还虚无，则神、气常全。此道家学说之大要也。佛家自释迦氏首以迷暗诸缘说明人所由生，缘有十二种，故言诸。于身心五蕴修习厌离。人者依五蕴而立名。五蕴不外身心两方面。但此言身，则含摄环绕一身的天地万物或无量世界皆统于一身，所谓色蕴是也。厌离，曾解见前。至大乘空宗崛起，始建立法界，法界，解见《体用论》，犹云万物本体。但此云本体,是以法界为万物之所依托故,遂说为万物本体,而万物不是从法界生也。是为不生不灭,寂静最寂静,亦云寂灭、无为,超脱乎心、物诸行而独在。大有承之,说为法界大我。此佛家学说之大要也。寂静最寂静,见《大般若经》。心、物诸行,即世间所称宇宙万象,亦名因缘法,以其互相为缘而得生故,与哲学家之关系论大旨相近。然大乘说心、物诸行是染污性,必须断灭。佛家盖以体合法界大我为归宿,(体合者,舍去染污的小我,而投合大我,与之为一也。)道家则以返无为其归宿也。

佛法毕竟反人生、毁宇宙,余在《体用论》已衡定之,自信无妄。此种思想,与孔子之道亦相反相成:看穿人生坏的方面,庶几猛省,可以进于孔子敦仁日新之道;有天地万物一体之乐,何必厌离五蕴,而欲投依于其所空想之法界大我乎?孔子四与之德用,非神奇,人人皆可勉而有。可勉二字,吃紧。人皆有性灵、智慧,何不可为圣人?只患人不肯自勉耳。四与者,与天地合德至与鬼神合吉凶,是为四与。人人有四与,将改造现实世界,使成为新新不已、丰富无量、太和洋溢之法界大我,而不是脱离现实世界、别有寂灭的法界大我。余归宗孔子者在此。道家思想,余在《原儒》下卷驳斥不少,本篇亦多有弹正。然余常言,尚未发老庄之长。司马谈曰"道家使人精神专一,动合无形,赡足万物"云云。见《史记·太史公自序》述其父谈语。谈不通《易》而深于道。此数语甚深弘大。精神专一,孔子之乐山、佛氏之大定皆是此境。人能保持精神专一,即其生命常不退坠。动合无形者,无形谓虚无。心清净故,其动也龙见,而不改尸居之静,故合于虚无矣。尸居、龙见,均见前。赡足万物者,道家尚自然无为,反对统治,故纯持放任主义,不许有力者宰制万物,唯任人各适其性,各尽其能,而万物莫不赡足。此道家论治化之要旨也。孔子亦赞成尧舜无为而治,但不同于道家之无为,盖以大公之道联合众志而为之。无私弊,无废事,是孔子之无为也。可玩《周官经》。若一切放任而废领导,则群众涣散,万事俱废,非化道也。然不许宰物之意,仍与老子相符。又复当知,群众经过领导之后,人人皆习于互相辅助,每一个人既能自主,又能视人犹己。如此,则老氏主张一切放任而万物赡足之理想,终当实现也。但未经过领导,则老子之说不可行。孔子作大易,体用不二之真理始彰,天人合一之大道遂著,此二氏所未能悟也。

附识一:今人闻一天字,或疑为天帝,此大误也。儒家古籍以天为实体之名,非上帝也。有问:"云何以实体名之为天?"答曰:天字有多义。以上帝名为天者,此天字是主宰义;以实体名为天者,此天字是自然义。自者,自己。然者,如此;自己如此曰自然。穷理至于宇宙实体,不可更问其所由始,只是他自己如此。他字,指实体。如有人问谷子所由始,我可答曰:始于稻禾开花。此人更层层逐问,我亦可层层作答。然而,追根穷底,到了最后之最后,问及宇宙实体,我只可曰:他自己如此,他字,注见上。他是无母的,母,犹因也。所以名之曰天。此天字,乃自然之谓。

附识二:人得天而生,乃一切人或一切物各各皆得天之全,以为其本体也。得天之全者,天是全体性,不可剖分,故曰全。如一粒沙子,即是得天之全,以为其本体,不是于天的全体中得一小分,以成为沙子也。沙子如是,而况于人乎？此理极难说。仍举大海水与众沤为喻。喻者，譬喻。如甲沤是得大海水的全体以为其本身，并不是于大海水的全体中得一小分以成为甲沤也。甲沤如是，乙沤乃至无量数的沤，莫不如是。此沤彼沤的相状虽形成各别，而每一个沤则皆以大海水的全体为其本身，诚以大海水是全体性，不是可随众沤之形而剖分故。注意。一切人或一切物各各得天之全，以为其本体，而天是全体性，不是可随人或物各各别异的形而剖分也。而天二字，至此为句。余少时读《中庸》"天命之谓性"，而于命字觉得朱《注》有宗教意义。王阳明说：命者，流行义。余因悟天是流行不已的，故曰天命。吾人禀天命以有生，此理无疑。但吾人是从流行的全体中得其一小分欤，抑得其全体欤？阳明未有说。余怀疑年久，四十岁后玩《大易》，始决定如今说。余每决一义，皆历年不浅。张横渠自言其学从血汗中来。余闻修养家用功有文火、武火之说。横渠血汗自是武火，余则文武火并用，而有悟常在文火中也。强探力索，是武火；恰恰无心用、恰恰用心时，此文火也。

附识三： 云何知天有德用？设问也。从人而知之也。人得天而生，人生不是凭空幻现，必有天为其本体。譬如众沤不是凭空幻现，必有大海水为其本身。人有德用，故知其本乎天也。然人或物禀受天之德用，只可说为人性中或物性中潜伏有种种德用的可能。人与物能开导其潜能，而使之发展盛大，则天之德用赖以完成。潜伏种种德用的可能，简称潜能。若人或物不能开导其潜能以发展之，则天之德用亦渐湮废，卒归无有。例如天有生生之德用，人禀之以成性，则含有万善的可能。

自父子间之慈孝，以至天地万物一体之爱，不独人性有此潜能，物性亦有之也。鸟兽遇猎人，则奔走哀鸣，若警告同类。虎狼之暴，而有父子。蚁至微小，见同类被人弄死，则相与负死蚁而走，此余七八岁中，与诸儿童牧牛青山，偃息林下，所亲验也。大概鸟兽犹能发天赋之潜能而不能拓展。司马谈曰："夫神者生之本也，神者，生命、心灵之称，万物皆禀神而生。形者生之具也。"形，犹云躯体。躯体是心灵所凭藉的工具，工具不良，则心灵不得发露。鸟兽未得改善其生之具，莫由实现天之所赋，此无可责。人若不自尽其力，以发展天赋，完成天道，则自弃自绝。佛氏所以为众生起大悲欤！为读若卫。

孔子与二氏之道，反己是同，旧称道与佛为二氏。而反己之实际，则未可言同。为道日损，此老之自述也。佛氏断灭一切痴惑，与老之日损确有大同。佛法明明反人生，趣求寂灭，其以日损为道也固宜。老庄虽不言出世，而去知去欲，敛其神以返于虚无，人道之存焉者寡矣。夫人道不可无知，唯求知周乎万物、道济天下而已；此《易大传》文。不可无欲，唯求欲皆当理而已。今一切务去，其何以立人道乎？道家求返虚无，返虚无者，非求死后返于虚无之谓，亦非不欲生于人间世之谓，只因人生以虚无为本，（可玩前引老子"万物生于有，有生于无"云云。）便当使人的生活返还于虚无的状态，所以要去知去欲。有知有欲，便不虚无。此词他处未及注，今补于此。便脱离现实，不谓其近于佛氏出世法亦不得。然佛法之来，道家首与迎合，而佛氏卒痛击道家，此何故欤？道家近于出世，而其思想根柢究不是出世法，如紫乱朱，如莠乱苗，故佛氏不得不绝之也。然佛氏

256

尽管排道,而道家远离人道,与佛氏反人生究有相近之嫌疑。吾谓二氏同以日损为道,诚不诬也。

孔子之道以敦仁日新为宗要,宗,谓主旨。要者,精要。而日损之功亦其所慎修,而不容稍懈。损者何?唯常精察小己之私欲潜萌于人所不知而己所独知之地,则非当下损除不可。稍一偷纵,将侵害吾之仁心,使不得继续生长。人生缚于七尺之躯,只知有小己,而不能与天地万物同流,便丧其大体,则生活之源泉断绝,无有新生命可言矣。故日损者,所以利于仁道之源源不竭、继长增高也。后念之仁继前念而起,益复长大,曰继长。长字读若掌。仁心发为行事,人人相习而为仁,是乃仁道发展至高度。佛氏修诸功德,所以对治染污,所治既尽,尽者,灭尽。能治亦遣,遣者,遣除,犹损去也。究竟归于寂灭。此与孔子敦仁日新之道,发源本不同途,归宿何能一致?老氏无辅相万物之诚,托于清净自正,亦自利而已。又复当知,古哲为道之学莫不归本智慧。佛氏义海汪洋,其主旨唯在求得根本智、证真如而已。佛家大乘说有二种智:曰根本智,曰后得智。根本者,对后得而言。根本智唯亲证真如,(亲证,犹亲知也。智与真如冥合为一,不起分别,故名亲证。真如是本体之名,余释在《体用论》。)后得智依托于根本智而起,只了解一切事物之理。大乘之说止于此。余于大乘说二智不无疑问。后得对于根本,若只有依托的关系,则后得智对于事物的了解力,将别有来源欤?此可疑者一也。又自释迦倡说人生始于迷暗,小乘以至大乘皆一脉相承。据此,人生是天然迷暗之物,本无善因,则修行无有内在的动因,凭何发现出根本智来?此可疑者二也。余敢断言,理见其真,立论自有宗主,虽发散为千条万绪,自然触处逢源,都无违碍。源者,谓立论之宗主。宗亦主也，作复词耳。佛法自有不可颠仆处，余毕生敬仰；若其缺点所在，自当指出，不敢负先佛说法之悲愿也。

佛家知识论分真、俗二谛，根本智证真如，此属真谛；后得智了解事物，此属俗谛。然佛法中只承认根本智是超出世间知识的范围，是亲证真如的正智，无有一切虚妄分别，故名真谛。后得智是随顺世俗的知识，而假立此智，世俗的知识，是在实际生活中经验于事物而成者，如说地是地，水是水。此类知识，一般人都信为核实不误。可参考《大论·真实品》。故此智摄在俗谛，毕竟不是正智也。窥基赞扬二谛义高深至极。余曾有一时期服膺之，后悟体用不二，乃觉其不足取也。窥基为玄奘门下第一人。根本智唯证真如，而其真如是不生不灭，是超脱乎万物而独在，此中万物，即摄天地与人均在内。此诚为诸菩萨独证之境。吾不知亲证真如之根本智究是何等智也。然佛经言菩提心，菩提者，正觉义。吾深信人人有菩提心，但不必说得太神化耳。

道家排斥知识，唯恐排之不尽。老子言"明道若昧"。见《老子》四十一章。若昧者，默然契合虚无，不起推度、想像等作用，故若昧昧然也。此与《论语》所云"默而识之"的境界绝不可同。默识，正是智慧境界。智慧契会道体时，只是默识。道体，即指宇宙的全体大用而言。如《论语·子罕篇》曰"子在川上曰：'逝者如斯夫，不舍昼夜'"云云。圣人睹川水，而触悟全体成大用，浩然流行，息息舍故生新，无有已止，既非恒常，亦非断灭，妙之至也。老子不能有大彻大悟，当亦有所会。大概哲人都有智慧，但智的发展有大小浅深之别耳。道家以养神为务，智慧即神之流行也。然老庄游心于空虚之域，此其学说所以多病。

上来论儒与二氏反己之道，皆先述二氏，而后称孔子，以绳治二氏之失。至此，当结束反己之论。

上来论反己诸大段文中，辨析智慧与知识，粗举大要。但于知识所由成，犹欲补申片言。片言,俗云半言,借用《论语》之词,明不欲多言之意。智慧是性灵的发用，亦可说是本心天然的明几,明几之动也微,但其由微而著,则发展盛大,至不可测。阳明云"良知"，即此物也。物字作为智慧之代词。前文已说,兹不赘。知识发生于外物，古哲或忽视此事。此中发生一词,是引发义。外物,是知识生起之助缘,而非正因,但此助缘之力量大极,若无外物,亦决不会有知识发生。夫物性暗而无知，本不能自了自识。譬如镜子能照人和物，不能返照自己。照相器亦然。今说知识发生于外物，何耶？余非不知，万物来感乎人，则斯人本心天然之明几一触即发，便求深入乎物，了解乎物，识别乎物，乃至发见一切事物变动的规律而掌握之，遂得化裁万物，改造万物，制驭万物，发育万物，以成范围天地之种种大业。此为赫然彰明之事实，不容否认，何故说知识发生于外物？以上皆设问也。此非余之曲说也。须知知识所由成，虽不能排除智慧的作用,佛家言后得智,只说依托根本智而起。依托二字如何说得通？我为佛家着想,(为字读若卫。)应该说后得智对于事物的了解就是根本智的作用,如此说才是。若云依托,则是后得智的了解力不发自根本智,而别有来源。此处我有很多话,不及谈。而智慧作用通过事物以构成深密、精详、正确的知识。深密是二义:深者,深入;密者,细密。首先要假定物质是客观存在，然后决定用纯客观的方法,此中先后不是时间上的先后,只因义理有分际,假说先后。还要随时创作许多辅助感官的工具，于是智慧作用确然舍己从物，即将他自身完全投入于事物中,此中他字指智慧作用。而绝不自逞其明,以猜度物,唯顺以从物，智慧作用求了解物，只有顺从物之则，而不可违背物则。所以能洞彻物的本质，握定物的规律，乃至推而行之为一切创造与事业，皆足证实其所得于物之一切都无一毫蒙昧，都无一毫错误。至此，则知识才确立，不可倾摇。吾人体会知识之完成本由物来引发，而主要条件尤以物是危然客观独存，危然，特立之貌。其变动自有规律，实使智慧不得不舍己而为纯客观，此实为知识完成之主要条件。余谓知识发生于外物，诚然之言也。惟知识之成，毕竟赖智慧作用，不以己度物而顺从物则，否则知识决无由成。但知识既成，则从外物来感以至知识完成，其时间颇长，而智慧在此长时间内默运于无形中之一切经过，吾人乃忘却，只自欣自夸其知识是客观现实世界的反映，而无视于自身有内在的主动者也。此事似可怪，而亦无足怪。智慧作用之经历乎物也，本以纯客观方法为其与客观现实相符合之保证。知识发生于外物来感，完成于符合外物，事效显著。人睹其显，莫察于微也。

知识既成，即是权力。权力自然要向外发展。今后改善人类实际生活，当更集中力量开阖物质宇宙，向外发展之要求方兴未艾也。古哲含养本源之内心生活形诸文字者，今人读之，将有莫知所以之感耳。

庄子忧返己之道废，逐物之学偏盛，人类有强于物之利，而难免弱于德之患。余谓庄子之言颇有深虑。有人言："科学正为人类造福，为读若卫。何至弱于德？"余曰：庄子之意并非反对科学，只不欲人偏趋科学一涂而废返己之学耳。余独居深念，今后人类对于道德之研究，上探宇宙人生诸大问题，不可舍弃古代哲学而不过问；下辨人群关系，平正其伦谊，伦，犹类也。谊，犹义也。

义者,宜也。类则有分有聚,分而不可涣也,聚而不可乱也,一切求其合理而无不宜。则科学已往之贡献已不少。如少数人统治大多数人之问题,富贵人侵削大多数无产者之问题,男人压制女人之问题,皆人类的大不平。若非科学昌明,此等问题恐难解决。今后全世界人类当向天下一家之规模而趋进,群与子之关系求其合宜,子,犹独也,谓个人。此非一朝一夕所能遽妥。亡友张仲如尝言及此,余甚同意。犹望社会科学家留心儒学中关于人生与治道之义旨,以与今后新社会科学之原理相斟酌。至于古代哲学,余不主张废弃者,非有好古之癖也。道德之根源不可不博研古学,朽腐化神奇,土石藏宝物,其废料当舍去,其优点宜融会也。道与佛同破除天帝,而犹未脱离宗教窠臼。佛氏本宗教也,道家非宗教,但未全脱。佛氏明明持多元的神我论。众生各有一神我,故曰多元。有责余者曰:"人生有无灵魂,毕竟不可知。何必讳言神我?"予答曰:吾侪言学,只言其所知而已,何可言其所不可知?君如信神我,可自信去。道家废天帝而不立神我,此较佛教为长,然其以太虚生神生气为人生所由始,则其返还虚无之人生观,遂致谬误滋多。此不及论。道家立德之基在清净。清净者,无垢污之谓。致虚极、守静笃,即清净矣。人生诚不可丧失清净,然仅以此为德本,则可以自正,非所以敦仁也。佛法以大悲为众善之母。中国人译释迦氏之号曰能仁。余谓仁与悲确宜分辨。仁是生生义,大悲便与厌离思想相关。大悲趣寂灭,不可与生生之仁并为一谈。然善学者以其大悲弘愿转而为仁,则复于人性之正常也。大乘有曰:"菩萨未自度,先度他。"他,谓众生。又曰:"我不入地狱,谁入地狱?"此与圣人天地万物一体意思互相通。圣人,谓孔子。返已法门是圣学骨髓。圣学,谓孔子之学,亦称儒学。《论语》

261

曰"不违仁",即返己之实功也。仁心是人人所有,但私欲或杂念起而障之,则仁心便亡失。唯常返己而自提醒,即仁心常存。常存二字本不可轻言。私欲或杂念都是有生以来无量数坏习种子窃发,非返己工夫真切者即莫能自觉也。大概人之一生,其日常生活中意识活动常是旧习种子的活动占势力。旧习种,清净性者少,垢污性者多。候篇下再详。习种之性,无论净垢,总如机械然,其垢性者尤甚。机械性之动,迷暗而已。然吾人本心一点明几,无有一瞬一息不存在。本心即是仁。只要吾人肯返己照察,当下便可降伏习种。但本心提起,必须用在事物上去集义穷理。集义就治事言。穷理就格物或读书言。心不可令其虚游而无所用。本心亦简称心。心无用处即弛缓,而旧习种便乘机活动。佛家定功定者,精神专一之谓,亦名为静。有两方面:曰止、曰观,止者,不散动之谓。观者,思量理道之谓。此解观字是泛说,若按佛法来讲便太繁。亦曰静、曰虑。静,犹止也。虑,犹观也。若无所用心,求定决不可得也。佛家静坐中之观与虑,虽是心有所用,然与世间学人用思想时之情形确不同。静坐中之思,须是行所无事。倘于静坐的法式中而劳神去思想,将于血气运行有妨而成病。余平生未习静坐法,但每日总于留心事物或读书用思将困倦时,起而散步户外,仰首望天,放下一切。解悟之发,每在此际。人生不可丧失灵性,而含养灵性之道唯在立志。志者,志于仁也。志于仁一词见《论语里仁篇》。诸葛公有曰"使庶几之志,揭然有所存,恻然有所感"云云。此语广大深微,非通《论语》全部、了解圣人内心生活者不能道出只字。宋儒只称其"宁静致远"、"淡泊明志"二语,而于此处不悟。程朱诸老先生受老子影响深,其得于圣人者犹浅也。诸葛毕竟是孔子嫡嗣,只于老氏有兼融耳。"揭然有所存,恻然有所感",此是为仁彻始彻终、彻下彻上工夫。论语曰:"为

262

仁由己。"为,犹修养也。修养吾人所本有之仁心,使之扩充盛大,是谓马仁。从初志学,上极乎成圣,通是此工夫,故曰彻上彻下。始终,犹上下也。志于为仁,则常提起此心(即仁。)而不放失。无事时,不令杂念来扰;穷理或治事时,唯任此心健以求通,不杂私意曲见,故曰"揭然有所存"。与群众同忧患,故曰"恻然有所感"。反己工夫,切实而谈,不过如此。圣人行之,平平常常。众人则或日用而不知,凡人日常生活中,一切动念出言与见之事业者,莫非其本心之发用。而人顾不自知其有本心在,故曰日用而不知。此义见《诗经》。或且听命于习心,即由习心主乎身,而夺本心之位。习心即是习种现起,故有斯名。而本心遂至丧失。庄生云:"哀莫大于心死。"此之谓也。

总上所说,可见儒学返己之道以敦仁日新为主,而克治小己之私欲,无令妨碍仁德发展,则亦兼有二氏之长而无其短。道之清净,不即是仁而可以为仁。禅宗之学大概与道家同造乎清净之域。三十余年前,宜黄周少猷居士尝举禅家偈语示予。予犹忆其略云:"雁过深潭,影沉寒水。雁绝遗踪之意,水无留影之心。"猷老叹为妙词。予曰:孟子云"君子所过者化,所存者神"云云。过化存神,其为仁之流行不息乎?禅师之偈,雁过潭沉影,殊无意于遗踪;潭水澄清,亦无心于留影。此只见得所过者化,却不悟所存者神,儒、佛之辨正在此。猷老曰:"佛家向来轻孟子。今闻胜论,孟子未可轻也。"余谓禅师此偈只形容得心体是无留无系,大概禅学所发明者不过如此。余于禅学本未用功,然稍涉语录,窥其所造,似与道之清净为近,或者道家犹系于虚无,尚未到禅学境界。总之,道家未至乎仁,所以非仁义。道家涉乎群变万端之中,则曰"以弱为用",曰"不敢为天下先",均有私意在。孔子则曰"先天而天弗违",曰"有杀身以成仁"。大哉孔子!其仁如大造之生生不容已一般。佛之大悲与仁有别,原其以人生始于迷暗,所以悲愍。若闻《大易》之道,则大悲即转为大生之仁,何必以反人生为道乎?

余通究古哲为道之学同归返己，而返己之实际则各宗不必皆同。余惟孔子敦仁日新之道，惟，犹思也。足以遍被人天而莫可违，佛家说人类以外有诸天，盖众生之高级。俟诸未来之未来而无所惑。返己之学，唯孔子造其极，立大中至正之准。余是以归心焉。世之信佛者疑余轻毁佛。殊不知，论大道不容持两端。佛法是大道欤，则孔子有未是也；孔学是大道欤，则佛法有未是也。吾于道、佛二宗各寻其理论体系，各探其思想根柢，每衡定一义皆经累年参究，不忍轻议古圣，亦不敢轻议古圣，此出自良心语也。道、佛各有独到处，不可磨灭，其胜解妙悟之辞散布经籍，足令溺于尘情浅见者开迷解蔽。胜解者，言其见解特殊最胜，超过世俗，故名胜解。余非狂瞽，其忍相毁哉？吾之衡二氏也，只从其思想根柢与持论纲要，推究明确，以与《大易》诸经比较发明。吾宗主在孔子，当然多见二宗之短，难显其长。平情而论，吾儒体用不二、天人合一，此为探究宇宙人生诸大问题者不可违背之最高原理也。王阳明自谓发见良知，为千古之一快。余发见体用、天人，亦可引阳明之一快以自慰。吾所不能同于二氏者，正在此大处耳。

　　返己之学废，人将弱于德。庄子所见深远。但庄子进德蕲向在乎独与天地精神往来，庄子言天地精神，是看作绝对的。其尊大天之化机而以人为小，有遗世之意也。吾儒进德在期造乎孔子之四与。见前。四与不是脱离现实，已说如前。然进德必由返己，此则吾儒与庄生不异也。逐物之学唯获得知识，为向外发展之利器耳，此与返己无关。夫德者，得也。余在前文已云：人之所以生者，得天而生也。人既得天而生，则人之外无天也。譬如众沤得大海水而起，则众沤之外无大海水也。人之外无天，故完成天道、弘大天道唯在乎人之自成其能耳。人自成其能者，唯求仁得仁而已。夫生生不已者，天之德也。人既得天而生，即禀受天赋生生之德，是为人人皆有之本心。生生之德是一切德之源。例如刚健之德，即于生生不息而见也；炤明之德，即于生生而条理，可见其非迷暗性也；其余万德，皆可准知。清儒戴东原言性未能彻体用，所以陷于旁蹊曲径，然不能谓其全无悟处。其言性曰"生生而条理"，此语确是体会有得之言。三十余年前，国人表彰戴氏，只称其反理学，而绝不究其思想，亦可惜。汉以来学人专尚考核而思想之路塞，此风不知何时一变也。万物与吾人同得天而生，同禀受天赋生生之德，是为万物皆有之生命。凡言万物，皆摄天地在内。生命、心灵本不二。然就万物而言，则生命力尚为形体所锢蔽，其炤明的德用未得发露出，则不应说万物都有心。但如从生命有炤明之德用而言，则说万物都有心亦无妨。据此，可知凡人如能存养本心之仁，本心即是仁，而曰本心之仁，何耶？行文须有主词，先用本心二字作主词，次以之仁二字则指出本心即是仁也。自然不至为小己的独立体所锢蔽，而常不失万物一体之本然。独立体谓身体。本来如是曰本然。无论就任何人说，都是与万物一体，此理本来如是，故曰本然。从上"凡人如能存养本心"至下"本然"二字为句。人与万物，以形体言则各别，以生命言则浑然为一。此中言生命，即摄心灵在内。如行路之人见孺子将入井，则兴恻隐，是其本心之仁视孺子为一体故也。见道旁芳草欣欣向荣，而生爱乐，是亦其本心之仁视芳草为一体故也。此例不可胜举。人之本心常不为小己之私欲私意所锢蔽，廓然与万物同休戚。人虽随躯体以起念，造成罪恶，人皆迷执躯体为自我，此乃小我，亦云小己。随小己起念，便从大体中分离出来，更退坠下来。一切图谋都依据小己之私欲私意而出发，所以陷于罪恶。大体者，人与万物本来是一体，孟子谓之大体。而其本心之仁固常于隐微中谴责之,使人不能不内疚。唯人之习于恶者既久,遂至丧其本心,无复内疚。至此则人道绝矣。是故进德之事唯赖返己工夫真切。真切,自然不忍、且不敢违背本心之仁。凡内疚而仍不已于为恶者,必其返己不真切也。是故返己之学废,人将弱于德。庄子之为人道忧也,至矣哉! 为字读若卫。

王阳明曰:"用力于内者,日见其不足。日不足者,日有余矣。古哲为道之学是用力于内。日见不足者,为道日损也。常返察内部,私欲私意私见种种恶根盘结,而自家本有生活源泉,(即本心之仁。)竟为一切恶根所障碍,故是日不足也。又云日有余者,损除一切恶根,则本心之仁自日渐充盛,故由不足而有余也。用力于外者,日见其有余。日有余者,日不足矣。"逐物之学用力于外也。日见有余者,逐物是日益之学,时时发见新事物,时时增长新知识,故曰有余。又云日不足者,此就内部生活言也。逐物则专力于外,不复返己,且知识既成,即是权力,更不得不向外发展,其外愈张,其内愈亏。所以者何? 人生的生活源泉毕竟不可缺乏含养于内的一段工夫。今乃专力逐物而不肯返己,专靠知识权力逞志于外,而无所养于内,其内焉得不亏? 故外有余者,所以有内不足之患,而人顾莫之省耳。阳明之言亦与老庄大旨相同。余引其原文如上,并逐句为之注释。

冬寒,余体力不支,今当结束。本篇之上,并不是就哲学的心理学之范围内提纲别类来阐述,而特别注意的问题略言其二。一,余平生宗孔子《大易》,主张体用不二,今在篇上更重复申说。二,就由体成用而言,由体成用,譬如由大海水成众沤。大海水比喻体,众沤比喻用。体用不二之义很难说,故取譬以明之。心、物是大用之两方面,本非异体,亦不可有所分割归并。西学唯心论者分割宇宙,而以物归并于心;唯物论者亦分割宇宙,而以心归并于物。《大易》乾坤之蕴,确不如此。余已说在《体用论》,今于此中则根据心、物非异体与不可分割之最高原理。而通览古今学术,对于心、物两方,有畸重心而只求明心、治心,竟不甚措意于物,遂至排斥知识者,古代为道之学大多数属于此派;唯孔子不在此派。有畸重物而只求明物、治物,如征服自然、利用自然即治之之谓。竟不知有反己一路,且将心理亦看作物理者,古哲惠子逐物之学及近代科学,皆与古哲学截然分界,但不可说为分派。科学与哲学,只是分界,(各有研究的领域故。)不可说分派。古学当属于哲学,哲学之内却有分派。科学之内只有分科,而分科亦不同于分派。

科学在其领域内之成就,真夺天工,吾无间然。无间然者,无相非之意也。然人类如只要科学,而废返己之学,则其流弊将不可言。返己之学废,即将使万物发展到最高级之人类,内部生活本来虚而不屈、动而愈出者,内部生活有主之者,本心之仁也。(仁备智慧乃至无量德用,说见前。)习心不得障之,曰虚。无穷尽故,曰不屈。虚灵而不滞,伏藏一切习种与长期积累的知识,而处之冲然,若无所有,伏藏中物无足以乱其虚灵者。(此中物字指上文习种与积累的知识。)及遇新事物骤来,则出所藏物,(此物字同上。)据已知以测未知,征符不爽,(征者,征验。符者,符合。不爽,犹云不失。测物有征,故符于物而无失也。)故曰动而愈出。王阳明说:"良知是无尽藏。"乃其返己而自见自得之言。今乃芒然不自识。不自识其本心之仁也。芒然,迷暗之貌。其中藏只是网罟式的知识遗影堆集一团,中藏,指内部生活而言。过去的知识虽不停住,而有影像遗留下来,故云遗影。知识成体系,故云网罟式。知识元是从日常接触外物点点滴滴积累起来的东西,故说堆集。知识遗影,当然是笨物。吾人只有本心之仁是生生活活、虚灵不昧的物事,(不昧,犹云不迷暗。)知识遗影自是藉本心的活力而得存。

而抛却自家本有虚灵之主，不求所以养之。虚灵之主，谓本心之仁。人类殆将丧其内部生活，宇宙失其贞观，宜乎庄子于逐物之学有"其涂隩"之非议。阳明亦云：用力于外者，日有余，卒归从日不足也。

《易大传》曰："天地之道，贞观者也。"此语难得解人。按天地之道，是就宇宙人生所由开发而言。贞观之观字，不可拘泥训诂来索解，若以观察或观念等义释之，便不可通。试将《大易》《乾》《坤》二卦会通来看，乾是大生的力量，主导以开坤；坤之广生，亦是承乾之力。坤的方面是质、力，易有明文。乾的方面是生命、心灵。余已说在前。申言之，乾是大生广生之洪流，坤是生命力所托之工具。宇宙人生不是从迷暗势力开发，生命是具有刚健、焰明、大正而坚固的德性与德用，贞字之训曰：贞，正而固也。本非迷暗之动，故说为贞观。此义深远极矣。万物之发展，从无机物到生物，生物又步步发展而极乎人，才有内部生活。内部生活中之主者，孔子谓之仁。言仁而智与众德皆在其中，前已说过。王阳明谓之良知，仍承孔子之仁。阳明教学者认识良知，曰"知善知恶是良知"，此处正可识仁。若没有知善知恶的良知，将从何处认识仁乎？知善知恶的良知，人人可返求而自得，此是求仁下手处也。人如丧去内部生活，即宇宙失其贞观。吾于此有无尽意思，却无从说。

科学本身无可非议。所以者何？科学是知识之学，只假定物质宇宙是实有，从各部分去探究，宇宙之来源、生命之来源都不过问，固其宜也。若乃主张科学万能，视古今哲学家言皆出自主观的妄猜乱想，毫无是处，此亦莫如之何！悠悠人类，浩浩慧海，孰是有智而不为真理努力？为读若卫。

洪惟孔子，其学内圣外王一贯，内圣，说见前。王者，往也。天下为公之道是人类所共同向往，《春秋》诸经由是而作。返己敦仁之道与格物求知之学交修而不悖，道德与智慧本来不二。智慧主乎知识，则知识不至用之以为恶。老子"有知食无知，大知食小知"之说，庄生"圣人不死，大盗不止"之论，皆可以息已。老氏刍狗之说：狗食刍，是有知食无知也；人食狗，是大知食小知也。余曾说在前文。哲学资于科学，而不至浮空；科学资于哲学，而有其统宗。径路殊而同于大通，岂不妙哉！

学术有畸重物，有畸重心，本难免之势。但从事于物者，毋只知有物而不知有心；从事于心者，毋只知有心而不知有物。则畸重畸轻之患亦可补救，而于心、物无异体之本然，庶乎不相害已。本然，解见上。心、物无异体，由其本来如是，故说如是耳。若夫知有心而不知有物，或知有物而不知有心，皆是妄为分割，是对于不可分割之心、物而加之以害也。

从来哲人之探求宇宙实体者，大概不外三种见。此见字借用佛典。见者，见解。佛氏分别正见、邪见：所见符于实理，是为正见；意想虚构、违于理者，是为倒见或邪见。

第一种见，计执实体是超脱乎法象之上而独在。法象即宇宙万有之总称，见《易大传》。今通行之现象一词，与法象亦相当。计执一词借用佛典。计，犹推求也。始于推求，终于决定，而坚执之，不复舍弃，是名计执。其所执实体，或承袭宗教之上帝，或反对上帝而说为宇宙本体。如佛家破大自在天而建立不生不灭的真如涅槃，即是一例。真如，见前。涅槃，译音，其义为寂灭或寂静。真如、涅槃皆是佛家所谓本体之

269

名,今合用之作复词。唯心论者之绝对精神,亦是此种见。

第二种见,计执实体是潜隐于法象之背后。如佛家唯识论,一方承袭旧说之真如而不敢削除,一方又建立种子为诸行生起之因。诸行,即是心物万象之总称,唯识论中亦名之曰现行,与今通行之现象一词相当。余衡定唯识家之种子说,在哲学中属于多元论,其说以为一切物各各从自己的种子而生,不是共一种子。心则分为八识,亦各各从自己的种子而生。如眼识从眼识种子生,耳识从耳识种子生,其余可类推。据此,则种子明明是心物万象的本体,亦可简称宇宙本体。而又保留旧师所建立之真如,则有两重本体矣。此是佛家唯识论之大缺点。佛教中人虽反对余之评论,然审核唯识师之理论,实无可反攻吾说,此不及详。唯识论之一切种子都藏在第八识中,沉潜深伏,此可说为在现象之背后。

第三种见,计执实体是空洞寂寥,包含宇宙万象。寂寥,无形体也,见王弼《老子注》。如老子以太虚为神与气之所从生,即是无能生有。太虚是无所有,故名之曰无。神与气则名之为有。有从无而生,遂为虚无之所包含。此种见恐是道家所独有,宋儒亦颇袭其说,张横渠《正蒙》有明文可证。

上述三种见,同犯一大过,即皆脱离宇宙万有而纯任空想去造出一种宇宙实体。古代哲学之本体论,大概罕能拔出于三见窠臼之外,尤以第一见为大多数哲人所最易游履之通途。多人通行之途,曰通途。宗教之上帝超脱乎万物之上而独在,人皆归依之,以为安心之地。后来哲人虽不信上帝,而犹向万物以外去求实体,致其崇仰。从二见虽与第一见稍别,而其求实体于万物之外,则与第一见不异也。古代大学派之本体论,是其人生意义之所寄托。如道家建立虚无为本体,则其人生意义在返无，返还虚无。其主张去知去欲，不独个人之修养如是，凡所以理群立政之道亦无不如是者。佛家以涅槃寂灭为本体，则其人生意义在归寂，厌离五蕴，见前引《阿含经》，可复看。毁灭生命。十二缘生之论以迷暗为有生之源，期于灭度。此虽小乘所祖述，而大乘亦未尝变革。其所异于小者，则求投合于不生不灭之大我耳。法界大我，曾见前文。古代哲人在本体论上自造迷雾，心物之本相不可得而明，人之用其心者亦无有正向。余举道、佛二家而平章之，平章，犹批判也。则以吾尝致力于其间，而后翻然悟其不必为人道之正常也，遂不得默然无言。余宗孔子《大易》，以体用不二立宗，明心物万象不无实体为其根源，但实体即是心物万象的自身，不是在心物万象之外。譬如众沤必有大海水为其根源，但大海水即是众沤的自身，不是在众沤之外。体用不二义决定，当知体成为用必有两方相反相成，不可缺一。实体不是单纯性故，已说如前。两方者，心和物也。心之显露后于物质，其故不难晓。物成而有凝固闭塞之势，生命、心灵斡运乎物质中，将破除障碍以出，其事固不易也。余在前文有云：凡盛发于后后者，必有大蓄于其前前。《易》以乾为生命、心灵，而初爻则以隐而未见为言。见字读显现之现，言生命、心灵当宇宙泰初未能显著发现出来也。圣人之察变观化也深矣哉！篇上大意止于此。篇下当阐明心理而综其要略，不能详也。

附　录

答任叔永先生（附来函）

来函云：承询大著《体用论》第一三九页、一四四页所说关于小一群与成物的关系是否错误。鄙意从大概说，尊论与现近科学家所得的结论亦甚符合，即世间蓄然万物，皆为约百数元素所形成；而此百数元素，又为少数基本粒子所集成是也。因此，公意中之小一群是指的元素的原子，或所成原子的基本粒子，尚待明了。好在此种分别于公的推论似可不发生困难也。

承教，甚感。公据科学问及小一群是指元素的原子，抑是指原子的基本粒子？我的意思，只是在实体变成功用之翕的方面来说。实体变成功用，有翕、阖两方面，详在《体用论》。翕的本身元是质、力浑沦的大流，浑沦者，不可分之貌。质、力是从两方面来说，不可剖作两物。质的本性并不是凝固的东西，及其成物才变似凝固。从质和力的凝摄而成物来说，即名之为翕。翕的凝摄之几乍起，即便分化而凝成无数的小一。几者，动之微。即便者，凝摄之几乍起时即是分化成小一时，非有先后的次第。此中凝字只是稀微至极的模样，可想像为若动波然。**无数的小一才起**，即便各随所遇机缘分别集成无数小一群。即便二字，解见上。由无数小一群达到原子的基本粒子，中间可能经过不少变化。凡物之发展，不能不以渐，原子的基本粒子当非一蹴可至。若谓不会更有基本，余犹未能信也。拙论提出小一与小一群，意在说明翕的成物从全体起分化，分化仍不失为全体，分合无碍，小一便分了，而多数小一各随机缘分别集合为无数小一群，其分其合，互不相碍。**小大互见**，小一可谓小极矣，而物质宇宙自此始，是小中见大也。大物如诸天体可谓至大，而推其原只是小一，是大中见小也。**聚散不常**，小一聚而成粗物。粗物成，而有不易之型。有不易之型，则便于发展。而亦以有不易之型故，发展疾盈其量，归于坏灭，故万物不守故常也。**显微无间**，小一，至微也。众多小一合成粗物，便甚显著。而显即是微之显，微即是显之微，何间之有乎？**睹万物之活跃，皆有理则而不可乱**。此庄生所以有诡谲之叹欤！拙论阐明翕的成物，只谈到小一与小一群，以明大物必起于小是物质宇宙成立之普遍原则，用意在此而已。科学守实测之规矩，不得不谨严，公之诘问自是应当。**哲学妙万物而为言**，此语借用《大易·说卦传》。汉儒云："理微曰妙。"哲学综观万物，得其深微之理，其言直凑冲微，无所不包通而不滞于象，故曰妙万物而为言。拙论之小一群，只以图摹翕的分化开始，即具成物之端绪，而小一群不必是原子的基本粒子也。

附识：余前言"从全体起分化"云云，此中颇有一种意思未说出，今补于此。实体变成功用，功用则有翕、阖两方面。翕的方面起分化，遂发展为物质宇宙，此成物之大略也。余以为克就翕言，却是质、力浑沦的全体。这个全体起分化时，却已为向后种种发展、渐趋完整的物质宇宙，_{为字读若卫。}一齐储备了端倪。_{倪，亦端也，作复词用。}后来千条万绪的发展，都不无因，都不偶然。譬如极小萌芽，向后深根、众干、繁枝，荣荣茂叶，华实灿然，方其为芽固已储备众端，后来万般发展不偶然也。余意中之小一群只就分化开端时说。

来函云：尊论尚有一点，鄙意觉得略欠圆满者，如云："质力本非二物。"而下云："力发而猛，有助于质之凝成。"第一三〇页，《成物章》。实则力如发散，则质亦随之消灭矣，现今之原子弹即是一例。此下以香楮火轮证明质由力成，尤觉不妥。盖火轮非质，加于香楮之力，亦非物质本身之力。香楮火轮只是一种幻觉，与质力之论无涉。尊意以为然否？

拙论只取火轮为譬喻，非用火轮作证明也。因明学言，凡譬喻只取少分相似，不能求其全似也。香楮之现火轮，正由香楮被人猛力旋转甚疾之故。香楮上端火焰紧缩相连，故现火轮。此确不是幻觉。_{唯眼患翳者见灯光有轮相，却是幻觉。}弟意质、力本非两物，力若回旋极猛，即质向里收缩，不至向外消失，故自注中用香楮火轮之喻，有曰：由此可悟质之凝敛而成物，其凝敛必有资于旋转之猛力也。弟之本意并无错误。但正文中有"力发而猛"一语，弟殊不忆，得来教后即查阅，确如明示。幸而草稿一束，尚未

274

毁弃,查得此句"发"字元是"旋"字,与注文恰合。旋字之义为反旋或回旋,是向里收敛,不是向外发散。此一字之错有差之毫厘、谬以千里之大过,非小失也。敝书出赠,殊少有惠教及此者,唯兄博学而素谨严,心静而眼不花,故如此不苟。敬谢敬谢!

答友人

来函云:关于生物进化之说,我对于大论尚略有意见,暇时当相访一谈。

关于生物进化之说,君对拙论尚有意见。吾可揣知,当是指拙论一五八至一五九诸页所说生机体经三大改造。一,由固定而趋行动。无机物之静止与固定性,植物尚莫能骤革,动物才开始行动。二,由伏行而直立。动物改革植物固定的生活,而犹俯伏向地面而行,人类始挺然直立。三,神经系与大脑发展,达于完善。拙论专从宇宙大化而谈,阐明精神主导以开物质不能不有步骤。君或者据科学的观点,必以生机体之改造归本于生物的自力所为。君虽尚未说出,余可揣度必是此意。达尔文生存竞争之论,吾亦尝闻之,而拙论不承其说者,此必有故。科学所自治心营者,完全站在实物上,其成功确在此。我何至反对科学? 但我的意思,科学所属目用心只是限定在实物上或万物的互相关系间,此中万物一词,即天地人或万有通摄在内。属目者,注目而视之之谓。而决不问及万物的根源。万物的根源虽不是在物之外,但不可说万物无根源。一,万物不是可以凭空出现。二,万物不是如幻如化。故哲学应该肯定万物有根源，但不可向万物自身以外去找根源。余平生之学，主张体用不二，确曾费过血汗工夫而后有悟，非敢恃肤泛见闻轻作主张也。生机体改造问题，君之意见与我不同。此非君与我两人之不同，而是科学与哲学的不同。哲学是应该深穷万物的根源，科学根本不许问及万物根源，此二者之界线分清，余方可向君自陈意见。生机体改造问题，我若依据科学方法，当然从生物维护生存的事实来观测。如植物的机体，其构造较之无机物截然不同，故能吸收土膏、阳光、雨露等等滋养，以遂其生存，但固定于其出生的寸土而不能活动，此其生存之大困厄也。动物的机体，较之植物已改良而利于行动，其维护生存之办法较多。故生机体改造，实由生物为生存的需要和环境等等关系，而不得不改造其机体。为字读若卫。能改造者，当然是生物有生存欲；刺激生物使之不得不改造者，当然是环境等等关系。等等之言，包括多种关系故，姑不举。我想科学家对生机体改造问题其解答不过如此。君所怀之意见，余亦何尝不知？然而就哲学的观点来说，便不能不更有进者。我在上文曾有拙论，专从宇宙大化而谈一语。宇宙大化一词，意指万物的根源。根源，即是万物的本体之代词。根源是复杂性，非单纯性，因此，根源变成万物，即有精神、物质两方面，精神即生命、心灵。物质即摄能力。宇宙万物莫非精与质变化之所为。精神一词，古《易》家只称一精字。精者，精粹之谓，说在《体用论》。神者，变化之理深微，难测度故，遂谓之神，非有上帝也。精与质成化，变化简称化。实由精为主导。精者，刚健充实，富于创造，而动以不容已，此其所以统御乎质也。《易》有《大有》一卦，明精之富于创造，故谓其所有者大也。质既形成实物，便趋于凝固闭塞。精神潜运于物质中，几乎莫得发露，然其刚健之德、创造之能终能开导物质，而有生物出现。自此，生机体改造日益精利，宇宙不复是物质层之锢闭状态，而为生命力洋溢流通活跃之宇宙矣。余云宇宙大化者以此。综观宇宙发展不已的全体，确尔如是。确尔，犹确然也。若由科学家的看法，至少有两事说不通。一事，只承认生物有生存欲，改造其机体，而不过问生物的生命有无来源。二事，只从维护生存的需要和环境等等关系来说明改造机体之所由，而忽视了生物的创造功能。我的意思，万物禀受生命、心灵以有生，即皆有创造功能，否则万物何能进化到人类？科学不问生命的来源，我无间然；但哲学如不过问及此，便不成话。

答友人

来函云：大论谈翕辟，甚有意思。严复译《天演论》，天演界说中有"翕以聚质，辟以出力"之说，与大论亦有合否？

答：根本不相合。严复天演界说，以无数无尽之天体或万象，皆由原始物质的存在及由物质的运动而成，运动，即是力。此乃依据自然科学而组成之理论。拙论综观宇宙，会通生命、心灵与物质、能力两方面，而建立一元，以明此两方面所由成。前一方面有阳明、刚健、开发诸德，故字之曰辟。字，犹名也。后一方面有阴暗、凝结、可坠等性，故名之曰翕。凝结，便趋于闭塞。一元者，实体之称。一元者，以实体无对故，名一元。一非算数之一也。一元变而成翕、闢,是谓功用。功用有翕、闢两方,所以相反相成,又体变成用。譬如大海水变成众沤,故说体用不二。大海水以譬实体,所谓一元是也。众沤以譬翕闢,所谓功用是也。此之所云,其略已甚,宇宙人生之渊奥欲言不尽。

又《易大传》有曰:"夫坤,其动也闢,其静也翕。"此云翕闢是就物质能力之动静而言。严复翕闢之说盖本此。其与拙论之翕闢义全不同,无待辨。

吴润畲先生来书

大论一二八至一二九页《成物章》。所举质力不二两例,请再斟酌。第一例,食物消化,供人能力,此能实藏于物质元素。之化合与析离氧化与还原。之中。第二例,水变蒸汽,发生能力,此能力藏于物质形态变化之中。此两例皆属旧理化体系。旧理化体系之基础为物常住与能常住律,质、力为不相通假之二事。近代原子物理学已并合此两律为物能常住律一律,便依此律,各种观察与实验还在进行之中,目前未易作出日常生活现象上之适当譬喻,亦未易列举通俗例示。

答严君

来函云:大论谓《体用论》。阐明刹那生灭义,详在《明变章》。

极有妙趣,然衡以质能常住律,似不可通。

答:非不可通。物质和能力不可离而为两物,此《大易》之义,本论所宗也。但质和能的自身本不是固定的东西,元是每一刹那才生即灭、才灭又即生,其生无留滞,其灭不断绝,此非推理入微莫由察也。平常说时间之极促者曰瞬息,而刹那则较之一瞬一息为更促。刹那只是假说为极促之时间,而实无可计算。譬如昨日之我,在昨日已经无数次生灭;今日之我继续昨我,亦经无数次生灭。我的心身两方面,都是每一刹那才生即灭、才灭又即生。岂有昨我可留至今日乎?而人恒不自觉今我是新生,乃妄信昨我留至今日,岂不惑欤?返求诸自我,可悟刹那生灭之理。当知质和能,非以有固定性故说为常住。非以二字,一气贯下。盖就其每一刹那,恒是生灭灭生,其字指质和能。相续而流,永无断绝,是名常住。质和能从太始以至无尽的未来,恒是生灭灭生,相续而流,(流者,取譬如暴流,不断绝也。)所以说质能常住。

答门人明无垢

来函云:闻人言尊著《体用论》,以大乘赖耶同于神我,遂付诸不论不议之列。然死后为有为无,人不能亡感,亡,犹无也。其何以导之正见乎?

来问极切要。昔者琼州云颂天举子路问死:"子曰:子,孔子也。'未知生，焉知死？'见《论语·先进篇》。子路所欲知者死耳，而孔子以未知生警之。子路不更问生，孔子不复言，不肖亦莫能会圣意也。敢问？"余勖之曰：汝能学《易》乎？通《易》则知生矣。夫乾元变动乾元者，宇宙实体之名。而成乾坤，即是生生不已之流。《易大传》称乾曰"大生"、坤曰"广生"云云。然坤之广生实顺承乾道，可玩《乾坤》二卦，此不及详。乾元变成乾坤，即乾坤之外无有乾元。(乾坤是用，乾元则是用之实体。)譬如大海水变成众沤，即众沤之外无有大海水，故说体用不二。吾子如实悟到小我与天地万物同一生生不已之流。易言之，小我与天地万物通为一体，是谓大体。大体，用《孟子》语。大体者，变动不居，刹那刹那，舍故生新，其创造与发展无穷无尽也，是乃永生，何有死之一事可说乎？死之悲感，唯在小我上有。若人不迷执小我，即自识小我本来与大体为一，既识得大体即本无死，何须以死为问乎？惜哉子路不悟至理，穷理到至极处曰至理。孔子虽欲语之而不得也。余在三十年前，语颂天者如此。今承来问，亦别无异义可说，仍以语颂天者告汝。

　　余有祭侄文，今摘出数语云："往而不返者，化之无滞；来而莫穷者，道之至足。道者，实体之名。汝与古圣贤、与天地万物，皆乘化以逍遥，体道而无尽。"体，犹合也。以小我体合于大道，与道为一也。此数语，请深玩。孔子曰"朝闻道，夕死可矣"云云，正以闻道则无小己死亡之感耳。贤者如悟道，还须贪求神我否？凡人生存一日，即尽力于成己成物与位育参赞，去小己之私，发扬大体生生不已之盛德大业。体用不二论之世界观、人生观，如是而已。

附识:《中庸》曰:"位天地,育万物。"又曰参赞化育云云。位天地,余在《明心篇》中曾有解释,今更别作一解。位字,有安排合宜之义。天地,古籍多用为大自然之别一称。据此,则位天地者,即因自然之性能与规律而改造之,利用之,便无过差。《易》云"范围天地之化而不过",亦此旨。育万物者,俾万物皆得受养教,人则扩大其德慧,动植则改良其品种。参赞者,宇宙变化之大力所不能创成之事物,人工参加赞助其间,乃克成之,帝尧云"人代天工"是也。成己成物,见《中庸》第二十五章。成己所以成物,成物亦即是成己。小己与万物本为一体,非可遗弃万物而孤立也。《中庸》古本多存《易》《春秋》大义,今本在汉初已为小康之儒所改窜,说见《原儒》。

体用论佛法上下两章补记

余衡定佛法本旨是反人生,抗拒宇宙大生广生之洪流,以寂灭为归。而二三善知识颇不谓然,但来函皆简略,不曾列举义证。余随笔相酬,程生亦随抄,不欲弃之。曰:"此等笔札多提及大乘学说纲要,而先生述作苦心,亦往往见于是,愿补入附记中。"余遂纳程生言,择其可存者二三札列于后。

《佛法》两章,粗陈大要,大者,大纲。要者,精要。而下怀所未揭者甚多。此其所以,则有两大困难。一,从来读佛书者,能以研究学术的眼光,将佛家学说之体系疏析清楚,提控宏纲,更深探其根柢者,自江左隋唐少数天才而外,可称举者几何。佛家说法,好像八方不着脚。好之者这里取一段妙语玩玩,那里取一段妙语玩玩,而佛法真正旨归究在何处,大家毕竟莫明其妙。佛家本自称为出世法,此处法字,即指佛氏之道术与佛家之教理或学说而名之也。法字在佛书中用得极宽广,读者宜随文取义。而出世一词含义如何,则一般学佛人都不求甚解。假若说出世是脱离世间乎,而经论中却常呵斥燋芽败种;又常说不舍世间,不舍众生;又常说涅槃即世间,世间即涅槃。如上所举诸说,在经论中并不是偶然散见的单词。世之学佛人往往执定此类话来訾余,谓余错解出世二字。其实,大乘经论中此类话,为矫正小乘自了生死、不度众生、陷于自私自利之大过,故愿长与众生为缘,并非变出世法为世间法也。

假若认定出世一词之含义不是脱离世间欤,今试博征群经众论,随举一部,其开首讲明诸佛菩萨发心求法,总是悲愍众生沦溺生死海,故发大心,欲度脱一切众生。度脱一词深可玩。此词见于罗什主译之诸籍,决无谬误。度者,济度。脱者,脱离生死海。生死海即世间是也。诸菩萨谈到心物万象,是名缘生法,亦名生灭法。此处法字乃心物万象之通称。名生灭者,以心物万象皆是有生有灭故。名缘生者,心物万象即俗所谓宇宙,古代宗教家有说宇宙万象由大自在天变化而起;佛氏反之,乃说心和物互相为缘而生,不由神造,故以缘生法名之。佛家之缘生论与哲学中之关系论大旨相近。虽在俗谛中,以缘生法说为实有,空宗于俗谛不破四缘,有宗于俗谛许缘生法为实有。但其归本真谛,则般若六如之喻直以缘生法皆如梦幻等。《金刚经》,《大般若经》之一份也,其偈有云:"一切有为法,如梦幻泡影,如露亦如电,应作如是观。"按有为法即是缘生法之别称。此乃一切经论同归之正观、正信,不容曲解。而今之学佛者,妄计出世法不是脱离世间,岂不谬哉?佛法之真谛明明不承认心物万象为实有,佛法根本在出世。学者不了出世本义,则其对于佛家学说之体系全不清楚,其思想陷于混乱而不自觉,其人生观陷于模糊,而对世间不能见义勇为,更不能发起裁成天地辅相万物之崇高理想、宏毅猛志。又以模糊之故,于出世法信仰不足,亦不能真修佛法。此其影响之恶劣,不可胜言。吾心伤之久矣,以上诸语写来不觉失之蔓。近世学风更少留心出世法者,欲与深论恐未易应机。且未治佛籍者,如与之谈佛法,须顾到其可以通解。凡著书者,本不能求人人可通,此非傲慢之词。凡人天资所长不一涂,长于彼者短于此。严又陵译斯宾塞氏之言曰"明于专理者暗于会通,长于会通者短于专理"云云。(见《群学肄言》。)按专理谓专门之业,其所求者为一部门内之事理。学人于专门亦各有所宜,有所不宜。兹不及详。佛家优点在能玄想,而多逞空想则其缺点也。今之学者屏空想,诚是;厌空而遂不喜探玄,则难与深论佛法矣。吾写此书时,常有欲言而终止者。《易大传》曰:"书不尽言,言不尽意。"少时读至此,无甚感触。五十岁左右,始知此味。七十以后,深悉此中甘苦,有时怆然呼天。此一难也。

二,佛书名词,如一独立国的语言,甚难通晓。又喜玩弄名词,不厌繁琐,玄想之当于理者,与空想之不根于实事者,糅杂而成说。其一名之立,往往含蓄众多意思,每欲解释一个名词必须顾及其相关联之许多旨趣。旨,犹意也。若不顾及多方,则于此词

283

不能解得恰如其分。将欲叙述佛法,予以绳正,不用其名词则失彼意,用其名词不得不解释,解释则无从说起。此二难也。

附识:有问:"先生说出世是脱离世间。脱离二字有据否?"答:罗什诸译言度脱,《阿含经》言厌离,是吾所本也。问:"世间是何义?"答:佛家诸论皆说世者迁流义。但吾儒言迁流,是以万物变动不居,见其创新无已。佛氏所谓迁流,则以众生皆有神我故,常在生死流转不已中,俗云轮回是也。佛家虽破外道之神我,而其自宗实坚信有不随形骸俱死者存,所称赖耶识等名字即此物也。此非神我而何?吾核定佛家仍是持神我论者。故以为苦,而起厌离与度脱想。佛氏把世间看作生死海,与吾儒之意义绝不同。佛氏求脱离生死海,即无流转者,世间便消灭也。者字,谓自己与众生各有的神我。问:"何以说无流转者,世间便消灭?"答:世间只依生死流转,而假立此名耳,岂是别有实在的东西叫做世间?

佛家虽是宗教,而确富于哲学思想,未可忽而不究。其空脱与深远之理蕴,诚非世间知识境界。呜乎难矣!众生殉小体之私,小体,犹云身体,见《孟子》。为名利、权力种种恶魔所役使,侵其生命而不自觉,如羊豕受宰割于屠刀,欲全生命,岂可得哉?余平生之学,归宗孔子而参访释宗。孔子观生,详在《大易》。而释氏观空。详在《大般若经》。人生而锢于小体,便不能避免一切痴惑之来侵。倘不悟大般若空尽万有、荡然无系之胜解,何能实践《大易》生生无息、刚健纯粹之正理乎?呜乎!人生不易,至道难闻,志乎其大，自有来贤。

义净《寄归传》称大乘有二种："一曰《中观》，《中观论》亦简称《中论》。二曰《瑜伽》"，《瑜伽师地论》亦称《大论》。"天竺双行，理无乖竞"云云。按净师说"理无乖竞"，盖自明其所见耳，非印度二宗学人无乖竞也。空宗祖典在六百卷之《大般若经》，浩浩无涯际，学人读之如孤舟飘荡重洋，焉知所向？不有龙树《中论》，空教何从立乎？《中论》主旨确在"因缘所生法，我说即是空"云云一偈。先贤称此偈为如意珠，诚哉然也！其第三句"空亦为假名"，则明由空成有，可参考《体用论》。正是无着有教所从出也。

无着何故反空而谈有乎？吾详玩《瑜伽师地论》。无着创明有教，盖立两大原则。两大原则者：一曰无则说无，二曰有则说有。但无着所云有者，不同小乘之有。《瑜伽论》分别空前有与空后有，此无着所以特标大乘超越小宗也。小乘说有，并未荡除法执，其时大乘空宗未兴，故是空前之有。后来龙树崛起，始将小宗法执破斥尽净，而空教之帜大张矣。及其末流，遂有沦空之弊。无着患之，乃于空宗破尽一切法执之后而昌言有，则其所发明之有实为清净离染之有。脱去迷妄的法执，曰离染。故无着之有教是空后有。诚哉空后有！其犹云雾消而青天离障也。不经空教一破，其有未可有也。空教破小有已，已，犹俗云了。若不复明有，则一直空尽，其异于空见外道者几何？此无着之功所为不可没也。法执一词兹不及释。印度古代有空见外道，详《体用论》。

无着本其两大原则而盛张三性之论。三性者：一，遍计所执性；二，依他起性；三，圆成实性。今避释辞之繁，姑不叙述。按三性中，第一性是无则说无，此则纯从妄情上破人、法二执，绝不伤及依、圆二性之真实有。真实有一词，见《大乘唯识论》。后二性，即依他与圆成，皆是有则说有，所谓空后有是也。哲学应该是无则说无、有则说有。这两大原则不独当时无可易，自今以往乃至尽未来际，永不可易也。可惜者，三性之论名为守两大原则，而核其内容，则第三圆成性仍为其先师陈说所锢，第二依他性复为空想所误。此意如欲说明，甚不简单。昔年有关于唯识论之稿若干，得暇整理印存，可供来贤参考。无着造《瑜伽》以开宗，规模广大，晚而言唯识，已离广而就狭。世亲更趋于下，其后十师又不逮世亲，至于护法及中夏窥基，则习于繁琐而好为悬空无据之辨析，世亲尚未至是也。奘师以护法学授窥基，而莫正其谬误。护法在印度负盛名，奘师或震于其名而未及察也欤。至人之学恒为庸俗所不识，求实学而以浮名为据，不陷于迷得乎？

来函反对拙著《体用论》。衡定佛法是反人生、毁宇宙，忿气形于辞。余窃慨仁者并未将佛家学说之完整体系精析、熟玩一过。精析者，分析之功必极精密也。熟玩者，由分析而得会通，既了解其学说之根柢与弘旨，犹当依据自所经验以详究彼之得失，是为熟玩。佛法自释迦造始，中分于小乘，小乘二十部，佛法分派之始也。后来空教、有教接踵崛兴，巍然两大。教，犹言说也。观一切法皆空，以是立说，曰空教。观一切法皆有，以是立说，曰有教。空、有二教，小乘已启其端，但未盛耳。大乘空宗兴，而空教始大。大乘有宗兴，而有教始大。两大相承，皆以小乘为不了义。不了义者，义不究其真极故。各宗各派之论，虽若有千条万绪之分歧，而溯其渊源于释迦，究其归极于两大，则可洞彻出世法一贯之精神而无所疑惑矣。兹约为二端以言之。

一者，释迦创说人生由迷暗势力而资始，资，犹藉也。有迷暗势力故，人乃禀受之而生，否则人不能凭空而生也，故说迷暗势力是人所资藉之以始。宇宙由迷暗势力而开发。此义详在《阿含经》中。十二缘生之论，十二缘生以无明为导首，无明是迷暗势力。其教众生观种种苦，释迦说苦、集、灭、道四谛，首苦谛。厌离五蕴，此义见《杂阿含经》，《明心篇》上曾引而释之。此出世法之根柢也。

二者，佛法发展至大空、大有，大乘空教简称大空。大乘有教简称大有。见《体用论》。性、相之辨甚明。法性与法相二名及其义蕴，详在《体用论》。法相之论，自释迦、小乘以至大空、大有，皆持缘生说，亦名缘起说。起，犹生也。盖反对大自在天变化而生诸行之谬论。诸行即心物万象之通称。可考《摄大乘论》等。遂创发心物万象互相为缘而生之妙义。由释迦至小乘，谈缘义者不一。大空、大有则皆以四缘摄一切所有缘。佛法本以心为物主，故四缘独详于说心。又复当知，两大虽皆言四缘，而大空之四缘义与大有之四缘义复各有极不同者在，此中均不及备论。今所欲明者，大空缘生义虽谈空而不废有，但其主旨究在空；大有缘生义虽谈有以救沦空之弊，而归宿仍在空。此意若详说非别为专书不可，独憾衰年无力及此。又缘生一词，大有复别立一名，曰依他起。他，谓众缘，言心物万象皆依众缘而生起，故曰依他起。实则所谓众缘只是心物互相为缘，避繁，不及谈。空、有二教之缘生义，虽有极不同处，而皆归本在空者何？二教同以缘生法即心物万象。为如幻如化，为颠倒虚诳，为染污垢浊。虽大有主张成佛后染性依他断灭，净性依他即新生，然就真谛言，净性依他仍是幻有，非真实也。是故大乘空、有二教之缘生论，同以缘生法为幻化、为染污，仍与释迦十二缘生说以迷暗势力为宇宙人生所由始者血脉相通，显然可见。

287

体用论（外一种）

　　上来略说法相，今次略谈法性。释迦厌离五蕴。对于五蕴而起厌求离。离者，脱离。五蕴即是缘生法，亦名为依他法。蕴者，积聚义。例如吾身以及无量数的太阳系是种种物质的积聚，名为色蕴。其余四蕴，则皆以心理作用分类集聚，而立四蕴也，兹不及详其名。五蕴总为心、物两方面。就人而言，人生只依五蕴而名之为人。就宇宙而言，宇宙亦只依五蕴而名之为宇宙。心物万象元是互相为缘而生，不由天神的变化而起，故说五蕴即是缘生法或依他法。他，谓众缘。大乘空教照见五蕴皆空，照见，犹观察也。空者，空无。此《心经》之文。大乘有教亦承其义。大有且以依他法为如怨如害。见大有之《瑜伽》等论。据此而谈，不谓佛法反人生、毁宇宙，而将何说？其可疑余武断乎？问："佛法之观空，岂不同于外道之断见？"断灭之见曰断见。此等外道直以为一切都归断灭，无所有。答：否，否，不然。释迦厌离缘生法，而确不是断见。其四谛义，谛者，实也，是实有之事，故名为谛。如种种苦是实有，故名苦谛。第四曰道谛。核其道谛，虽未明见法性，要非断灭、无所有。大空之教始明明白白，创明实相。实相即法性之别名，犹今云实体。参看《体用论》。大有之教仍承大空，而以实相名之为法界大我。参看《明心篇》上。舍弃幻妄染污之小我而投合于大我，此佛法归宿所以与断见外道截然不可同年语也。但佛法终有不可掩之大谬。彼之实相是不生不灭、无为无造、真常寂灭。此等实相便超脱乎缘生法而独在。缘生法不从实相生，实相本无生、无为、无造故。无生、无为、无造，见《大般若经》。孔子曰"道不远人。人之为道而远人，不可以为道"云云。吾因佛氏趣求寂灭实相，而深有感乎圣言。总之，佛家出世义确是反人生、毁宇宙，此不须讳言。佛法自有其空脱与深远之理蕴，其散见之精义纷纷，要是治哲学者所不可不究也。善哉无着空后有之冲旨！人生毕竟有因小体而起之种种惑，直须观空而后可悟《易》之大有。实悟大有，必将以佛氏"我不入地狱，谁入地狱"之大悲大雄，转而为圣人裁成天地、辅相万物之大仁大智大勇，佛氏愿度地狱之众生以出世，此愿终无结果。圣人裁辅之道都是实事。圣人，谓孔子。岂不盛哉！空与有，譬犹水火相灭，亦相生也。

与王孟荪先生书

兄昨阅《明心篇》上之稿本，深有味于习心之义，谓先哲多就人性上论善恶，而忽视习染之重要性，终是缺憾。又云："谈习须注意阶级。阶级者，恶习之所从生也。"此皆彻理之言。愚意拟于《明心篇》下对于习心之由来有所申论。至于社会心理，自奴隶、封建以至资本主义社会，习心之随群变、群制及时风而变异者，何可胜穷乎？人生诚无可安于故习矣。要之，含养人性固有之善端，是为立本。篇上之注意在此，有以焉耳。十力启。